浙江慈善事业发展报告
(2019)

REPORT ON THE DEVELOPMENT OF CHARITY IN ZHEJIANG (2019)

主编／杨建华

社会科学文献出版社
SOCIAL SCIENCES ACADEMIC PRESS (CHINA)

《浙江慈善事业发展报告（2019）》编委会

主　　编　杨建华

成　　员　（按姓氏笔画排序）

　　　　　　刘国翰　陈小德　杨建华　郑筱婷

　　　　　　袁彦鹏　徐　珣　褚　蓥　曾令发

　　　　　　傅承哲

前　言

近年来，浙江慈善高速发展，并在全国处于领先地位。数据统计显示，根据2017年发布的"中国慈善进步指数"，浙江的慈善进步指数排名全国第三。同时，在2018年发布的"中国省级慈善政策创新指数2018"中，浙江排名全国第二。在第五届中国城市公益慈善综合指数得分前100位的城市中，浙江省有13个城市上榜，位居全国第二。这些都说明浙江省慈善事业的繁荣。

浙江省慈善事业取得的这些成绩并非一夕之功。相反，这是在深厚的历史积淀的基础上，经过创造性转化、创新性发展逐步培育起来的。浙江省的慈善事业源远流长，浙商慈善是其中的典范，善会善堂更是独具中国特色的现代慈善机构雏形。在历史上，这些慈善义举都围绕儒家的"仁爱"精神展开，同时又兼收并蓄，将各家各派的理念融汇其中。这是浙江人的特点，也是浙江慈善精神的底蕴。

浙江的慈善事业并不仅仅立足于中国传统文化。浙江是改革开放的前沿阵地之一，是最早打开国门，面向世界的沿海省份。这一政策和地缘优势给浙江省的慈善事业带来了一个得天独厚的优势，使它能够早人一步地领略西方式慈善的魅力，学习西方慈善事业的理念与技术。经过改革开放40年的洗礼，现在，浙江省已经充分消化和吸收了西方式慈善的精华，将之与既有的传统文化相结合，从而创造出一套浙江慈善的创新发展模式。对于这一情况，我们将在本书的总报告"传承与创新：转型中的浙江慈善"中加以介绍与讨论。

围绕这一主题，我们又从多个角度对浙江慈善的发展模式进行了延伸讨论。

第一，在文化层面，我们探讨了"浙江慈善文化历史与发展"。我们认为，慈善事业不仅是一项帮助困难人群的事业，更是一项表达价值取向、传播时代精神、推动文明发展的重要事业。这是慈善的根，也是慈善的果。所以，要正确探讨浙江省慈善事业的因与果，首先要摸清浙江省的慈善文化特点。而本书正是围绕这一问题展开，对浙江省慈善文化的历史源流和现代转变做了一个梳理。

第二，我们认为，浙江省慈善事业的发展，离不开政府的高度重视。所以，我们对"浙江省公益创投的发展与创新"开展了讨论。浙江省最早以"公益创投"名义开展活动的地区是宁波市鄞州区。随后，各地相继出现政府公益创投项目，这种模式在全省普遍推开，成为政府培育慈善组织、发展慈善事业的一种重要手段。

第三，我们从整个行业的高度，讨论了"浙江省慈善行业组织创新改革"。我们认为，浙江省慈善事业的发展，并不只是每一个慈善组织努力的成果，同时也是整个行业顶层设计与推动的产物。所以，研究浙江省的慈善事业，绝不能离开浙江省慈善行业组织这一研究对象。值得一提的是，浙江省慈善行业组织的改革又是走在全国前列的，这其中经历了一系列的分合调整。这里有很多经验，也有很多教训。对这一问题进行梳理、总结，不仅有助于我们更为全面地认识浙江省的慈善事业，也能为全国正在进行当中的慈善管理体制、机制的调整提供借鉴。

第四，在组织层面，我们重点研讨了"浙商家族慈善的源流、现状与特点"。浙江省有很多著名的宗族开展慈善活动。这对于当前浙江省的家族慈善的发展产生了重要影响。但进入现代之后，由于浙江省的宗族趋于原子化，同时又受到市场化的影响，家族慈善又呈现新的特点。这些特点使家族慈善成为浙江省慈善事业的一张名片，并在很大程度上推动了浙江省慈善的现代化转型。当然，在这其中，我们既应看到这些慈善家族个体的努力，也不应忘记政府的引领。正是在政府恰到好处的引导下，浙江的家族慈善才得以走到今天。

第五，在慈善平台层面，我们围绕互联网慈善平台，讨论了"浙江互联网慈善与公众参与"。随着互联网的发展，中国的慈善也已进入"人人慈善""人人参与""随时随地做慈善"时代。而在这股浪潮中,浙江省互联网慈善事业发展得尤为令人瞩目。不论是互联网捐赠,还是提供志愿服务,它均在全国的前列。更为重要的是,浙江省还有阿里公益等几个在全国具有重要影响力的平台。所以,研讨浙江省的慈善事业,万不能忘了浙江的互联网慈善这块。

除上述报告以外,在书中,我们选择了在浙江省发展较好的、较能体现本地特色的组织、项目,做一概要介绍。这些介绍虽然不能全面反映这些组织、项目的全貌,但可见一斑,也能使读者们对浙江省的慈善事业有更多的了解。

综上所述,浙江省慈善事业近年来的欣欣向荣并不是没有原因的。它的快速发展稳固地立足于深厚的历史与现代两大基础之上。在浙江省慈善事业的发展过程中,两者相互交融、相互促进,塑造了浙江慈善的特色发展之路。

绵亘、鲜活的浙江慈善事业,并非一朝一夕所能描绘完成。本书希望积以跬步,先从最具浙江特色的角度入手,对"中国传统慈善的浙江传承和现代慈善的浙江探索"有一个粗浅的勾勒,给读者一个系统了解浙江慈善的窗口,也为研究者们深入研究浙江慈善事业打下一个薄薄的基础。

《浙江慈善事业发展报告(2019)》是我们发布的第一部浙江这一类的研究评估报告,研究编撰实行的是科研部门与实务工作部门相结合、专业研究与兼职研究相结合的方式。我们提倡在学术上各抒己见、兼容并蓄。因此,我们愿意申明,本书各位作者的观点,只属于个人见解,并不代表其所在单位,也不代表本书编委会。

本书涉及大量统计和调查数据,由于来源不同、口径不同、调查时点不同,或者不是最终调整后的数据,所以可能存在着前后不尽一致的情况。务请读者在引用时进行核对,并只作为参考。

本书由《浙江慈善事业发展报告(2019)》编委员会负责,最后由编委会统稿、定稿。

本项研究由浙江敦和慈善基金会资助,并得到了浙江省民政厅、浙江省社会科学院、浙江理工大学、华南师范大学、暨南大学、浙江树人大学、浙江大学宁波理工学院、浙江省妇女儿童基金会、都市快报等单位的热情支持。社会科学文献出版社老师为本书的出版做了大量工作，付出了艰辛劳动，在此一并深表谢意。

编者

2018 年 12 月 30 日

目　录

总报告

传承与创新：转型中的浙江慈善 …………………… 袁彦鹏 / 001

专题篇

浙江慈善文化历史与发展 ………… 浙江慈善事业发展报告编写小组 / 041
浙江省公益创投的发展与创新 ………………………… 刘国翰 / 066
浙江省慈善行业组织创新改革 …… 浙江慈善事业发展报告编写小组 / 095
浙商家族慈善的源流、现状与特点
　　……………………………… 浙江慈善事业发展报告编写小组 / 111
浙江省互联网公益的发展及其特点 …………………… 郑筱婷 / 138

案例篇

创新与整合，唤醒沉睡的基金会
　　——浙江省妇女儿童基金会 …… 浙江慈善事业发展报告编写小组 / 169
一座图书馆，改变一座城
　　——"有为图书馆" ………… 浙江慈善事业发展报告编写小组 / 177

公募权的"突围"和转型之路
　　——微笑明天基金会 ………… 浙江慈善事业发展报告编写小组 / 186
人人参与的快乐公益
　　——杭州滴水公益服务中心 ………………………… 徐　珣 / 191
跨界融合创新的媒体公益行动
　　——《都市快报》"快公益"
　　　………………………… 浙江慈善事业发展报告编写小组 / 196

附录一　浙江省"十大慈善项目"名单 ……………………………… / 202
附录二　浙江省"十大慈善之星"名单 ……………………………… / 206
附录三　浙江省"十大杰出义工"名单 ……………………………… / 209
附录四　大事记（1994—2018年） ………………………………… / 213

Contents

Foreword ……………………………………………………………… / 001

General Report

Inheritance and Innovation: Zhejiang Charity in Transition
………………………………………………… Yuan Yanpeng / 001

Special Reports

The History and Development of Charity Culture of Zhejiang Province
………… Drafting Group of Zhejiang Charity Deveoplement Report / 041
The Development and Innovation of Zhejiang's Venture Philanthropy
……………………………………………………… Liu Guohan / 066
The Innovative and Reform of Charitable Organizationsof Zhejiang Province
………… Drafting Group of Zhejiang Charity Deveoplement Report / 095
Businessmen's Family Charity of Zhejiang Province, and Their Source, Current Situation and Characteristics
………… Drafting Group of Zhejiang Charity Deveoplement Report / 111
The Development and Characteristics of Internet Philanthropy of Zhejiang Province ……………………………………… Zhen Xiaoting / 138

Cases

Innovation and Integration, to Awake the Sleeping Foundation: The Zhejiang Women and Children's Foundation
　　……… *Drafting Group of Zhejiang Charity Deveoplement Report* / 169

A Library Changes the City: "Youwei Library"
　　……… *Drafting Group of Zhejiang Charity Deveoplement Report* / 177

The Way to Breakout and Transform for the Public Fundraising Right: Taking the Future Smlie Charitable Foundation for Example
　　……… *Drafting Group of Zhejiang Charity Deveoplement Report* / 186

Happy Philanthropy for All People: Hangzhou Dishui Commonweal Service Center
　　…………………………………………………………… *XuXun* / 191

Media Commonweal Action with Cross-border Integration and Innovation: Taking the *DUSHIKUAIBAO* "Kuai Philanthropy" for Example
　　……… *Drafting Group of Zhejiang Charity Deveoplement Report* / 196

Appendix Ⅰ　The Top Ten Charitable Projects of Zhejiang Province
　　………………………………………………………………… / 202

Appendix Ⅱ　The Top Ten Charitable Star of Zhejiang Province
　　………………………………………………………………… / 206

Appendix Ⅲ　The Top Ten Outstanding Volunteers of Zhejiang Province
　　………………………………………………………………… / 209

Appendix Ⅳ　Chronicle of Events (1994-2018) ……………… / 213

总报告

General Report

传承与创新：转型中的浙江慈善

袁彦鹏[*]

摘　要　在慈善进入新时代的大背景下，慈善正面临前所未有的机遇，同样也面临诸多挑战。浙江慈善是中国慈善的重要组成部分，浙江也是中国慈善活力最强的几个地域之一。浙江慈善事业的发展既是历史传承的延续，又是当代浙江人创新引领的结果，在制度、文化、技术等方面正在发生着深刻变化，浙江慈善是经济较发达地区慈善事业发展路径探索的一个窗口，它取得的成就、存在的问题、未来的走向都将是中国慈善发展非常重要的参照。

关键词　浙江慈善　转型　传承　创新

主流文化的向善属性，推动了慈善的历史绵延，浙江慈善以商圣范蠡善行为文化滥觞[①]，官办慈善以"仁爱"为文化内核，推动了浙江慈善注重

---

[*] 袁彦鹏，就职于浙江大学宁波理工学院，主要研究领域为青年公益创业、公益慈善教育。
[①] 夏廷献：《中华慈善鼻祖——范蠡》，《社会与公益》2012年第2期，第39页。

保障性、托底性与时代性并存的历史文化进程，而民间慈善以"忠恕、教化"（意为推己及人，最早出自《论语·里仁》，后经孟子、曾子、墨子等完善，成为古代民间慈善的精神要义）为文化内核，形成了血缘（宗亲互助）[1]—地缘（同乡公所）[2]—业缘（行业商会）[3]杂糅交错的慈善变迁路径，涌现一大批"善人善举"。商业始终是浙江慈善发展转型的重要驱动，无论是古代的"富则思善"，还是现代的浙商慈善，极具创新精神的浙商们，推动了慈善治理的现代化转型，包含行业治理和慈善促进等丰富的内涵，慈善会系统变革和公益创投的转型，深刻说明了这一点；阿里等浙商企业贡献了人人可参与的互联网公益平台，助推浙江慈善成为全国慈善领域的高地，互联网慈善因而成为浙江慈善创新最为活跃的场域。制度化慈善——《中华人民共和国慈善法》（以下简称《慈善法》）的出台促使浙江慈善进入前所未有的新的历史阶段，以文化为精神动力和智力支撑，以商业为物质支持和治理手段，以技术为赋能工具和创新场域，推动官民慈善的传承与创新，构成了浙江慈善推陈出新、持续引领的融合发展场景。转型中的浙江慈善既在制度、模式、融合等方面保持创新引领地位，亦存在不平衡、不充分的挑战，但在制度、文化、商业、技术等多重推动下的浙江慈善是中国慈善极具活力的重要组成部分。

一 转型发展：慈善中国的浙江成就

经济发展的转型，推动了慈善需求的快速转型，也重塑着浙江慈善的样态，互联网技术的推动，更加速了这一历史进程，浙江慈善在多个方面取得了突出的成就。

（一）"浙江善举"不断涌现，传统慈善继续保持活力

中国传统文化中对孝老敬亲、乐善好施、诚实守信、造福桑梓等饱含

---

[1] 〔日〕夫马进：《中国善会善堂史研究》，商务印书馆，2005，第33~34页。
[2] 常润华：《试述浙江在北京的会馆》，《浙江学刊》2000年第2期，第149~152页。
[3] 王春霞、刘惠新：《近代浙商与慈善公益事业研究》，中国社会科学出版社，2009，第85页。

慈善蕴意的价值倡导，促使达济天下的善举通过善会、善堂等载体实现了几千年来的绵延，自商圣范蠡以来，浙江涌现钱氏、沈氏、王氏、谢氏等慈善家族，近现代以来涌现沈敦和、经元善、章楳、徐乾麟、胡嘉烈、王宽诚、樊耿光、陈廷骅等慈善家①，这些慈善家在以教育为主要内容的近现代慈善事业中发挥了重要作用，也将传统慈善的精神内核继续传承下去。

中华人民共和国成立后特别是改革开放以来，在传统文化和执政党文化倡导的双重影响下，浙江"善人善举"层出不穷。例如，有捐款不留名的慈善人士"顺其自然""兰小草"等；有捐巨资并投身公益的企业家陈伟兴、茅理翔、钱峰雷、徐传化、储吉旺、虞炳泉等，有多年活跃在义工一线的方华娟、朱其坤、杜时杭、柳晓川、袁丽敏、徐凤华等，有助人为乐、大爱无边的刘静芝、张益芳、李彬彬、李南军等，有见义勇为、不求回报的邵苏浙、张老永、钟振涛、方振兴等，有孝老敬亲、传递亲情的徐沙、宋金平、杨锦程、郑罗忠、林水儿、周柳妹等，这些慈善人物的善举是高尚人格和浙江慈善精神的感召，他们在捐资助困、器官捐献、义务奉献等方面的慈善行动在周围引起的善心共鸣，成为浙江慈善保持活力的动力源泉。

（二）社会组织质与量并进，参与社会治理能力不断提升

从各类社会组织数量来看，截至2018年9月30日，浙江省经各级民政部门依法登记的社会组织52811个。其中社会团体23741个，民办非企业单位28426个，基金会644个，社会组织较2017年同期新增3728个（见图1）。这些组织涵盖社区社会组织、枢纽型组织、行业协会商会、志愿服务组织、社工服务机构等多个组织类型，为社会组织参与社会治理奠定了组织基础。2017～2018年浙江省各地级市注册社会组织情况详见图2。

自2017年开展首批"慈善组织"身份认定以来，截至2018年10月30日，全省依法登记和认定的慈善组织588家，较上年同期相比增长441个，增长率为300%（见图3）。全省各地市具有公募资格的慈善组织情况详见

---

① 黄鸿山：《中国近代慈善事业研究——以晚清江南为中心》，天津古籍出版社，2011，第2～4页。

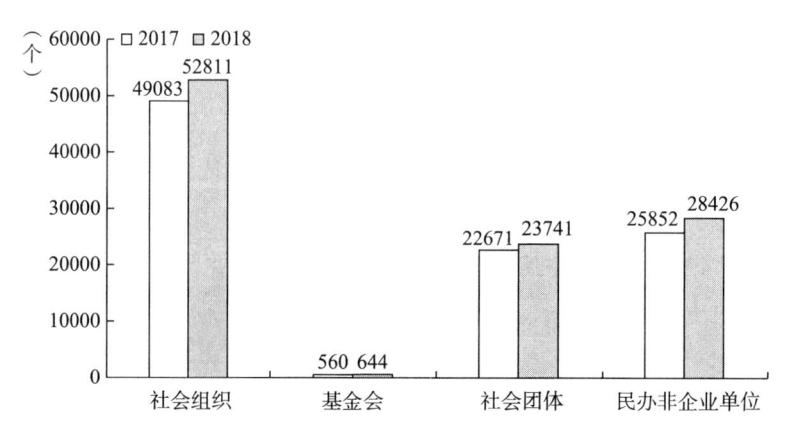

图1　2017~2018年浙江省各类型社会组织增长情况

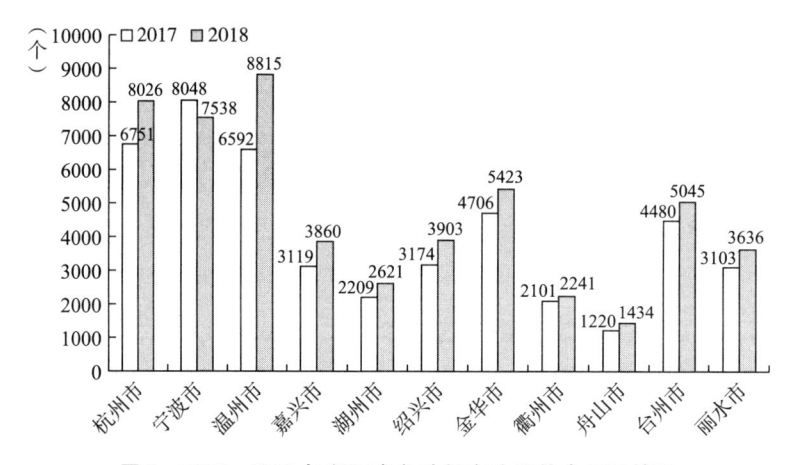

图2　2017~2018年浙江省各地级市注册社会组织情况

图4。截至2018年9月，在登记的社会组织中，全省共有登记社会工作服务机构1012个，其中2018年新增225个，全省2018年社工职业水平考试报考总人数为8.4万人[①]，居全国首位，报考人数比2017年增长近两倍，持证社工达48275人，年度新增21862人，全省社工岗位共16147个，其中2018年新增岗位1807个。这些岗位涵盖社区服务、社会救助、公益慈善、青少年事务、司法矫正、禁毒、医务等多个领域。

---

① 黄珍珍：《我省8万余人参加社工职业水平考试》，http：//zjnews.zjol.com.cn/zjnews/zjxw/201806/t20180620_7580382.shtml。

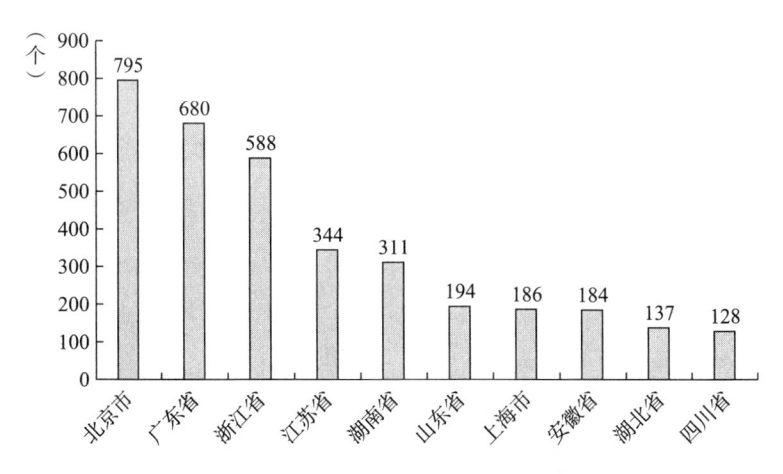

图 3　全国慈善组织数量认定及登记情况

资料来源：慈善中国 2018 年 10 月 30 日数据。

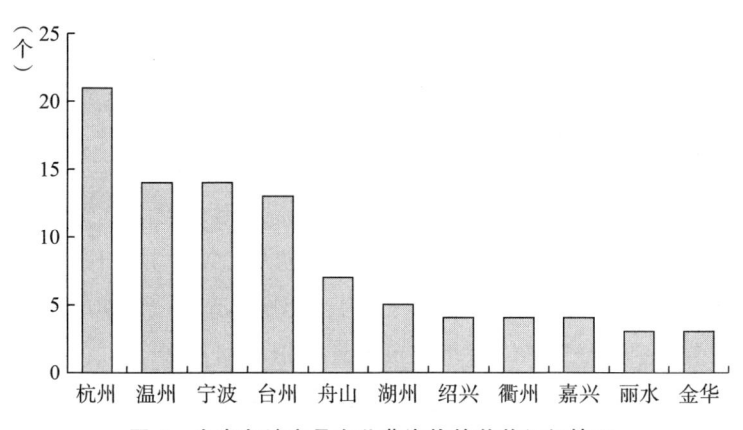

图 4　全省各地市具有公募资格的慈善组织情况

截至 2018 年 9 月 30 日，全省累计注册志愿者 1337.5 万人，在服务困难群众、参与脱贫攻坚、化解社会矛盾、防范社会风险等重点领域发挥集聚传播作用。从发展程度上来看，在慈善管理部门不断优化注册登记流程、出台精准化扶持政策的基础上，社会组织质量明显提升，内部治理结构不断优化，专业性人才数量持续增加，在多形式调研的全省 380 多家机构中，近八成社会组织（含备案社会组织）由于成熟组织的法人治理结构扩散，建立起以"文本化"为特征的清晰内部治理框架，并随着《慈善法》普法深入，社会组织法制化水平及规范参与社会治理能力显著提高。全省社会组织"互联网化"提速，多数组织通过微信、千聊、钉钉等实现了信息化的构建，社会组织"吸纳、整合、参与"的结构化水平不断提速。

（三）慈善行业组织持续创新，融合发展引领官办慈善

慈善会系统作为浙江最为庞大、组织覆盖面和纵深度最密集的社会组织，自1994年4月浙江省最早的慈善会——嘉兴市慈善总会[①]成立以来，经历了起步—创业—开拓创新三个阶段，得益于浙江经济社会发展，在组织建构体系、募捐方式、援助项目、培训模式、组织内部管理、文化传播方式等方面进行了卓有成效的创新，在大慈善网络构建、互联网募捐、项目化运作等方面进行了卓有成效的探索。

2016年10月，在全国率先成立省级慈善组织行业治理组织——浙江省慈善联合会，发挥行业协会在会员信息服务、行业规范、行业标准、培训、权益维护、行业公共关系、与政府联系的中介职能等方面的积极作用。本着慈善力量充分整合、慈善资源优化配置的原则，2017年12月，又成立浙江省慈善联合总会，既积极发挥行业推动、监督、协同的重要职能，又牢牢把握筹款救助主业，广泛开展扶贫济困、赈灾救济、抗灾救灾、志愿服务等慈善活动。以需求为导向、市场为平台，积极推动劝募市场化，全力打造浙江"现代大慈善"新格局，慈善资源整合的优势初步显现。实际上，2014年，第三届"中国城市公益慈善指数"发布，浙江省有16个城市上榜，占比14.68%，其中宁波、绍兴、温州三市被评为七星级慈善城市。在2017年的"中国慈善进步指数"中，浙江的慈善进步指数排名第三。在2018年第五届中国城市公益慈善综合指数得分前100位的城市中，浙江省有13个，居全国第二[②]。每年的募集款项占浙江省慈善募集资金一半以上的慈善会系统在其中贡献巨大。

浙江慈善会系统通过文件出台、区域大会等形式高度嵌入行政体系，推动了大资源体系下的有效创新；市场营销思维、品牌建构行动、有效传

---

① 嘉兴市慈善总会：《总会介绍》，http://www.cs0573.com/gywm_35101/zhjs/200612/t20061225_193701.html。
② 王晨辉：《中国城市公益慈善指数发布，浙江13城入围百强》，https://baijiahao.baidu.com/s?id=1616277321523408283&wfr=spider&for=pc。

播路径推动了慈善会系统公信力建设；实时调整公益产品架构和推动公益慈善的人人参与，不断推动慈善会系统创新引领，最早成立市级、乡级慈善会，最早设立慈善实体，在全国最早实现慈善会系统"全覆盖"，最早开始推动慈善募捐市场化，浙江慈善会系统"首创"精神持续引领。慈善会系统的"浙江经验"已经形成：第一，坚持政府的主导地位；第二，注重吸纳市场化的运作方式；第三，慈善创新要因地制宜；第四，把握趋势提前谋划；第五，引导慈善向全民慈善发展。

（四）浙商慈善特色鲜明，形式多样助推浙江慈善转型

作为民营经济大省，以民营经济为主的浙商企业在各类经济榜单中表现抢眼。全国工商联2018年民营企业500强报告显示，浙江省上榜企业数量达93家，营业收入总和为3.65万亿元，占全国收入总和的15%，连续20年蝉联榜首。在浙江省民营企业百强榜上①，2017年民企百强销售总额达到36992亿元，相较于2016年的31679亿元增长了16.77%，在经济效益不断提高的同时，浙商企业慈善正全面融入企业成长，在浙江百强企业中，慈善支出（包含企业捐赠、成立基金会、进行慈善信托等各种形态）呈指数级增长，呈现专门化、专业化、网络化三大特征。

专门化，越来越多的浙商企业家特别是家族慈善家不再满足于传统的直接捐赠，更多地选择建立专门CSR部门、基金会、慈善信托管理办公室等单独实体（部门），独立地实施项目，强调管理自主性与灵活性；越来越多的企业家不再选择同业务捆绑的公益营销方式，较多选择以企业家的公益初心和社会问题有效解决作为项目设计的出发点，基于自身经历感恩社会，慈善对于家族企业价值传承的意义被挖掘，大额战略捐赠越来越多地被浙商企业家特别是家族慈善家认可。

专业化，浙商从"先富带动后富"的财富观慈善转向关注社会价值的传导和社会问题的可持续解决，强调市场化思维。从1.0时代的"甩手掌柜"到如今的公益职业经理人，来自北京、上海、广东、江苏等地的优秀

---

① 黄莹：《浙江民企百强榜单出炉，经营表现历年最佳千亿级"航母企业"增至8家》，《浙江日报》2018年8月16日。

公益职业经理人同浙江慈善创新深度融合，商业向善和浙商创新精神深度融合，带来了浙江慈善治理的变革，如万向集团鲁氏家族设立的三农扶志基金资金规模达55亿元，"慈善+信托"刷新了《慈善法》后的慈善信托纪录，成为截至目前中国信托财产规模最大的慈善信托。

网络化，越来越多的浙商开始构建公益生态网络，注重基金发展的战略性。网络涵盖了受助方、政府、媒体、企业利益相关方等多方，不少集团以业缘为纽带，建立了企业公益部门、企业高管个人基金会、支持公益领域基金会等一揽子的公益事业集群，如阿里系公益机构达9家，通过文化传导、业务互通、平台构建等逐步塑造浙商慈善乃至全国慈善的新生态。

（五）依法治善持续推进，慈善支持网络不断优化

《慈善法》的颁布实施，开启了浙江慈善制度化进程。全省以《慈善法》精神为指引，率先在全国成立慈善行政管理机构——慈善促进处，慈善管理的专业化、专门化程度不断提高，将弘扬慈善价值观、深化"放管服"改革、"最多跑一次"理念及问题导向融入立法过程，大力推进"依法治善"，推动颁布《浙江省实施〈中华人民共和国慈善法〉办法》[①]，为浙江省慈善事业发展指明了方向，推动修订《浙江省志愿服务条例》；出台《关于进一步规范提升社会组织参与社会治理工作的实施意见》，各地市以《慈善法》实施为契机，继续出台相关行政法规及配套文件，如宁波、杭州、嘉兴等多地市出台了《慈善信托备案管理办法》，台州、丽水进一步优化了福彩公益金支持本地社会组织发展的项目管理办法。在社会工作领域，杭州出台了《关于加强社会工作专业人才队伍建设和岗位开发的实施意见》，明确社工薪酬不低于在岗职工平均工资。

以体系化、平台化、集群化为特征的慈善协同正在进入2.0时代。政府部门之间、政府和社会组织之间、社会组织之间、社会组织与公众参与之间形成一条完整的慈善链条，慈善集群创新网络的溢出效应正在显现。在政府支持方面，浙江省县级以上人民政府将慈善文化建设纳入社会主义精神文明建设规划，列入文明城市、文明村镇、文明单位的建设内容，极大

---

① 《浙江省实施〈中华人民共和国慈善法〉办法》，http://n.cztv.com/news/13054429.html。

地调动了各级政府慈善参与的热情,为各类社会组织发展提供了强大的资源后盾。据不完全统计,全省已建立各类社会组织服务基地、服务中心、孵化园、志愿服务指导中心等枢纽型机构3590余家,这些枢纽型机构在注册、项目指导、能力建设、发展咨询等方面提供了全面陪伴式成长服务。

特别是全省大力推广具备精准帮扶、组织孵化、项目管理、培训交流、信息共享、文化建设等单一或多种功能的慈善示范基地[①]以来,已建、在建各类因地制宜的慈善示范基地91家,这些基地以县域为单位整合了民政、扶贫办、农办、人社等多个政府相关职能部门,团委、妇联、工会、残联、关工委等群众团体,慈善总会、红十字会等多个慈善利益相关部门,调动了区域内各类社会组织、企业等主体积极参与,甚至调动了区外慈善资源,慈善服务的精准化、集约化程度大大提高。以衢州开化慈善精准帮扶基地为例,建立以来共对接区外基金会等公益组织25家,筹集县内外各类慈善帮扶资金近1200万元,救助帮扶各类困难群众8000多人次,将开化的慈善需求与省内发达区域的慈善供给无缝对接,实现了组织成长和慈善需求有效回应的双赢。

从要素协同来看,《慈善法》出台以来,公益组织的硬性慈善支出,以及浙江慈善进入由物质性扶助到发展性支持的新阶段,越来越多的本土基金会转型为资助型基金会,或者在项目中构建以受助群体为纽带的项目需求—执行支持网络,极大地加速了草根组织的专业化进程,促进了组织转型(如浙江省妇女儿童发展基金会焕新乐园项目,以困境儿童帮扶扶持在地组织"做中学",带动了省内110多家优秀在地组织转型)。

各地不断涌现公益学院、社会组织研究院(学院)等,通过应用型研究来把脉浙江慈善中存在的问题,通过原生性的人才输出不断重塑浙江慈善伦理,各地在社会组织人力资源方面也不断加大投入,如嘉兴对专职慈善工作人员的薪酬制度做了专门规定,对加强慈善事业发展的人才培养和保障提出了具体要求。为引导社会力量支持,鼓励企业事业单位和其他组织为开展慈善活动提供场所和其他便利条件,并减免相关费用。全省各地

---

① 浙江省民政厅办公室:《浙江省民政厅关于深入开展全省慈善基地建设工作的通知》,http://www.zjmz.gov.cn/il.htm?a=si&id=8aaf80 1562756e3b01628a3e3f9f00a1。

慈善立法配套文件关键词榜详见图5。

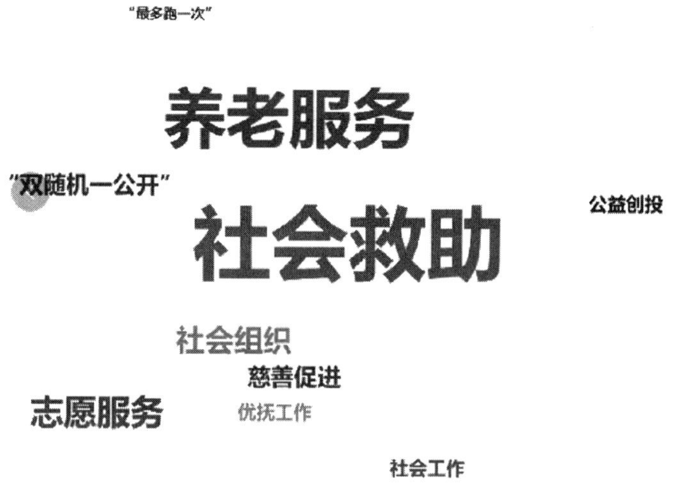

"最多跑一次"

养老服务

"双随机一公开"　　　　　　　　　公益创投

社会救助

社会组织

慈善促进

志愿服务　　优抚工作

社会工作

图5　全省各地慈善立法配套文件关键词榜

（六）全省慈善捐赠继续增长，善款使用的专业化提速

浙江慈善捐赠继续保持增长态势。2017年仅慈善总会系统接收捐赠款物就达21.38亿元，同比增长6%，全省志愿服务小时折算价值为11.12亿元[①]（2018年9月30日志愿汇数据），2017年全省彩票销售总量达到156亿元，筹集彩票公益金45亿元，同比继续保持增长。

从捐赠主体来看，企业仍然是浙江社会捐赠的最主要力量，根据北京师范大学中国公益研究院、深圳国际公益学院联合发布的《2017年中国捐赠百杰榜》，捐赠企业家分布在全国18个省级行政区，浙江紧随广东、北京，位列第三（见表1），受浙江大学120周年校庆等因素的影响，2017年浙江企业捐赠主要流向教育特别是高等教育领域，受使命驱动和战略捐赠导向的影响，企业家大额捐赠的情形越来越频繁，越来越多地采用企业"股权捐赠+基金会"或"股权捐赠+慈善信托"的模式。

---

① 志愿者贡献价值折算标准采用浙江统计局发布的"公共管理、社会保障和社会组织的平均工资值"，按照2018年度为80118元/251个工作日/8小时，社会服务领域2018年预估平均每小时工资为39.9元。

表1　2017年中国捐赠百杰各省上榜人数及捐款总额情况

单位：人，元

省份	上榜人数	排名	捐赠金额	排名
广东	35	1	1397603.00	1
北京	13	2	288388.00	2
浙江	10	3	82500.00	6
上海	8	4	172600.00	3
福建	7	5	95090.00	5
重庆	6	6	13269.00	10
江苏	4	7	113000.00	4
河北	3	8	21600.00	8
辽宁	2	9	82180.00	7
陕西	2	10	20110.00	9
湖北	2	11	6143.00	12
四川	2	12	3110.00	14
河南	1	13	10000.00	11
湖南	1	13	5000.00	13
山东	1	13	3000.00	15
广西	1	13	2800.00	16
香港	1	13	2000.00	17
山西	1	13	1500.00	18

从捐款实现方式来看，技术赋能的互联网募捐成为最具创新形态的捐赠领域。阿里公益平台借助淘宝、支付宝用户，则成为捐赠人次最多的公益平台；互联网已经成为公益慈善组织项目筹款的重要通道，微捐赠的聚合效应，正在重塑浙江慈善行业公众筹款的思维和样态。从某种意义上说，以阿里公益为主的互联网募捐平台最大的意义甚至不在筹款金额大小，而在公益慈善教育①，筹款过程的用户导向思维改变了公众参与的认知、能力和能动性。正是借助互联网平台应用、公益职业经理人的流入以及公益需

---

① 赵敬丹、张帅：《中国公益慈善教育的未来走向》，《黑龙江社会科学》2018年第1期，第86~90页。

求升级，浙江公益善款的使用更加专业化，马云基金会"乡村教师计划"、传化慈善基金会"传化·安心驿站"等品牌项目更加关注善款的可持续使用，除传统的经济扶贫济困外，更加关注对困境人群的发展性助扶，更加关注所在地组织的项目执行能力与提升，更加关注善款使用绩效。

（七）"互联网+慈善"创新发展，互联网生态初步形成

移动互联网、大数据、人工智能与慈善工作深度融合，全省"最多跑一次"改革，浙江龙头互联网平台继续发力，助推"互联网+慈善"进入更加全面深入的平台化、智能化场景，慈善发展模式、生态、路径迎来新机遇，浙江互联网慈善事业生态正在进入升级版。

"互联网+慈善"推动了社会公众对公益慈善的认知、态度和行为变迁，阿里巴巴集团贡献了全国20家公募平台中的2家，阿里倡导的专业、可持续公益效应明显，以淘宝"公益宝贝"为例，仅2018年前7个月，就已经有超过151万商家参与公益宝贝，超3.5亿用户支持，购买达到39亿人次，善款总额达1.76亿元[①]；"人人3小时，公益亿起来"的倡议，得到了2.7亿人的响应，捐赠的"原子化"形态正在发育，支付宝的蚂蚁森林等形式，将合理消费、健康生活和环境保护相结合，公益参与的可及性和场景化更加生动。

浙江省青少年发展基金会旗下的亲青筹平台捐款形式多样，反馈机制完善，依靠团组织网络优势，不断提高社会资源协同水平，亲青筹平台自2016年5月26日上线至2018年9月底，发布了591个项目，累计筹集2282万元善款，发动20多万人次捐款。浙江省内首家由民间发起的公募基金会——宁波市善园公益基金会建设善园网网络募款平台，以PC端+移动端为载体，实现"急难救助"和"公益众筹"两大业务的全国输出。浙江慈善会系统杭州、宁波、台州、温州、湖州等5个地市慈善总会也都建立公益捐助平台，这些互联网参与平台不断优化流程，更新慈善参与方式，公众参与更加便捷，社会救助更加可及，社会监督更加多元。

---

① 徐逸艺:《阿里将启动"双11式"公益周计划带动3亿人次投入公益行动》，http://www.zj.chinanews.com/news/2018/0818/17496.html。

互联网平台开启了公益慈善组织的融合发展道路。平台化"互联网+"公益格局使平台、捐赠人、公益机构、企业与受捐赠人联系更加紧密，互联网手段在丰富慈善参与场景的同时，让捐赠人和受赠人因平台更加亲近，对慈善的互联网参与黏性更强；互联网极大地降低了公益慈善组织专业化文化传播的成本，支持型和执行型的慈善分工更加鲜明，分工格局推动了慈善组织专业化的自觉性。以慈善信息化平台——"灵析"为例，截至2018年10月20日，浙江共有2617家公益组织和个人开通了"灵析"平台，共有超过73万人次通过"灵析"参与并支持公益机构，接收公益资讯，互联网正成为全省公益组织内部治理、在线学习、组织发展等专业化公益的新沃土。

（八）志愿服务平台优势明显，长效化生态机制正形成

根据《慈善法》修订的《浙江省志愿服务条例》（下简称《条例》）2018年9月1日正式实施，《条例》进一步理顺了文明办、民政局、共青团等相关志愿服务管理机构的职能。志愿服务的"人力资源库"优势逐渐显现，原志愿服务工作委员会与精神文明建设指导机构合署，保留志愿服务工作委员会工作机制，志愿服务行政管理、服务培训计划、日常活动发布、供需对接等工作，由民政部门负责，共青团做好青年志愿服务具体工作。管理机制的理顺，加上浙江得天独厚的志愿服务平台技术支撑，志愿服务工作的整合优势明显。

在机制建设上，形成了政府志愿服务管理+公益组织（含基金会、协会、社工机构和志愿服务机构）+线上平台的完整志愿服务链条。全省公益组织志愿服务活动以及以志愿服务为内容的项目和机构得到进一步整合，团省委牵头推行的"志愿汇"线上智慧志愿服务平台，打通原有省内60余个独立志愿服务平台，形成了志愿者大数据库、11个市级志愿服务管理平台、市民卡计时平台、志愿者守信激励平台、志愿服务网、志愿汇App、志愿服务支付宝和微信城市服务窗等"一库、三平台、多终端"。

据志愿汇数据，2018年1月1日至9月30日，全省累计注册志愿者1337.5万人，比2017年12月31日增长15.2%，各地市注册志愿者人数前两位的是温州市和宁波市（分别为245万人和238万人，见图6）；参与志

愿服务人次204万，志愿服务渗透率①前两位的为舟山市和衢州市（分别为8.06%和3.42%，见图7）；累计开展志愿服务活动7.6万个，2018年全省各地市人均志愿服务时长②前两位的是嘉兴市和金华市（分别为39.1小时和24.8小时，见图8）。最受志愿者青睐的志愿服务活动为社区服务、文化服务、生态建设等类型，城市仍是志愿服务最活跃的地域。志愿汇平台以

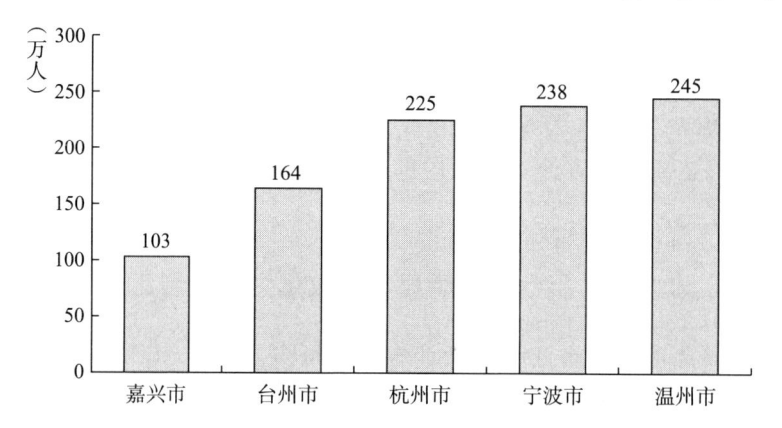

图6　2018年城市级注册志愿者数TOP5

资料来源：志愿汇，2018年1月1日至2018年9月30日数据。

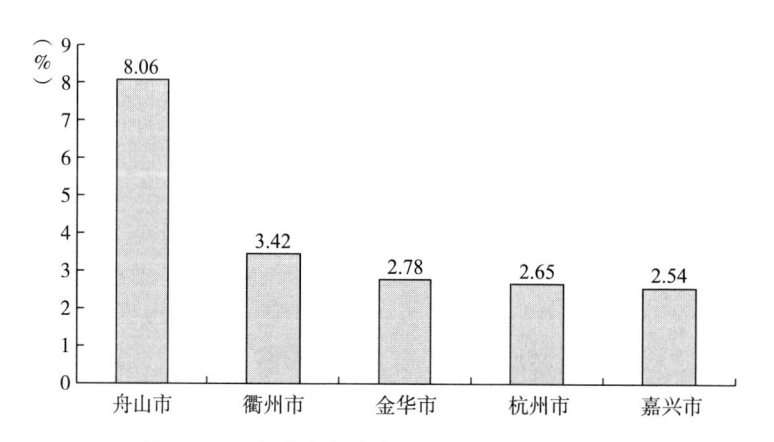

图7　2018年全省各地市志愿服务渗透率TOP5

资料来源，志愿汇：2018年1月1日至2018年9月30日数据。

---

① 志愿服务渗透率＝志愿服务人数/当地常住人口数。
② 人均志愿服务时长 ＝ 全年总信用时长/参与志愿服务人数。

志愿服务时长为依据，以信用评价为支撑，为注册志愿者提供了诸如优惠通信服务、志愿服务保险、积分落户便利等激励政策，极大地调动了全省志愿者参与志愿服务的热情。

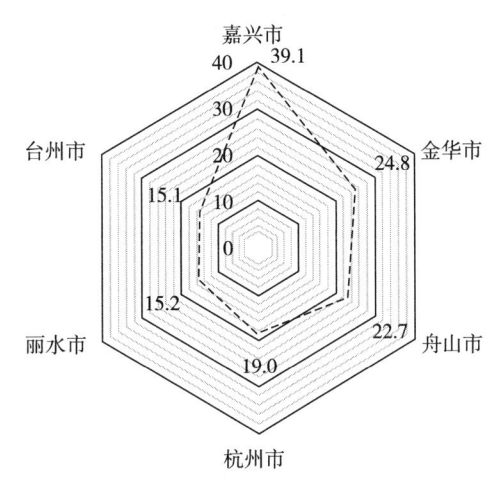

图 8　2018 年全省各地市人均志愿服务时长（小时）TOP6

资料来源：志愿汇：2018 年 1 月 1 日至 2018 年 9 月 30 日数据。

（九）媒体+公益不断探索前行，慈善文化倡导体系化

公益慈善项目的传播属性，决定了公益与媒体的联合[①]。公益组织在社会治理中的价值同媒体对主流价值的倡导相契合，媒体+公益正成为各类主流媒体青睐的内容板块，不少媒体还专门成立了的业务部门或媒体版面，如"都市快报快公益""新浪浙江微公益""浙报公益""舟山党报大篷车"等。这些媒体除了媒体资源和公益内容融合外，不少媒体利用自身的资源整合平台的特性，推动全媒体公益更进一步。如快公益打造专业化媒体+公益平台，运用公益创业理念，将善心转换为善能，让善能发挥效益，不仅实现了"都市快报快公益"板块的"造血"能力，还通过多方合作、深度参与，实现了媒体公益的项目化、专业化，将浙江公益慈善的专业化倡

---

① 高萍、陶玲玲：《融媒体时代社会公益治理模式探究——以"9·9公益日"为例》，《社会治理》2018 年第 7 期，第 56~60 页。

导通过项目传播到全省内外。

随着《慈善法》普法的深入,慈善文化倡导实现体系化。一是围绕重要纪念日开展主题倡导,如"学雷锋纪念日"、"国际志愿者日"以及"中华慈善日"主题节日全省各级政府倡导开展的主题公益活动和"阿里9·5公益周""9·9公益日"等公益组织开展的倡导活动,这些公益活动促进了政府、公益慈善组织在需求、资源、品牌、传播等方面的协同。

二是各级各类公益慈善的评选活动,如"浙江慈善奖""浙江省优秀志愿者""浙江好人""最美浙江人""浙江慈善爱心榜"等,这些评选通过自下而上结合互联网投票,实现了公益慈善多样化模式和正能量的传播。

三是各类专业化主题论坛,如浙江省民政厅、慈联总会举办的"之江沙龙""西湖论善",杭州市举办的"钱塘善潮"等,邀请行业学者和本土慈善实践专家共话慈善,提升浙江公益慈善组织把握趋势的能力,实现了专业化在公益慈善组织内部的传播与内化。通过多层次的慈善倡导形式,实现了公益慈善理念、知识、参与的"民间化"。

二 传承创新:慈善中国的浙江经验

(一)服务型理念倒逼政府慈善改革

习近平同志主政浙江时提出,要努力建设服务型政府、法治政府、有限政府。因此,无论是"八八战略"纲领性文件强调的"进一步发挥浙江的体制机制优势",还是"最多跑一次"的"互联网+政务服务"放管服的具体实践,浙江"小政府,大社会"的格局已初步建立,受民众参与、热点事件、公共产品需求等多种因素的影响,政府在慈善领域大包大揽的局面正在改变,"慈善民间化"的治理生态初步形成,政府、企业、慈善组织、公民等治理主体通过合作,共同构成的多中心网络治理体系初步生效。

政府正进行从"治理社会"到"社会治理"①的转型。从某种意义上讲,浙江慈善的进步,来源于服务型政府对现代慈善理念认识不断深化和

---

① 乔耀章:《从"治理社会"到社会治理的历史新穿越——中国特色社会治理要论:融国家治理政府治理于社会治理之中》,《学术界》2014年第10期,第5~20页。

机制倒逼。浙江省政府在促进浙江慈善事业发展中扮演了公共资源提供者、慈善改革促进者、社会治理合作者三大关键角色。

首先，政府是公共资源的提供者。这是政府治善的最基础的部分。浙江省政府利用稳定的财政收入和强有力的资源整合能力，将公众的慈善需求同组织能为善为结合起来，对公益慈善组织的服务购买、组织扶持，以及PPP模式提升公益慈善组织服务能力，通过利用社会组织基地、孵化园、服务中心等载体为公益慈善组织提供办公场地、能力建设等方面的支持，帮助这些组织实现专业化，提升公益慈善组织参与社会治理能力。

其次，政府是慈善改革的促进者。这是政府治善的动力机制。《慈善法》及配套法律为浙江慈善改革提供了指南和路径，浙江省政府部门从实际出发，将慈善改革的发展性和现实迫切性结合起来，推动全省慈善总会、官办慈善基金会等机构回归其公益慈善组织本质的转型，在省级层面设立慈善联合总会的过渡性架构，将官办慈善转型和行业自治结合，逐渐剥离这些官办组织的行政管理职能，让官办机构逐渐脱钩，专注能力提升和行业职能，并成为当地的支持型机构且成为当地公益慈善组织"善治"的典范。

最后，政府是社会治理合作者。这是政府治善的理想目标。浙江2018年专门出台《关于进一步规范提升社会组织参与社会治理工作的实施意见》，促进政府与公益慈善组织共建共治共享，进一步规范提升社会组织参与社会治理的社会化、法治化、智能化、专业化水平，浙江省政府不仅在社会组织培育方面同公益慈善组织进行合作，还在文明城市创建、社会综治、公益慈善具体服务领域加强合作，不断自我重塑公益慈善认知，不断增强政社协同的本领。浙江省政府部门贴近、超越、引领的价值观体系推动浙江慈善不断向前。

（二）浙商创业型思维助推商善融合

浙江慈善的缘起、创新和发展与浙商企业密切相关。古代慈善特别是民间慈善多与商业有关，以血缘、地缘、业缘为纽带的慈善较多以财富及商业为中心，现代慈善浙商不仅贡献了大额捐赠，阿里系企业还贡献了互联网+公益公众参与平台，最重要的是浙商企业变革所带来的浙江慈善价值观转型和在全国公益慈善领域的创新引领。

浙商企业经历了从"财富浙商"到"责任浙商",从"传统浙商"到"创新浙商"的历史性转型。浙商求真务实的实干精神、开拓进取的创新精神、达济天下的公益精神不断重塑浙商企业尤其是家族企业的使命与价值。不断影响公益生态,浙江企业慈善的认知和行为逐渐发生了重大飞跃,特别是创新精神使企业运用战略思维思考企业的公益慈善参与行为[①]。加上《慈善法》及配套法律加大了对企业捐赠行为的税收优惠等方面的激励,企业参与公益慈善的积极性不断提高。

在捐赠方面,浙江企业已非直接捐赠、利益相关捐赠的1.0版本,开始战略性思考企业作为社会参与主体的价值和企业战略成长、家族传承的问题,大额战略捐赠不断涌现。在公益参与方面,除直接捐赠、冠名基金等方式外,更多地通过建立基金会、慈善信托等方式,以公益职业经理人+理事会(慈善项目管理办公室)的管理架构,以专业化、项目化思维推动公益价值的实现,同时关注"入口和出口"。

越来越多的浙商企业在内部积极鼓励构建基于企业家精神的公益慈善生态,促进商业和公益慈善逐渐融合,持续鼓励"善经济"的发展。阿里公益慈善集群是个人基金会+企业公益基金会+互联网慈善平台+员工的慈善行动,倡导员工"每人每年完成3小时公益志愿服务",有效地将企业发展和企业社会责任、员工的业绩创造和个人社会价值的实践、企业公益行为同全国慈善发展融合起来,形成了善因驱动的企业公益生态,财富向善将成为时代的主题。以浙商创业精神为导向的价值观不断地改变浙江慈善的治理结构和慈善高地的内涵,成为浙江慈善发展不可小觑的源流。

(三)跨界融合优化公益慈善组织治理结构

从某种程度上来说,公益慈善组织的发育程度决定了一地的公益慈善发展动力和爆发力。公益慈善组织从组织属性来看,属于第三部门,是属于接口类的组织,也意味着组织在发展过程中,应结合政府、企业等多方

---

① 郭如平、孔冬:《第二代浙商企业社会责任认知实证研究》,《社会科学战线》2016年第4期,第56~61页。

面的治理结构，跨界融合地提高浙江本土公益慈善组织的内部治理水平，浙江公益慈善组织，特别是发展较快的公益慈善组织，都具有跨界融合的特性。

一方面，通过综合资源开发形式，既善于发掘政府购买服务、政府奖励、公益创投、组织孵化等资源，获得政府在合法性、资金、能力建设、服务对象等方面的支持，习得了政府部门在层级管理、规范行文、严格财务等方面的治理模式。另一方面，通过劝募、联合开展活动、承接企业 CSR 职能、接受慈善信托公益委托服务、代运行基金（会）等形式，除获得企业资金和服务上的支持外，更重要的是将企业管理文化、运行效率、创新思维等吸纳到公益慈善组织内部①。这带来了公益慈善组织愿景规划、发展战略、内部管理等方面的变革，促进了公益慈善组织内部治理指数级的能力提高。通过调查发现，与浙江优秀项目和卓越组织相关联的背后负责人，大多有企业从业的背景。还包括通过和传统媒体及新媒体接触，获得它们在活动报道、文化倡导、品牌宣传等方面的支持，深入学习传播思维和影响力构建思维，这些都有助于公益慈善组织内部管理绩效的提升。浙江籍公益慈善从业群体，活跃于公益研究、人才培养、政策倡导、项目实践、组织管理等各个层面各个领域，同浙江本土的链接，也不断优化着本土组织的治理能力。

此外，完善内部治理结构，通过建立理事会、监事会和成员大会等形式，确保内部治理结构的完整性。通过透明化建设，专业人才培养和第三方督导机构的介入，不断提升公益组织的内部治理效能，提升组织的公信力和反应能力，提升组织业务的专业化水平。通过使命和愿景的凝练，进一步明确组织的核心业务领域，明确组织的发展规划和服务路径，加强服务领域的基础调研和服务研发，加强专业业务人才的培养和引进，加强与同类机构的交流和合作，提升组织的专业能力，增强组织公信力和影响力。

（四）技术赋能提升资源整合的绩效

公益慈善的跨界属性和资源整合属性，决定了公益慈善领域的多元融

---

① 田甜：《商业改变公益》，《中国企业家》2017 年第 23 期。

合。浙江慈善发展迅速的另外一个经验就是慈善资源整合效应明显，特别是借助互联网手段，打造政府、企业、媒体、基金会、行业组织等多方面的资源协同平台效用显著，抑或可以说资源整合的价值观是浙江公益慈善界的先天品质。

一是建构组织协同网络。除了慈善会系统在全省建构了以项目为纽带的各级慈善募款和发放网络外，志愿服务领域以"志愿汇"为平台，加强各地志愿服务的信息交流、项目互通以及发展互动。通过规模志愿服务活动＋志愿者、基金会扶持＋志愿服务组织等形式将全省志愿者进行整合。资助型基金会以项目为纽带，建立融基层执行团队能力提升、项目执行和网络构建为一体的组织协同体系，浙江公益慈善组织的"抱团化"趋势明显。

二是构建资源协同网络。全省各地以项目为中心的慈善资源协同屡见不鲜。例如，湖州的美欣达慈善超市，获得了包括美欣达集团、香飘飘集团在资金上的大力支持，超市所需志愿服务获得了湖州师范学院的支持，同样获得了湖州当地融媒体的传播报道。华美达超市借助"互联网＋"平台，将公益宣传、机构造血等结合起来，实现以项目为基础的资源协同。而以政府为主导的慈善资源协同载体——慈善示范基地在慈善促进方面意义重大，诸如整合了民政各部门、文明办、人社部门、财政局等多个慈善利益的相关部门，调动了区内各类社会组织、企业等主体的整合，调动了区外慈善资源的流入，慈善服务的精准化、集约化程度大大提高，提高了慈善资源的整合水平，浙江省政府部门的融合思维已经促使浙江慈善走上了区域一体化的融合之路。

三是构建慈善支持网络。以浙江大学公共政策研究院、社会治理研究院为龙头，省内各高校公益慈善相关研究中心以及浙江省慈善总会、敦和基金会、传化基金会建立的公益慈善组织内设研究机构等形成了研究支持网络；阿里巴巴公益平台、善园网、亲青筹、慈善总会网络募捐平台等形成了技术赋能支持平台；浙江大学宁波理工学院益立方公益学院、象山社会组织学院等形成了公益人才培养培训平台，这些支持性平台，优化了浙江公益慈善的运行环境，浙江慈善体系完整的实施网络初步构成。

（五）本土善文化源流驱动社会向善

我国以儒家文化为主体的一统多元文化格局，同慈善文化具有天然的联系，特别是儒家"仁爱"思想形成了我国传统慈善文化的思想渊源，浙江独特的地理位置和商业历史，有着极为深厚悠久的慈善文化。范蠡退隐东钱湖后成为商圣，散财救助天下的贫困之人，被认为是浙江慈善文化的开山鼻祖。

笔者梳理出传统慈善的两大脉络。一是官方慈善，以"仁爱"为内核的水利工程修缮、灾荒救济、救济贫病和抚育婴孩等内容，涌现如南宋谢灵运，后周钱弘俶，宋代范仲淹、苏轼、朱熹等人物。二是民间慈善，以"忠恕"和"教化"为理念，突出表现为各大善会、善堂，如保婴会、恤嫠会、清节堂、同善堂等。两大类别体现了"仁爱"与"忠恕"内在相通，"忠恕"在国家上的表达是"仁爱"，"仁爱"在个人上的表达是"忠恕"，皆是对"慈善乃仁爱之事"的不同表达。各地又形成了有当地特色的慈善文化。比如，温州"红日亭"社会救助文化，宁波"孝慈"文化，"宁波帮"造福乡梓文化[1]等。慈善家严康懋故居改造成的善园，倡导"善善与共，天下大同"的理念，正在成为宁波慈善的心灵家园和总部基地。现代慈善比较典型的官办慈善如慈联总会大力倡导的慈善示范基地，运用平台思维，变项目帮扶为"招善引资"，形成了商业思维和慈善倡导融合的有浙江特色的慈善文化。现代民间慈善如浙江敦和基金会秉持"尊道贵德"的价值观，开设如种子基金，其不仅注重组织自身的发展，还培育、发展了一批传承国学的组织，使文化人回到慈善倡导的源头。

《慈善法》的制度向善文化倡导正在成为浙江慈善新文化构建的制度源头[2]，各地围绕慈善日开展的各类公益倡导活动，改变着公益慈善认知、慈善参与方式，进行各种形式的学术研讨，出版诸如《浙江慈善》等慈善类书刊，通过各类评比等，慈善文化的共识在公益慈善组织内部初步形成，

---

[1] 康京京：《宁波帮同乡组织：敦睦乡谊史脉承袭》，《宁波通讯》2017年第10期，第62~65页。

[2] 白云浩：《慈善法实施背景下的浙江慈善文化培育与弘扬机制研究》，《法制与社会》2017年第12期，第178~179页。

"人人可参与"的文化氛围正在形成,加上企业社会责任文化的兴起,公益慈善文化成为驱动社会向善的价值源头和理论基础。各地挖掘城市的善因,进行的各类慈善评比都在一定程度上推动了浙江慈善自觉。

三 未来参照:中国慈善的当代趋势

(一)互联网将进一步催生公益新形态

科技改变公益生态,互联网时代以移动互联网、智能终端、移动支付、区块链技术为基础设施正在改变公益慈善的组合方式,通过技术赋能的方式改变公益慈善领域的价值观、流程、体验等。例如,2018年"9·5公益周"采用"福包""公益账户"等形式,将线上线下,公益参与同社交娱乐结合,运用大数据提升公益参与慈善体验。2018年8月,深圳开出首张区块链技术发票,慈善捐赠、受助跟踪,区块链技术将建构公益慈善稳定的信任体系,未来的互联网和公益跨界远不止于此。"互联网+公益"的新形态是基于创新价值观的多元融合形态,阿里研究院高级顾问梁春晓将新新形态称为"第四部门",即在"互联网+第三部门"动力机制下,开放共享的公益慈善平台(公募平台、志愿者协同平台、技术应用平台等)连接政府、企业、社会组织这三个部门或三类组织发挥"1+1>2"的功能,公益慈善创新将朝着平台共享、自组织、普惠、精准和跨界融合等五个方向发展。在未来,互联网带来的创新能量,会因为多主体、多领域、多手段、多过程的链接,产生更多"惊艳"的创新形态。

(二)公益创新将蓬勃发展

公益慈善领域由管理到治理的转型,带来了治理结构的"民主化"进程,公益慈善的多元治理生态正在形成。在社会治理创新方面,政府通过对公益慈善组织的服务购买、组织扶持,以及PPP模式不断凸显公益慈善组织在社会公共物品提供、缓和社会矛盾等方面的"存在"[①],为了达到公

[①] 夏善晨:《助推PPP公益组织建设》,《联合时报》2018年4月27日,第8版。

众慈善需求领域的"善治",慈善行业日渐形成多中心的治理结构,政府、企业、慈善组织、公民等治理主体通过合作,共同构成了网络治理体系,形成了诸多创新模式。

公益慈善的行业属性决定了它的跨界属性,特别是随着公益面临的复杂性加剧,跨界公益创新成为公益行业活力和创造性的源泉。全国公益慈善近年来的迅速发展,是与公益人才流动特别是公益职业经理人的流动分不开的。这些从业者运用企业家精神驱动公益创新,多职业的融合、跨界知识特性带来了价值观等方面的创新,进一步营造了公益慈善领域开放包容、商业思维、跨界融合的慈善文化氛围,特别是商业思维,无论是在浙商家族慈善、慈善会系统还是在民间基金会,都是推动创新的重大来源。

从领域上看,"一带一路"倡议的推进,为区域慈善创新、全球慈善治理,提供了丰富的场景和空间;乡村振兴战略的实施,"产业兴旺、生态宜居、乡风文明、治理有效、生活富裕"总要求中的每一项任务都蕴含巨大的慈善需求①,基层治理能力不足呼唤公益慈善组织更多地创新性参与。此外,最为活跃、创新动力最足的"互联网+慈善领域",随着互联网的深入发展,成为最为活跃的场域。

(三)民众参与将进一步扩大

由"治理社会"到"社会治理"的转变,使公益慈善组织数量进一步增加。随着由公益慈善组织传导的社会公众参与数量和范围进一步增加和扩大,文化助善的价值愈加体现。如台州三门县"有为图书馆",借助阅读、文化活动载体,用公益链接居民,推行社区营造,增加社区凝聚力,以公益图书馆为载体为小镇引入多元文化资源,推动社区教育自组织营造。从传统的、以施予为主的个体慈善行为转变为以组织化和制度化为特征的公众参与行为。政府部门在设置各类社会组织服务中心、孵化基地、慈善基地时,"由盆景到风景"思维方式的转变,使枢纽型机构同时成为公众参与的互动中心。一年一度的"慈善日"主题活动,用文化倡导鼓励公众参与。

---

① 陆丹:《乡村振兴:培育新型乡村社会组织》,《中国社会科学报》2018年5月16日。

"志愿汇"平台带来志愿服务参与的便捷性，使浙江省志愿服务参与人数稳步增加，志愿者反哺体系建设，如"志愿汇"同中国联通开发志愿卡直接降低志愿服务参与成本，由团中央推动建立的浙江省青年信用体系建设继续完善，正在将志愿服务同公众的信用积分相连接，推动公益慈善与生活的更大关联，各地对于志愿服务的反哺政策互通，将形成鼓励志愿服务参与的良好氛围。以腾讯、阿里等平台为代表的公益慈善捐赠渠道，正在改变公众关于"慈善是富人之善"的认知，通过淘宝"公益宝贝"、乐捐平台等形式鼓励日常行善，形成了"指尖公益"网络慈善的巨大洪流，公益慈善作为一种生活方式正在形成。"善生活"正在崛起，倡导健康生活和公益的融合，蚂蚁森林、菜鸟绿色行动、阿里文学"益"起读书等形式将居民的日常消费同公益结合起来，让公众的生活随着"互联网＋"无限放大，推动公益慈善成为全民的社会文化，"藏善于民"的公众参与格局终将形成。

（四）家族慈善大额战略捐赠成趋势

中国经济的快速发展，特别是民营企业的迅速发展，为企业捐赠提供了稳定的捐赠来源，《慈善法》及多项鼓励企业捐赠配套政策的陆续出台，推动了家族慈善捐赠的"高歌猛进"。其中大额捐赠成为家族慈善主流，股权与股票捐赠成为重要的捐赠形式，这得益于中国大额捐赠在总体额度、入榜金额、首善捐赠规模、亿元级捐赠人数等各项指标上保持螺旋上升态势。对家族慈善组织者的调研显示，利他主义和战略观念是较为突出的因素。

据2018年10月18日发布的《2018界面中国慈善企业家榜》，马云（阿里巴巴及附属公司）以12.63亿元的捐款额位列榜单第二（见表2）。这些大额捐赠方式从物资、现金，拓展到股权期权，乃至慈善信托；捐赠领域从企业业务利益相关方、济贫救困到传统文化、生态环保、高等教育、人工智能、生命健康、国际交往等社会战略发展方向，参与方式从简单捐赠、领域设定到目标管理、战略运营。企业大额捐赠更加重视慈善的整体规划、专业运营、创新发展、多方共赢、价值引领等方面，家族企业越来越意识到慈善对于商业战略、家族文化传承、社会发展方面的价值，大额捐赠具有战略性将成趋势。

表2 2018界面中国慈善企业家榜TOP20名单

单位：亿元

排名	实控人/董事长	公司简称	2017年现金/股权捐赠
1	许家印	恒大集团	41.81
2	马云	阿里巴巴	12.63
3	马化腾	腾讯	8.67
4	杨国强	碧桂园	7.93
5	王健林	大连万达	7.70
6	卢志强	中国泛海	7.22
7	黄其森	泰禾集团	6.67
8	刘强东	京东	5.56
9	张磊	高瓴资本	3.00
10	王宜林	中国石油	2.59
11	胡葆森	建业地产	2.15
12	黄文仔	星河湾	2.14
13	袁仁国	贵州茅台集团	2.07
14	石宝栋	东胜集团	2.05
15	叶庆均	敦和资管	1.92
16	岑钊雄	时代中国	1.78
17	洪崎	民生银行	1.77
18	杨明生	中国人寿	1.71
19	陈卓林	雅居乐	1.69
20	傅育宁	华润集团	1.67

资料来源：界面中国。

（五）社会企业将全面开花

尽管"二光"之争（徐永光和康晓光关于"公益商业化"的争鸣）还在继续，市场思维驱动公益发展的社会企业模式受到政府认可。2018年4月，成都市人民政府办公厅出台《成都市人民政府办公厅关于培育社会企业促进社区发展治理的意见》[①] 意味着成都成为全国首个明确出台社会企业具体政策的省会城市。社会企业在政府文件中"由暗到明"的变化，也正式开启了政府层面促进社会企业发展的进程。这一变化是对中国经济正在进入善因驱动的"善经济时代"的积极回应。

"善经济时代"一部分企业家不仅关注企业社会责任，还开始以企业家精神为驱动进入公益慈善领域，用商业手法解决社会问题，从而带来公益慈善生态的变化；另外，公益慈善关注的社会议题更加广泛，公益慈善组织对社会问题的低效率回应，也使内部治理对商业资源和商业手段的呼声日增，在两个趋势的推动下，公益和商业的边界日益模糊，社会企业成为公益慈善领域新的增长点，社会企业是社会治理的重要创新，不仅可以增加公益资源，还能提升公益效率和可持续性，对于促进社会创新，完善社会经济结构，消除社会贫困，优化社会治理也意义重大。浙江慈善总会系统的"造血型扶贫基地"实际上已初步具备社会企业形态；在已经认证的社会企业中，浙江认证社会企业数量占全国认证总数的9%，居全国第四位（见图9）；携职公寓、老爸测评、银巢养老、绿色浙江等社企模式实现了社

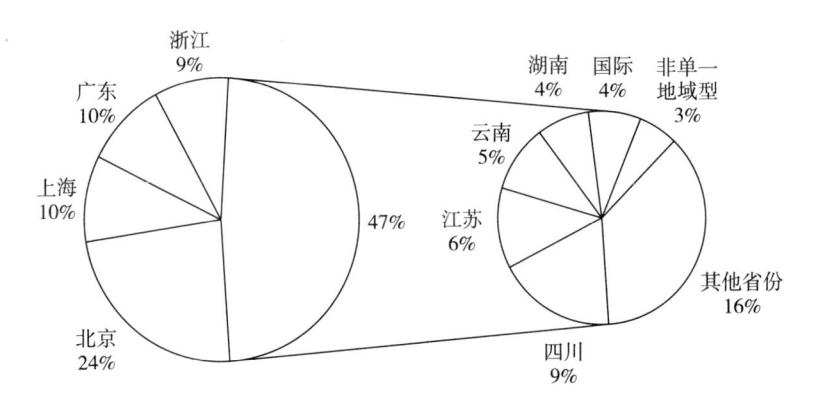

图9 全国社会企业省份分布情况

资料来源：中国社会企业家新生代数据画像。

---

① 成都市政府办公厅，《成都市人民政府办公厅关于培育社会企业促进社区发展治理的意见》，成都市政府网站，2018年4月19日，http://gk.chengdu.gov.cn/govInfoPub/detail.action?id=98295&tn=6。

会价值和商业价值的共赢①，未来随着政府和资助型基金会以及相关社企赛事的驱动，社会企业模式将获得更加蓬勃的发展。

（六）慈善组织的信用体系建设加速

公开透明是公益慈善的应有之义。《慈善法》明确规定慈善组织要建立信用制度。2018年9月1日，《慈善组织信息公开办法》正式实施，中国公益慈善事业加速进入信用时代，包含捐赠方、受助方、平台方及工作人员四方面内容的慈善信用体系建设迫在眉睫。慈善信用体系建设的基础是信息公开，建立第三方评估的慈善组织参与主体行为记录数据库。有了基础数据库进而可以进行等级评定和信用评估，对于公益慈善事业内部而言，将减少捐赠者捐赠行为决策成本，降低公益慈善组织间合作的选择成本，降低管理部门的管理成本和风险，可以说慈善信用体系建设是有效慈善市场形成的基础条件。

慈善信用融入大信用体系，在其他更广范围的应用，同样有利于降低社会管理成本，如志愿服务市场在落户方面的应用场景等；慈善信用作为经济生活信用依据（如金融授信来源）时，将真正充实"非营利法人"这一民法主体概念，实现慈善事业和经济发展的双赢。浙江公益慈善组织信用体系积极融入的格局已经开启，《2018中国慈善信用榜》在信息公开、财务和团队能力、合作伙伴背景、合作风险、品牌知名度和美誉度5个维度基础上，形成60家"筹款型"慈善机构信用榜单，浙江共有5家基金会上榜（见表3）。未来信息公开的常态化，将会进一步推动本土信用体系建设，促进公益慈善资源的高效流动。

表3 "中国慈善信用榜"榜单TOP30名单

	民间筹款型慈善机构	公办筹款型慈善机构
排名	民间筹款型慈善机构名称	公办筹款型慈善机构名称
1	中华少年儿童慈善救助基金会	中国儿童少年基金会

---

① 张梦恒、邵杨琦、李佳灵：《新型社会企业的合法性问题研究》，《法制与社会》2018年第1期，第88~89页。

续表

排名	民间筹款型慈善机构	公办筹款型慈善机构
	民间筹款型慈善机构名称	公办筹款型慈善机构名称
2	爱德基金会	中国扶贫基金会
3	深圳壹基金公益基金会	中国发展研究基金会
4	上海真爱梦想公益基金会	中国青少年发展基金会
5	北京市企业家环保基金会	中国思源工程扶贫基金会
6	北京桂馨慈善基金会	中国人口福利基金会
7	北京春苗儿童救助基金会	中国妇女发展基金会
8	北京新阳光慈善基金会	中国残疾人福利基金会
9	上海联劝公益基金会	中国华侨公益基金会
10	中华社会救助基金会	中华环境保护基金会
11	爱佑慈善基金会	云南省青少年发展基金会
12	无锡灵山慈善基金会	江苏省儿童少年福利基金会
13	北京乐平公益基金会	上海慈善基金会
14	上海仁德基金会	中国绿色碳汇基金会
15	海南成美慈善基金会	中国教育发展基金会
16	北京市西部阳光农村发展基金会	浙江省青少年发展基金会
17	广东省千禾社区公益基金会	中国社会福利基金会
18	湖南弘慧教育发展基金会	上海宋庆龄基金会
19	北京春晖博爱儿童救助公益基金会	深圳市关爱行动公益基金会
20	北京联益慈善基金会	中国西部人才开发基金会
21	深圳市红树林湿地保护基金会	北京妇女儿童发展基金会
22	深圳市龙越慈善基金会	海南省残疾人基金会
23	浙江省新华爱心教育基金会	中国初级卫生保健基金会
24	广东省绿芽乡村妇女发展基金会	山西省残疾人福利基金会
25	深圳市桃花源生态保护基金会	中国友好和平发展基金会
26	宁波市善园公益基金会	浙江省体育基金会
27	北京韩红爱心慈善基金会	中国绿化基金会
28	北京市永源公益基金会	中国光华科技基金会
29	北京永真公益基金会	四川省科技扶贫基金会
30	浙江省爱心事业基金会	成都市残疾人福利基金会

资料来源：2018中国慈善信用榜。

（七）慈善人才培养终将破局

当前公益慈善人才培养主要集中在两个方式上，一类是"专业建制派"，在研究生层次上，以 MPA 专业为依托，设置公益慈善方向或者非营利组织方向，如清华大学、中国人民大学等。在本科层次上，依托社会工作和公共管理专业，设置公益慈善方向，如在南京工业大学浦江学院公共事业管理专业中设立"公益慈善管理"专业方向，并建立了全国首个四年一贯制的公益慈善管理专业课程体系。另一类是"柔性班级制"，此类模式为学生仍然不脱离原来专业班级，选取低年级优选学员组成虚拟班级，通过"插班上课"方式修读公益慈善管理相关系列课程。目前采用这种模式的高校有深圳大学"公益创新专才班"、北京师范大学珠海分校的"公益慈善本科层次专业人才培养项目①"、浙江大学宁波理工学院益立方公益学院"公益创业班"等。

这些公益慈善人才培养项目，深度融合政府、基金会、社会服务机构、企业和公众，培养具有较强公益慈善相关岗位实操能力，胜任公益机构、大中型企业社会责任部门的组织管理、项目运作、宣传推广、专业服务以及理论研究等工作的应用型、复合型高层次专门人才。公益慈善人才的原生性、系统性培养特征更能满足公益慈善组织对高层次人才的需求，应是未来公益慈善人才供给的主流。浙江公益慈善人才培养也已起步，鄞州银行公益基金会、敦和基金会已经为本科层次的公益慈善人才提供实质支持，通过经验总结和业内深度参与，形成公益慈善人才培养的系统方案，未来将改变依托公共管理、行政管理、社会工作、社会学等专业培养人才的局面，倒逼公益慈善专业设置改革。

四　发展之路：浙江慈善的挑战与应对

（一）浙江慈善的"当下"挑战

1. 全省慈善资源不平衡，基层呼唤慈善"向下"

从全国来看，2018 年上半年浙江省 GDP 达到 25674.27 亿元，继续保持

---

① 杨志伟：《公益慈善领域专业人才培养的模式及展望》，《中国社会组织》2016 年第 7 期，第 40~41 页。

全国第四位，人均GDP达到45385元，居全国第五位，但是从慈善事业发展的匹配度上看，以基金会数量为例，截至2018年10月30日（基金会中心网数据），浙江基金会总量为650家，而广东为1073家，北京为880家，江苏为685家，在数量上均多于浙江，与其经济表现不太匹配（见图10）。从浙江省内来看，在全省各城市中，杭州受多重利好因素影响，2018年上半年GDP达到6355.85亿元，领跑城市榜单，宁波紧随其后为5037.29亿元，而位于末位的舟山为588.13亿元，与杭州差了近10倍，2018年《浙江民营企业百强榜》上，杭州企业数过半，而舟山、衢州则无一企业上榜，作为最大的捐赠来源方，这一数据所带来的慈善资源差异不言而喻。

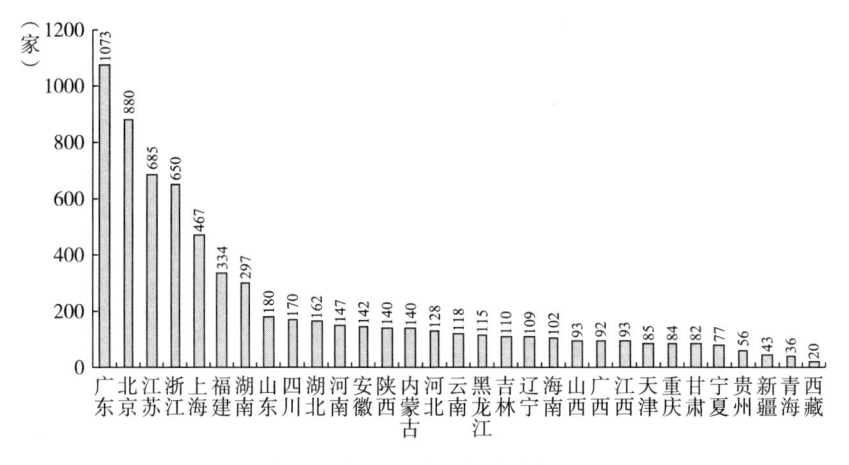

图10 各省份基金会数量情况

资料来源：基金会中心网，2018年10月30日数据。

而慈善捐赠也体现了这一点，从2018年上半年全省慈善会系统的捐款排名来看，杭州、宁波位于全省前列，而丽水、金华、衢州等地则差异明显（见图11）。实际上，慈善资源的不平衡不仅表现在筹款数据上，在社会组织数量上，特别是在基金会数量上，杭州由于政治、文化中心因素，资助型基金会数量占了绝对优势。一方面杭州居民人均可支配收入高，却拥有大量的慈善资源（包含政策优势）；另一方面位于浙西和舟山的海岛地区居民收入水平相对较低，却拥有大量的慈善缺口，呈现"旱涝两端"的情形，位于慈善需求重点区域的基层民众和公益慈善组织迫切要求慈善资源"向下"流动，迫切期待以基金会为主的慈善资源密集主体转为资助型主

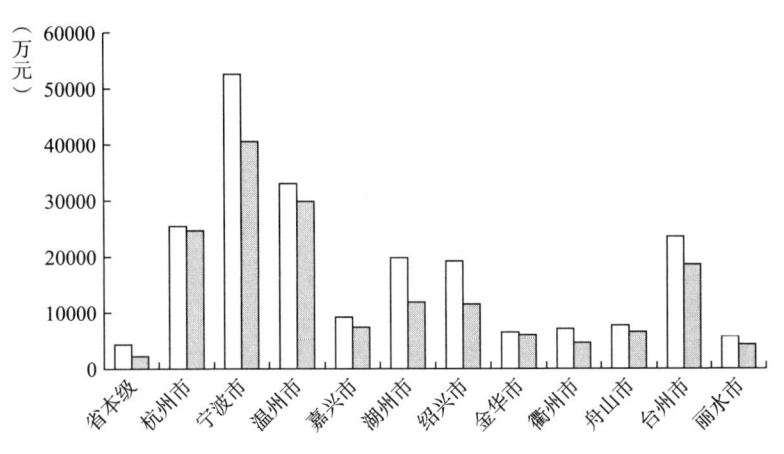

体,关注基层组织成长和基层民众需求,而省民政厅在全省各地倡导建立的慈善示范基地特别是慈善精准帮扶示范基地正是对这一呼声的积极回应。

图11 2017年全省各地级市慈善会系统捐款和援助情况

2. 官办慈善在发展中转型,组织创新面临挑战

浙江省慈善会系统在过去20多年里通过不断创新,极大地推动了浙江省慈善事业的发展,同时也面临重重挑战。一是公益慈善组织众多所带来的竞争压力。官办的公募慈善组织(主要是红十字会等)、企业设立的独立基金会、互联网公益慈善组织、宗教慈善组织、各类草根型公益慈善组织等在慈善资金募集、慈善项目策划和管理、慈善义工的招募等方面各有优势,对慈善会系统的发展构成挑战。二是经济发展放缓所带来的慈善资金募捐困难。中国经济发展增速放缓,尤其是最近几年实体经济发展困难,以及中美贸易摩擦对经济增长影响较大,企业进行慈善募捐的意愿减弱,从这几年浙江省企业冠名基金的增长速度可见一斑。此外,随着基金会审批权限的下放以及2016年颁布的《慈善法》对公募市场的放开,越来越多的企业愿意自己设立基金会,用企业的发展战略来履行社会责任,这进一步增加慈善会系统资金募集的困难。三是慈善需求多元化所带来的挑战。温饱型慈善到发展型慈善的转型带来了慈善需求的多元变化,因此慈善救助也应该是多层次多方位的。在新形势下如何定位慈善会系统的服务领域可能是个难题。四是不断涌现的新技术对慈善专业能力的挑战。"互联网+慈善"已经是大势所趋。但全省慈善会系统内不同层级的组织运用互联网技术的能力参差不齐，相当一部分县市慈善总会的网站功能单一，要么是缺乏互联网意识，要么是缺乏运用互联网的技术人才，这同消费时代和娱乐时代升级慈善发展格格不入，这些对于慈善会系统来说是又一大挑战。

3. 慈善管理网络尚未完善，基层执法力量薄弱

尽管浙江响应《慈善法》精神，在全国率先成立以慈善促进处为职能中枢的慈善行政管理体系，鉴于行业治理的需要，为改变慈善促进职能各地多由慈善会系统承担的现状，浙江专门成立了慈善组织联合会，2017年又因地制宜专门成立了慈善联合总会这一过渡性组织。这一体系在慈善立法、行业治理、信息互融、文化促进方面发挥了巨大的作用，全省各地慈善活动蓬勃开展起来，浙江慈善的法制化和规范化开始进入快车道。但是相对于省级慈善行政部门的"财大气粗"，各个地市除了绍兴在《慈善法》出台之前已专门成立慈善促进办公室，杭州在2018年上半年成立慈善促进处、金华进行了慈善职能的初步整合外，大部分的地市慈善促进职能散落于社会救济和社会福利等相关处室，这些处室原有的工作任务已相对较多，因而慈善管理职能在一定程度上被弱化，受制于人员流动、定岗定编等，造成自上而下的慈善管理体系不健全、不完善的现状，必然导致慈善行政执法的弱化。

实际上，《慈善法》的出台时间之久，也暗含了对慈善执法力量薄弱的考量，从人性善意发端的中国，随处可见"违法"的情形，诸如在超市等场所放置捐款箱、公共场所的无备案义卖等，《慈善法》的"纠错"成本远大于"预防"，全省各地不少区县的执法力量与社会组织数量比达到1：100，甚至更低，有限的执法力量和社会组织筹款等事项所带来的管理事务之间的矛盾，在基层非常突出，特别到了街道层面，"靠天吃饭"成为常态。在新一轮的政府机构改革"三定"方案中自上而下设置慈善管理的部门，对于政府引导社会组织高质量参与基层治理意义重大。

4. 慈善组织认定门槛偏高，民众参与需进一步破局

《慈善法》关于慈善组织的成立和认定的相关规定，实际上是对公益机构内部分层管理的努力，一部分内部治理完善，慈善主业清晰，发展方向明确的公益机构，可转型成慈善组织。依靠获得慈善信托受托人资格、捐赠便利、面向公众公开募捐等方式实现慈善组织发展和推动慈善事业的

"民间化"进程。但《慈善法》及配套《慈善组织认定办法》《慈善组织公开募捐管理办法》规定"申请时的上一年度慈善活动支出和管理费用符合国务院民政部门关于慈善组织的规定""财务会计报告需经过审计""认定为慈善组织两年后，可依法申请公开募捐资格"等内容，对公益机构内部治理规范、财务能力、机构公信力等都有很高的要求。加上相对复杂的办理过程和公益机构对于规范化的预期，慈善信托受托人资格、公开募捐资格，包括捐赠方税前扣除优惠等实际上对机构能力要求较高，这些因素使慈善组织认定进展缓慢。这一定程度上也制约了慈善事业发展的进程。以公开募捐资格为例，慈善组织取得募捐资格，更大的意义在于变政府资源依赖为公众参与依赖，但现实状况是企业捐赠仍然是捐赠的主要来源，民众捐款并未成主流。

从可得性上来说，慈善组织一定会着力在企业募捐，这同未认定的公益机构可接受捐赠可能会"殊途同归"，面向公众筹款依然难成主流，"藏善于民"的设计初衷难以实现。从浙江的具体情况来看，"互联网+公益"作为最成功的公众参与渠道，全省有影响力的几家基金会由于内部治理完善，项目执行科学，同淘宝"公益宝贝"等进行项目的一站式合作，但是此类公众参与与理想的公众参与形态仍然有一定的距离，如何引导公众参与募捐、倡导和行动，仍是浙江需要思考的重大课题。

5. 慈善人才培养严重不足，影响"善经济"进一步壮大

截至2018年10月，全国社会组织数量已经突破86万个，浙江社会组织总数达52811个。数量众多的社会组织催生了大量的公益慈善人才需求。根据ABC美好咨询社发布的《2017年公益行业薪酬与人才实践调研报告》，公益领域已经成为当前人才市场中不可忽视的新的就业选择，但68.4%的参与调研机构认为有难以招聘的岗位，47.4%的机构认为有难以保留的岗位（见图12）。这其中固然有诸如《基金会管理条例》中规定"基金会工作人员工资福利和行政办公支出不得超过当年总支出的10%"待遇方面的原因，更多的是因为公益慈善人才的培养严重不足。

浙江同全国一样存在两个方面的现状：一是"缺人与缺人才"现象并存。由于中小型公益组织特别是草根公益组织资源获取和自造血能力缺乏，对政府依存程度过高，无法弥补人力资源成本，"缺人"现象较为普遍。二

68.4% 的参与调研机构"有难以招聘的岗位"

- 项目管理/执行类 42%
- 媒体传播类 21%
- 筹资类 13%

47.4% 的参与调研机构"有难以保留的岗位"

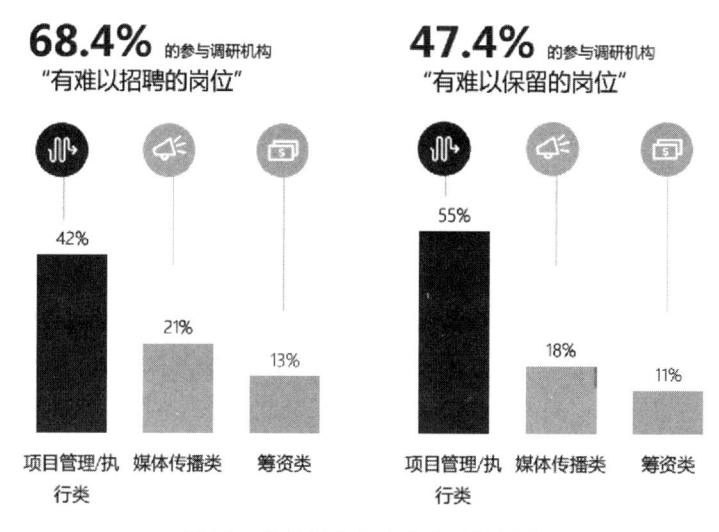

- 项目管理/执行类 55%
- 媒体传播类 18%
- 筹资类 11%

图12　公益行业人才需求缺口情况

资料来源：《2017年公益行业薪酬与人才实践调研报告》。

是"普遍性缺乏和普遍性转行"现象。一方面，公益行业所需的项目管理、研究咨询、筹款、人事行政、监控评估、IT技术等复合型人才普遍缺乏，特别是项目管理/执行类、媒体传播类、筹资类岗位居难以招聘与保留的岗位的前三名，当前这些领域人员从业年限也相对较短，缺乏专业人士的指导，直接影响慈善的专业化。另一方面，同公益慈善管理接近的社会工作、公共管理等专业，不少高校关起门来办学，缺乏和行业、企业、政府、公众需求的深度融合，加上专业的刻板印象，导致毕业生跨专业就业的比例较高。现实来看，一部分浙江高校已经开始一些公益人才培养的探索，但是当前全省缺乏系统的行业+高校的公益慈善人才培养计划，也缺乏民政部门的系统性支持，公益慈善人才培养举步维艰，已经成为未来浙江"善经济"进一步融合发展的障碍。

6. 慈善协同仍有待提高，慈善促进与服务托底边界需厘清

浙江开全国之先河以慈善示范基地为平台，打造内部互通、政社协同、精准服务、广泛参与的现代"大慈善"格局，既是现代慈善的内在要求，也是浙江慈善转型发展的必然进程。

但是慈善协同在实施过程中，尚有空间待探索。一是政府组织间内部权力分享机制尚未完全建立，例如，《慈善法》规定，志愿服务管理权统合至民政部门，但由于长期管理机构设置在共青团相关部门，民政部门志愿服务管理经验缺乏，因此在过渡过程中，受行政管理体制限制，出现权力分享难题，造成志愿服务工作一定程度的弱化。在资源分配时，由于信息不对称，政府各部门间的协调合作仍有不少问题，对一些"明星组织"重复投入，导致这些公益慈善组织在进行政府资源整合时，"挑肥拣瘦"现象比较突出，扶持的不精准性依然存在。

二是公益组织间的协同刚刚起步。随着公众慈善需求和基金会等资助型组织的转型，公益组织间基于受助对象服务网络的协同才开始起步，如传化慈善基金会"安心驿站"线上线下网络构建，浙江妇女儿童基金会"焕新乐园"项目以资源整合为理念，以枢纽型平台为目标，积极建构基金会＋在地组织＋受助对象＋媒体的协同网络，浙江心基金慈善基金会实施的"晨心计划"依托"志愿汇"平台开展的志愿服务扶持等都在积极努力构建公益组织协同网络，但社会组织内部仍然存在不少信息不对称导致的资源闲置浪费的情形，集中表现为资源固结现象的存在。

三是公众协同尚未真正全面开局。公益慈善参与的最佳状态即"藏善于民"，当前全省公众参与区域不平衡。一些互联网公益倡导活动如"9·9公益日"等在慈善倡导制度设计上的不完善，导致公众慈善参与的"富矿"尚未被充分发掘。此外，政府、企业、社会组织间缺乏系统协同。尽管全省出台了不少政策，也有不少标杆企业的存在，但是在政策层面，鼓励政、社、企协同的机制设计缺乏系统性。在慈善协同机制尚未成熟的情况下，慈善和社会救助、社会福利的边界仍待廓清，仍需避免以慈善增量代替托底服务的情形。

7. 依法治善仍需时日，"最后一公里"行路艰难

《慈善法》实施2年来，出台了大量的配套立法如《慈善信托管理办法》《慈善组织保值增值投资活动管理暂行办法》《慈善组织信息公开办法》《社会组织抽查暂行办法》等，为浙江慈善创设了一个推动全民慈善和依法慈善的系统法制环境。但是实施过程中存在不少现实障碍。

一是部分配套法律尚待完善，如作为社会组织入口的《社会组织登记管理条例（草案征求意见稿）》仍在征集意见中，针对注册门槛、权限等关键性问题仍在争论；如慈善信托的税收优惠仍无明确兑现原则，从业者对于税收优惠抵消制度红利的隐忧，使优惠呼声减弱影响了慈善信托的合理健康发展；此外，非货币捐赠税收优惠以及税收优惠政策的零散出台，都制约了公众特别是企业参与的积极性。

二是慈善立法的"超前"密集出台需要系统化吸收。《慈善法》出台以来，大小各类条例、办法、通知等达30多件，浙江也在紧锣密鼓地制定配套地方法，如《浙江省实施〈中华人民共和国慈善法〉办法》《浙江省志愿服务条例》等，但是实际调研发现，虽然从《慈善法》配套的角度来看，配套法规并不超前，反而显得必要，但是从立法的密集性来看，基层慈善管理部门包括基层公益组织对于已出台立法习得尚待时日。由于立法周期和基层实际情况限制，配套立法到了基层与执法力量不足形成矛盾。此外，岗位流动等因素也造成了"最后一公里"困扰因素较多，需对依法行善有更多耐心。

（二）浙江慈善的现实应对

1. 依法治善，发挥强嵌入慈善模式优势

首先，应大力建设《慈善法》配套立法及普法体系。《慈善法》出台，慈善的法治化进程开启，慈善事业"野蛮生长"的局面开始"拨乱反正"，大量的不合理、不合法的情形存在与执法普法力量薄弱的矛盾日渐突出，在当前条件下"陪伴式"执法并不现实。应以社会组织孵化器、高校志愿者、政府购买普法服务等形式，依托业务植入和主动宣传，面向社会组织和普通公众分类分层普法，提高其守法自觉性，将事前普法和事后执法结合起来，降低公益慈善违法的发生率，减少公益慈善执法的成本。

其次，应实施官办慈善转型发展规划。将慈善会系统和部分官办基金会的社会救助职能剥离出来[1]，分离到专门的科室，确保慈善会改革不会影响困境人群的托底慈善服务。适当在公益慈善领域干部兼职方面建立"特区"，合理规划慈善会系统人力资源，不至于因为组织部门领导干部兼职规

---

[1] 杨容滔：《官办慈善会系统转型发展探析》，《法制与社会》2015年第27期，第152~154页。

定，影响到慈善总会合理的资源获取和人力资源发展。建立慈善会系统资产管理和符合慈善行业要求的内部治理机制，厘清政府资产和慈善筹款在慈善会系统的合理支配机制，将国有资产和慈善支持区分开来，保证慈善会系统合理的资产管理权限。建立慈善会系统改革时间表，分阶段确立改革目标，直至形成政府引领、职能清晰、治理规范的区域慈善典范。

2. 活化基层，激发基层政社活力

全省慈善资源和执法力量的区域不平衡现象，要求更加关注基层的活力。一是关注基层的执法队伍构建。针对当前基层在执法司法方面的困局，应在新一轮"三定"方案中，专门设置自上而下的慈善事业管理部门，提高慈善治理特别是基层的慈善治理水平，此外，在整体执法力量不足的情况下，还可委托公益慈善组织承担普法宣讲、信息融通和专业能力提高等任务。

二是应加强关注基层民众需求。浙江慈善在区域上不平衡，要求建立慈善资源不足区域各类需求的数据库共建共享机制，在保证持续合理投入的情况下，应当鼓励社会组织面向这些区域开展服务。在政府扶持方面，鼓励城区公益慈善组织向农村社区和欠发达社区提供服务，资金和政策向参与精准扶贫、美丽乡村建设、欠发达县市服务的公益慈善组织倾斜。

三是关注基层公益组织，特别是社区草根组织。依托社会组织枢纽型机构和慈善示范基地，关注基层公益慈善组织的慈善意识、慈善伦理、专业化业务能力以及发展性扶持。实施基层组织活化计划，理顺社区管理处室和社会组织管理处室的职能划分，依托公益微创投、草根领袖扶持、项目对接等不断提高基层组织的专业化水平，为基层治理和组织成长奠定基础。

3. 优化环境，继续鼓励浙商企业乐善好施

企业特别是民营企业依旧是慈善捐赠的主流，浙商企业的务实、创新精神给浙江公益慈善带来了活力，应当不断创新参与方式，为浙江企业提供更加优化的慈善参与环境。全省未来应继续细化各项税收促进措施的具体细则和实施流程，并在程序上加以规范，加强民政部门和税务部门的协调，探索免税慈善组织建立税务部门的独立认证制度[①]，确保《慈善法》所

---

① 牟朝阳：《我国公司公益捐赠税收激励问题研究》，华东师范大学硕士论文，2018年5月，第35~48页。

指的税收优惠程序不断优化。充分尊重捐赠者自主捐赠的权利,更加倡导直接捐赠。

继续探索完善税收优惠政策。可以从以下三个方面着手。第一,探索根据企业类型和规模,实行差异化的税前扣除比例,适当提高中小型企业慈善捐赠税前扣除比例或考虑全额扣除。第二,征收遗产税和赠与税。借鉴国外经验征收较高比例的遗产税和赠与税,鼓励浙商企业家进行更多的遗产捐赠。第三,建立实物捐赠的税收优惠制度,并由财政和税务部门统一制定颁布与现行税制相衔接的非货币财产捐赠和劳务捐赠的统一核算标准和价格认定的具体规定。第四,鼓励家族慈善大额捐赠,通过慈善信托等方式,提高家族企业家参与慈善的灵活度和自由度。不断优化慈善组织认定和申请的流程,降低慈善组织的门槛,建立慈善组织的动态支持体系,增强慈善组织对募款便利程度的预期,以便为企业同慈善组织合作发展慈善事业提供更广泛的选择。

4. 鼓励创新,重视慈善人才培养

"善经济"的关键在于慈善人才。应该制定一揽子慈善人才促进的相关措施,大力提升慈善人才的社会地位,不断优化慈善人才的政策环境。一是继续将公益慈善人才纳入现有的人才扶持政策。例如,将慈善人才指标纳入各级政府人才考核体系,并将慈善人才列入各类人才引进目录,继续将社会创新创业纳入当前的"双创"格局,扶持社会企业发展,打通创业人才扶持和慈善创新人才的政策通道。为公益慈善人才提供岗位晋升、职称评定、人才津贴、子女入学、户籍、住房、医疗等方面的配套支持,从经济社会协同的视野,"筑巢引凤"为浙江引进公益慈善人才,吸引省外特别是广东、北京、上海、江苏等地的资深公益慈善人才提供系统政策配套。

二是做好本土的公益慈善人才培养。公益慈善人才是跨学科、跨专业的新型人才,尽快将公益慈善专业纳入浙江高等教育序列,从专业支持上,打通"最后一公里",在专业设置困难的前提下,灵活开展行业+高校、政府+高校的"订单班"模式,将高校人才培养同行业需求相匹配,将高校的完整培养序列同公益慈善行业的深度实践相结合,跨学科、跨机构、跨领域,培养真正适用型的公益慈善人才。

三是提供公益慈善人才创业的政策环境。在机构注册金扶持、公益创投、政府购买、研究支持等方面为公益慈善人才从事公益慈善"创业"提供优化的政策环境，真正将公益慈善人才"引得进，留得住，出成效"。

5．建立平台，实现优势资源整合

依据"大慈善"格局，重点围绕三个方面构建协同政策体系。一是以党建为引领，构建公益慈善相关部门的协同机制。发挥"两新"党组织作用，将组织、宣传、统战、民政、文明办、共青团、妇联等相关单位统筹成立慈善协同机构，在政策制定、资源整合、机构项目扶持、数据共享、联合管理等方面建立稳定的合作机制。

二是构建政府与社会公益慈善资源的协同平台。将政府直接管理的行政手段，转化为以法律手段、经济手段为主，行政手段托底的现代慈善管理机制，借助慈善论坛、行业会议、专题培训等方式加强交流，运用税收、奖励、项目扶持等手段，调动企业开展公益慈善的积极性，鼓励互联网公益平台探索更多"有意义有意思"的慈善机制，调动民众参与积极性；运用"融媒体"方式，鼓励建立公益慈善的媒体矩阵，提升公益慈善在全社会的感知度；大力扶持各类慈善组织，发挥行业协会的作用。

三是继续构建公益慈善组织的协同机制。发挥各级慈善联合会（不少地市依托慈善总会建立）的作用，积极统筹各地、各领域的公益组织，优化公益慈善组织在业务交流、人才流动、技能提升、项目合作等方面的常态化沟通交流机制，鼓励跨组织、跨地区进行全方位的流动，不断提高公益慈善事业的协同化水平。

6．文化挖掘，慈善文化持续引领

一是鼓励各地慈善文化资源的挖掘。加强同社科联等研究部门的合作，联合设立慈善文化历史挖掘的研究课题，分类梳理慈善文化资源，注重慈善文化历史现代价值的运用。

二是积极营造慈善文化建设的整体氛围，可在商业用地、公共文化场所等人流比较集中的地方设置特色公益文化宣传品，增加文化宣传曝光度，会同博物馆、美术馆等开展公益文化展品、美术作品的公共文化推广活动。有条件的地市，可以开展公益地标的打造，并不断通过多形式、多内容的方式向公众推广宣介。

三是进一步开展各类公益慈善的评选活动。继续开展如"浙江好人"

"浙江慈善奖"等的评先活动,创新评选机制和评选形式,让公众参与评选内容、评选机制的设计,让公益慈善倡导更加"接地气"。

四是鼓励全媒体在慈善文化建设中发挥作用。发挥传统媒体在中老年群体中的公益文化传播价值。充分发挥新媒体的作用,鼓励新媒体广泛参与慈善募款、公益倡导等行为,通过媒体融合和互联网技术产生创新裂变,传播公益文化。

五是加强公益文化产品研发和产业化。鼓励设立各类主题文化基金,突出公益文化的特色打造,政府设立专门文化资助计划,成立诸如杭州"尚善之家"开展公益文化产品设计、研发、推广等项目的一体化运作,继续鼓励设立各类主题的公益文化场馆,推动公益文化产品"走出去"。

五 结语

中国慈善在制度化驱动下的未来发展轮廓已经初步清晰,浙江慈善创新与发展的大幕已经拉开。未来,随着浙江经济的快速发展,将提供更加充沛的资源保障,互联网技术创新发展将提供更加生动的慈善参与场景,政府慈善立法体系的稳步推进将提供更加稳定的制度支撑,古今慈善文化的发掘将提供更加丰富的文化源流和精神动力,多主体、多类型、多向度的慈善融合将推动浙江慈善走得更深更远,对公众慈善需求的回应将更加精准及时。中国慈善的"浙江经验"将会更具引领性和示范性。

专题篇

Special Reports

浙江慈善文化历史与发展

浙江慈善事业发展报告编写小组

摘　要　近年来，浙江省慈善事业蒸蒸日上，积累了一批成规模、成建制的慈善基金、项目，在国内形成了品牌效应。浙江省的慈善事业发展得如此之好，关键原因在于其继承了浙江省深厚的慈善文化，同时又融合了现代西方的公益慈善文化，从而构造了一个现代性的浙江慈善文化体系。本文即通过梳理浙江省传统慈善文化，分析其蕴含的文化内涵，并通过对浙江省现代慈善事业的梳理，发掘其对传统慈善文化的继承与创新。

关键词　传统文化　慈善文化　慈善事业　公益事业　融合创新

一　引言

习近平总书记在党的十九大报告中提出："文化是一个国家、一个民族的灵魂。文化兴国运兴，文化强民族强。没有高度的文化自信，没有文化的繁荣兴盛,就没有中华民族伟大复兴。"① 慈善作为传统文化的一部分,是立足于深厚的文化基础之上的。

我国拥有5000多年的历史,文化底蕴丰厚。从总体上看,我国文化以儒家文化为主体,融合道家、法家、佛家等多种源流,形成了一个恢宏复杂的文化体系。而慈善在这一宏大的文化体系中,是一个必不可少的重要分支。历史上,儒家提倡君主要"仁政爱民""为政以德"。子曰:"为政以德,譬如北辰居其所而众星共之",讲的就是这个道理。而这里的"仁爱"观念,正是传统慈善的灵魂。围绕这一"仁爱"观念,儒家化出"十义",所谓"父慈、子孝、兄良、弟悌、夫义、妇听、长惠、幼顺、君仁、臣忠"。这便将全社会所有人都纳入了这个"仁爱"的体系之中,要求所有人对他人有爱。所以,作为官员,被称为"父母官",也要关爱、帮扶百姓;作为商人,在获取商业利益的同时,还要不忘本心,帮扶同乡邻里……所以,儒家构建起的这个社会是有爱的,是一个"不独亲其亲,不独子其子"的美好社会。"爱"是这种文化的核心内涵,爱己、爱人、爱邻都是这种文化的表现。

诚然,传统文化有精华,也有糟粕。而且,随着时代的发展,传统文化或许不再能够完全适应现代社会的发展,但我们不应全盘否定我国的传统文化,包括传统慈善文化,将之视为敝履,也不应照搬西方的公益慈善文化。要想真正发展我国的慈善事业,就必须坚持我国的慈善文化传统,不断深入挖掘其中的优秀元素,提炼出真正属于我国的文化精粹,并借鉴吸收西方公益慈善文化的合理元素,使两者融合,将之发扬光大。

近年来,浙江省深入挖掘浙江传统文化中蕴含的慈善元素,并不断吸收借鉴西方文化中的先进元素,将两者做了有效的融合。所以,浙江省的慈善事业显得格外的厚重,韵味十足。那么,浙江省是怎么做的呢?

二 浙江省传统慈善

自从东晋南朝全国的经济重心南移到江南以后,浙江省的经济就一直

---

① 习近平:《决胜全面建成小康社会 夺取新时代中国特色社会主义伟大胜利——在中国共产党第十九次全国代表大会上的报告》,人民出版社,2017,第40~41页。

保持着较高的水平。在较为发达的经济的支撑下,浙江地区也发展起了丰厚的文化,距今7000年的河姆渡文化、距今6000年的马家浜文化、距今5000年的良渚文化、吴越文化等都是浙江地区早期的特色文化,也为以后的浙江文化奠定了基础。

通过对浙江省,尤其是杭州城历史的梳理,我们可以发现,其在文化上主要有两大特色。一是依托政治中心,形成了较为安定的发展环境,这为衍生于政治的相关文化奠定了基础。二是依托水陆交通,形成了地域性的商业文化和宗族文化,如商帮、行会、宗祠等。

与之相对应,我们可以发现,在浙江,传统的慈善事业主要集中在两个方面:一是官方慈善,如南宋谢灵运,后周钱弘俶,宋代范仲淹、苏轼、朱熹等;二是民间慈善,尤其是各大善会、善堂、宗祠,如保婴会、恤嫠会、清节堂、同善堂等。这两大类的慈善事业形成了浙江省传统慈善的特色。那么,这些传统的慈善事业又是如何体现其慈善文化因素的呢?

（一）传统官方慈善

在浙江省的传统慈善事业中,官方慈善占据了相当大的比例。在历史上,由于政府具有大量的资源,能够较为容易地调动大量的人力物力,所以有些慈善事业能且只能由政府出面。而且,政府慈善行为也是传统"仁政""爱民"思想的重要外在表现。所以,官方慈善事业素来便是慈善事业的重要一环。其中较为人所熟知的是水利工程的修缮、灾荒救济、救济贫病和抚育婴孩等。

1. 兴修水利

浙江省地处东南沿海长江三角洲南翼,地势低洼,自古以来水患严重,所以治水的历史传说也流传很多。早在越王勾践便有"祀水泽于江州",带领群众围堤修塘,发展水利灌溉的记载。受此影响,浙江省历代官吏也大多重视治理水患,防患于未然。

东汉会稽郡太守马棱曾主持修建回涌湖,拦截若耶溪的洪水,使周围民众免受洪水之害。又有太守马臻沿前清至曹娥筑成了长127里的长堤,拦蓄三十六源的水,由此建成了鉴湖,得以灌溉良田9000余顷。东晋会稽内史孔愉在任时曾注重水利建设,主持修复句章县在汉代时所修筑的堤坝,得以灌溉良田200余顷。唐朝皇甫政改玉山斗门为玉山闸，使之成为山会平原蓄池的枢纽。唐代元稹在任浙东观察使和岳州刺史时，动员了2000多民众，修筑海堤，改良土壤，挖湖蓄水，以旱涝保收。五代后梁开平四年，越王钱镠，自月轮山指垦山门沿钱塘江修筑捍海塘，以防止海潮侵蚀。宋代初年，赵彦倓致力于修建管理海塘，并建立了水利工程专门的基金制度。宋嘉定十四年，绍兴知府汪纲疏浚西兴运河，建闸置庐，疏导灌溉，又重修绍兴府城，疏浚河道，防范水患。明朝成化、嘉靖年间，均有相应的官吏治理水患。在清朝，仍然有相当多的官吏大臣，重视浙江水患，并在很大程度上保证了民众的安全[①]。

浙江的省会——杭州，更是历来注重水利。自唐朝至吴越时期，西湖每年都要整治，曾经有官吏携手上千名士兵来疏浚西湖。但是到了宋代，由于经济发展不景气，之前用来汲取淡水的六口井遭到了废弃，河道也受到淤泥的阻塞，每到江潮、海潮时节，泥沙淤积，河水漫灌，多有不便。所以当时只能三年清理一次河道，以保证河道通畅，但是也因此劳民伤财。但是到了"宋仁宗庆历二年（1042年），六月，癸未，徙知杭州郑戬知并州兼河东路经略安抚沿边招讨使，寻改知郓州。杭州有钱塘湖，溉民田数十顷，钱氏置撩清军以疏导淤滞。既纳国后，不治，葑土堙塞，为豪族僧坊所占冒，湖水益狭。戬发属县丁夫数万辟之，民赖其利。事闻，诏杭州岁治如戬法。"[②]郑戬对西湖的疏浚在历史上是非常重要的。此后，宋哲宗元祐五年时，苏轼任杭州知州，也疏浚了西湖，并利用浚挖的淤泥构筑长堤抵御水患。当时西湖水面已有大半被水草等水生植物占领，如果不加以治理，西湖很快就会消失。所以他向朝廷筹借粮食和财务，同时用以工代赈的方式募集了大量的民工，借此来疏浚西湖，清除水草，使西湖附近千亩田地得到良好的灌溉。而后为了方便民众出行，他又用疏浚西湖的淤泥筑成了横贯南北的长堤，杭州人民为纪念苏东坡治理西湖的功绩，便把它命名为"苏堤"。南宋以来，苏堤春晓一直居"西湖十景"之首。

由此可见，兴修水利是政府为人民的生命财产安全着重考虑的，其

---

① 陈家桢、周淑芳：《上善若水：浙江慈善文化》，浙江大学出版社，2010，第33~35页。
② 《续资治通鉴卷第四十四·宋纪四十四》。

中传达的不仅是百姓追求平安生活的向往，更是传达了政府对百姓的关爱，而且这种爱也是双向的，所以杭州人民才会将苏轼修建的长堤命名为"苏堤"。

2. 灾荒救济

中国是自然灾害较多的国家，水灾、旱灾、蝗灾、雪灾等发生较多。邓云特先生在《中国救荒史》中，通过对《史记》《汉书》《后汉书》的记、传等的统计，发现在秦朝和汉朝的440年的历史中，自然灾害发生次数高达375次，其中旱灾81次，水灾76次，地震68次，蝗灾50次，雨雹灾害35次，风灾29次，霜雪灾害9次。三国时期，灾害更是有增无减。两晋时期，黄河、长江流域也是灾害频发，几乎连年不断①。一旦发生灾荒，百姓往往饥不择食，无衣可穿，甚至会出现卖子卖妻的悲剧。这种悲惨的景象，使官方慈善和民间慈善呼之欲出。

官方层面，自西汉时，政府就已经开始采取措施救济灾民。贾谊在给汉文帝上书中指出"民不足而可治者，自古及今，未之尝闻……夫积贮者，天下之大命也。苟粟多而财有余，何为而不成？"② 自此以后，汉朝便对仓储非常重视，并把它作为救济灾荒的一种手段。三国时期，东吴政权也有开仓赈灾的善举。及至两宋时期，北宋建立后，灾荒频发，蝗灾、水灾等时有发生，所以宋太祖承袭前制，下令重新修建义仓，略加损益，"兼存其法焉"③。其后，宋真宗、宋仁宗又设置了长平仓、惠民仓、义仓等，作为救济灾荒的手段。而且，宋仁宗后期还设置了广惠仓，将仓储制度真正地确立下来，使之成为宋代独有的仓廪制度。明清时期，也将仓储制度传承下来，用以救济灾荒。

所以，政府在救济灾荒方面，也是着重考虑人民的生命财产安全的，防患于未然，用之以时，使百姓尽可能地避免遭受灾荒，其中体现的也是"仁爱"的思想。

3. 救济贫病和抚育婴孩

除了上述水利工程的修建和灾荒救济，政府还救济贫病百姓和抚育

---

① 邓云特：《中国救荒史》，上海书店，1984，第11～13页。
② 《汉书》卷二四（上），《食货志》（上）。
③ 《宋史》卷七六，《食货志上》四。

婴孩。

救济贫病之人一直是中国传统慈善事业中的一项重要内容,早在北魏时期,就已经设立六疾馆,向贫病之人赠医施药。唐代也有悲田坊。宋代则以安济坊为主。

安济坊是由苏轼创立的病坊演化而来的。1089年,苏轼任杭州太守,他因杭州地区疫病多发,死于疾病的百姓要比其他地方多,所以经常分发粥水和药品,让官吏携带医生到处去给百姓治病。但是仅仅这样还是不能满足需求,于是他"乃哀疾羡缗,得二十,复发私橐,得金五十两,以作病坊,稍蓄钱粮以待之,名曰安乐。崇宁初,改赐名安济云。"[1] 由此可见苏轼创立的安乐病坊的影响之大。安济坊的功能主要是"养民之贫病者","处民之有疾病而无告者"。所以就此看来,在救济贫病方面,政府也是仁政爱民的。

除此之外,还有抚育婴孩方面的慈善事业,其中比较有代表性的要数临安慈幼局。早在1143年,南宋都城临安就设有慈幼局。1247年之后才设立广为人知的临安慈幼局。临安志卷7中载"淳祐七年十二月,有旨令临安府置慈幼局。支给钱米,收养遗弃小儿,仍雇请贫妇乳养,安抚端明赵与筹奉行惟谨,于府治侧建屋。而凡存养之具,纤细必备,其有民间愿抱养为子女者,官月给钱米,至三岁住支,所全活不可胜数。"由此可见,慈幼局的经费来源于政府,由政府出钱补贴领养幼儿的人。1256年,皇帝下令让各个州都开设慈幼局,这也使慈幼局逐渐在全国推广开来,使弃婴溺子问题得到有效的解决[2]。

所以,从上述政府修缮水利工程、开展灾荒救济、救济贫病和抚育婴孩等方面的举措,我们不难看出,在官方慈善方面,政府能够调动较多的人力物力,完成一些个人所无法完成的慈善事业。而且,政府慈善注重的更多是普惠性、基础性的事业,如修缮水利就是惠及当地所有百姓,以此作为对一个地区全体百姓的生活和安全的保障性、救急性措施,使百姓们能够安居乐业,不至于妻离子散,家破人亡。这些保障性慈善事业需要耗

---

[1] 《续资治通鉴长篇》卷四三五,上海古籍出版社,1986,第4099页。
[2] 周秋光、曾桂林:《中国慈善简史》,人民出版社,2006,第109~110页。

费大量的人力物力，也只能由政府出面来做，而且这也符合中国传统儒家"仁政""爱民"的思想，也是传统官方慈善所代表的慈善文化的核心内涵。

（二）传统的民间慈善

除了政府慈善，传统民间慈善也占据了慈善事业相当大的比例。民间慈善主要是针对政府慈善的补充和调节，注重的是政府慈善所无法涉及的地方。其中最具有代表性的便是明末以后出现的善会、善堂。

善会、善堂是由民间人士经营的慈善团体及其设施。尽管在以地方官员为代表的国家权力的干预下，善会、善堂出现了各种各样的形态。但是它始终是以民间为主体的慈善事业，始终被认为是民间的"善举"①。

1. 嘉善县的同善会

同善会于明末发起于长江中下游地区，并不断向周边发展。在浙江省，同善会最早出现于嘉善县。

明崇祯三年（即1630年），江南地区发生严重饥荒，颗粒无收，饿死的人铺天盖地，加之听过关于无锡同善会的相关情况，而政府的官方救济无法完全覆盖到所有的灾民，一些地区的灾民只能寻找自救的办法。于是，身为举人的陈龙正决定举办同善会。他与当时县内具有较高声望的丁宾商量之后，会同周丕显、魏学濂等人一起开办了同善会。

同善会的开办充满了民间慈善的特征。首先，开办者陈龙正、周丕显都是举人，尚不是官员之位，而魏学濂仅仅是一个生员，就连举人也算不上，这些人都非官方身份，而是以民间人士的身份开办同善会的。其次，在同善会的运行上，几乎全是由陈龙正一人承担的。同善会每年聚会四次，每次都是由陈龙正组织、发起、操办聚会，也都是陈龙正在会上发表讲话，推动同善会的发展。另外，在同善会的服务内容方面：一是开展以教化为目的的演说，教人向善，改善积弊；二是救济贫民，在大米价格过高时赈济贫民，使贫民得以度过难日；三是向死者施以棺材，使之入土为安；四是救济贫困学生，使之不至辍学；五是表彰贞洁女子等。最后，在同善会的资金来源方面，陈龙正接受的大多为商业行会的捐赠，没有过多的官方

---

① 〔日〕夫马进：《中国善会善堂史研究》，伍跃等译，商务印书馆，2005，第30页。

参与。由以上种种可以见得，陈龙正开办的同善会是一个民间性的慈善团体，它在发起、运行、服务对象、资金来源等方面都是由民间人士来参与的，没有什么官方的色彩。

此外，同善会成立之后，在对外宣传和扩展方面，也体现民间慈善中教化的元素。明崇祯十四年（1641年），他在向山东省某知县推广同善会时曾写道："倘无能倡者，则在当事以至诚感之。舍此则有饿而死、强梁而为寇而已矣。浙中风俗近此，况兖豫之久荒耶。同善会录一册送阅。海内相仿而行者已十余郡邑。虽非法所可济，或者诚所能动。门下倘有意风励之，以惠一方民乎。"[①] 在给汪念源的信中也写道："拙刻四种，附呈求教。以同善会录之粗言俚语与列期间，正为世事多事，以此稍固穷民之心。"[②] 这都明确地表现了同善会的教化功能。

由此，从同善会来看，明末时期浙江地区的民间慈善主要集中在对人的教化和对贫困者的救济上，这也体现了民间慈善救济度人的作用，体现了儒家传统文化中"忠恕"的思想。

而同善会作为浙江地区出现的早期善会，其服务的内容和"忠恕""教化"的理念也直接影响了日后的善会、善堂。

2. 育婴堂

育婴堂是以育婴为目的的善堂。在浙江省，发展较为突出的是南浔镇和桐乡县的育婴事业。

在清代，南浔镇是长江中下游有名的大镇，人口众多，经济发达。但是经济的发展也带来了人口问题，有些父母生育孩童后或因为精力问题无力抚养，或因为疾病等而将婴孩抛弃，使之自生自灭。为了解决孩童的抚养问题，南浔镇重新修建了育婴堂，以此来作为照料婴孩的基地。

育婴堂的建立与服务内容等方面也充分地展现了浙江省民间慈善的元素。

首先，在育婴堂的建立方面，其建立者是南浔镇有权有势的人，但并非官员，他们向知县提出申请后才得以建立育婴堂。而且，据考证，建立

---

① 《几亭全书》卷四六，《复曹县令梁皋庞》。
② 《几亭全书》卷四二，《与汪念源》。

者中有 5 人是丝绢局的董事，3 人是富有的乡绅，他们雇用专业的人员来负责实际的运营工作。这些建立者都是民间人士，并非政府官员。

其次，育婴堂在服务内容方面，包括三类。一是保婴，即婴儿由母亲自己喂养。如果有贫困人家的子女生育孩子，经过族人上报，育婴堂的人便会去他们家查验。如果属实，当月则会给予 1000 文钱，并为其置办四季的衣服。之后则会每月给予 600 文钱，时效为 5 个月。二是育婴，即将婴儿放在育婴堂内养育，由奶娘在育婴堂内哺育、抚养，育婴堂则会支付奶娘一定的报酬。三是寄婴，即寄养在育婴堂以外的奶娘家中，由奶娘养育，同样地，育婴堂也会支付奶娘一定的报酬①。无论是保婴、育婴还是寄婴，多具有宗族慈善的性质。而且在当时来看，也都是官方所无法完全覆盖的，哪怕是现在，政府也不可能将全部的内容完全覆盖到全国各地。因此，在官方之外，必须由民间慈善来对此加以补充。

最后，育婴堂资金的来源，都是商业行会的捐赠和富有乡绅的捐赠。南浔镇在清代是南方的丝绸重镇，丝织业发达，且发展成为支柱产业。所以，育婴堂在成立初期，其资金完全依赖于丝捐。而且在光绪四年，即 1878 年的公牍中，也清楚地记载了"于同治八年（1869 年）在南浔创办婴堂，专恃丝捐为大宗"。由于这种征收厘金时加征的附加税靠捐是一种商业税，所以可以说育婴堂资金来源是当地丝织业的商人身上。除此之外，还有当地行会的直接捐赠，这也体现在杭州善举联合体的善举方面，此方面不再赘述。

所以，由上述可以看到，在抚育家乡的婴孩方面，民间慈善发挥了重要的作用。育婴堂对婴孩的抚育不仅包括了自家人，也包括了其他人家乃至整个村镇的子女，这也充分地体现了上述提及的"忠恕"思想，给人以"爱"，善满人间。同时，也可以看到，作为育婴堂最大的支持者，商人这一群体在民间慈善中发挥着中流砥柱的作用。

3. 恤嫠会与清节堂

除了上述有关教化、救济乡民的同善会和抚育婴孩的育婴堂，还有关于妇人的团体，即恤嫠会与清节堂。

---

① 〔日〕夫马进：《中国善会善堂史研究》，伍跃等译，商务印书馆，2005，第 292~303 页。

恤嫠会指主要在经济上对寡妇给予一定帮助的团体。清节堂则指的是照养那些丈夫死了却不想再嫁人的妇女的机构。这两种慈善团体和机构在浙江省都有所发展。

恤嫠会，在杭州称为恤嫠集，这是因为清朝时期杭州府经常把善会称为集，不过两者的组织性质等都是完全相同的。杭州恤嫠集正式成立于嘉庆二年（1797年），由于照料"鳏寡孤独"政策是历代王朝实施仁政的重要内容之一，所以在清朝时期，杭州府在苏州彭氏恤嫠会的影响下也成立了恤嫠集。

在与恤嫠集有关的近20年的记录中，相关资料显示，这20年间经营恤嫠集的一直是居住在杭州的盐商，也就是通常所说的两浙盐商。他们为了照料当地失去丈夫的寡妇，照料他们的婴孩，成立了恤嫠集对这些人加以集中的照料，以免她们因为没有足够的生活来源而遭受苦难。由于恤嫠集是由两浙盐商成立的，而且这群人财产较为雄厚，所以恤嫠集的运营资金几乎全部是来自这些盐商的捐赠。这就给恤嫠集这一团体打上了民间慈善的烙印。

清节堂原指的是照养那些丈夫死了却不想再嫁人的妇女的机构，但是在杭州，清节堂的作用有所扩大。

在杭州，清节堂具有三个功能。一是避难所的功能。据《杭州善堂文稿》记载，清节堂不仅是收留生活困难的妇女的机构，也是收留被丈夫家暴殴打，不堪容忍而离家出走的妻子们的避难所。清节堂与外界有一定程度的隔离，在这里，妇女可以得到暂时的庇护，免受丈夫的欺辱，直至家暴事件解决。二是保护和监视妇女的功能。如果妇女在家中遭到非人的对待，或者不受待见，或者被拐卖，那么她们就可以前往清节堂寻求保护，直至安全。三是监禁和扣留妇女的功能。这一作用是相对于保护作用而言的，如果妇女寻求清节堂的保护，由于清节堂与外界相对隔绝，那么妇女也可以说是被监禁。尤其是这种保护作用被妇女的家人加以滥用时，清节堂就成了不折不扣的拘留所[①]。

---

① 〔日〕夫马进：《中国善会善堂史研究》，伍跃等译，商务印书馆，2005，第332~340、382~389页。

但是，从总体上来说，清节堂的主要作用还是在于照料寡妇，以及保护受到伤害的妇女，这一点是毋庸置疑的，也是最能体现清节堂慈善举措民间性的地方。此外同恤嫠集一样，清节堂的资金来源也是源自商会。

从上述内容来看，无论是恤嫠集，还是清节堂，其都在保护妇女方面发挥了重要的作用。而且作为政府无法全面覆盖的方向，以商业行会等为代表的民间资本的介入，使民间慈善得以有了较大的发展。

所以，通过以上我们可以看出，传统民间慈善注重的是周边地区和特定群众的救济，其涉及的是官方慈善所无法普及的领域和行业，面向的是具有较高针对性的群体，其传达出的是推己及人的"忠恕"等思想，注重对人的教化，这也是传统民间慈善所蕴含的文化特点。

（三）小结

通过对历史的梳理，我们可以发现，浙江省的传统慈善具有以下特点。

一是层面不同。诚如上述，在浙江省的传统慈善事业中，官方慈善占据了相当大的比例。由于政府具有大量的资源，能够较为容易地调动大量的人力物力，所以有些慈善事业能且只能由政府出面。在政府主导的这些官方慈善中，其注重的是基础性、普惠性、大范围的，能够最大限度地保障更多群众的项目。例如，上述的水利工程、救济灾民等皆是如此。修建水利工程，不是为了一两个人，也不是为了一两个村镇，而是为了一整个地区；赈济灾民，同样是为了帮助众多受苦受难的百姓。这些大范围的慈善事业，是难以依靠个人的力量来完成的，只能由政府层面来做。这类政府完成的慈善事业注重的是基础性、普惠性，传达的是儒家传统的"仁政""爱民"的思想。

而传统的民间慈善，由于民间力量弱小，不足以调动大量的资源，所以其只能局限在某个范围内，作为对政府慈善的补充。同时其多是在小范围内兼顾同乡邻里，救助同乡邻人，从而推己及人，其传达的是"忠恕"的思想，注重对人的教化，这也是传统民间慈善所蕴含的文化特征。上述提及的同善会、育婴堂等就能够很好地说明这一点。

所以，官方慈善与民间慈善在范围上是宏观与微观的关系，前者注重的是基础性、普惠性的慈善事业，是支柱；后者注重的是查漏补缺，是对基础性的慈善事业加以补充和完善。

二是官方慈善与民间慈善的界限较为分明。诚如上述，官方慈善注重基础性、普惠性的慈善事业，民间慈善则注重对其完善和补充，更多的是惠及乡村邻里。两者在各自的领域都占据了重要的地位，但是，两者之间的合作并不是非常密切。官方慈善与民间慈善常常是并道而驰，甚少合轨。

三是民间慈善借助了较多的商业行会的力量。前面已经提及，民间慈善注重对官方慈善的补充，其实施是小范围的，所以民间慈善所需要的各种资源远远少于官方慈善。但同时民间慈善又是一项事业，需要尽可能考虑长远的运营，又需要保证资源的连续性，所以其对资源的掌握也有一定的要求。而江浙地区经济较为发达，商业行会众多，且掌握着许多的资源，所以这个群体也就承担起了民间慈善的重担。

《乐善录》记载，在同治六年到光绪二十四年，即1867~1898年的32年中，民间慈善事业资金主要来源于盐业行会、米业行会、箔业行会、锡业行会、木业行会等诸多行会。在当时杭州善举联合体的所有收入中，上述行会的捐赠比例达到了30%~45%。除了捐赠外，还有一项靠捐，即在征收厘金时加征10%的税金专门用于慈善事业①。在当时，杭州善举联合体的资金主要来源于税收和同行的捐赠，但是由于税收的对象主要是这些商业行会，所以也可以将这部分税金直接加于商业行会，这样一来，商业行会在杭州善举联合体的出资比例就达到了40%~55%，甚至更高。这也就说明，商业行会在民间慈善中有着举足轻重的作用。

综上所述，在浙江省，传统慈善事业分为官方慈善和民间慈善两大类，界限较为分明，官方慈善事业注重基础性、普惠性的慈善举措，传达的是"仁爱"的慈善思想；而民间慈善事业注重对官方慈善事业的补充和调整，同时也借助了商业行会的力量使之更具长远性发展，传达的则是推己及人的"忠恕"的慈善思想。"仁爱"与"忠恕"内在相通，"忠恕"在国家上的表达是"仁爱"，"仁爱"在个人上的表达是"忠恕"。所以，说到底，官办慈善与民间慈善，不过是同一文化下的两条腿。

---

① 〔日〕夫马进：《中国善会善堂史研究》，伍跃等译，商务印书馆，2005，第482~485页。

三 浙江省的现代慈善

早在2007年，习近平书记任浙江省委书记时，就提到过慈善的道德性，其在《在慈善中积累道德》一文中提道："在中华民族的传统文化中，历来尊崇厚仁贵和、敦亲重义，并将乐善好施、扶贫济困奉为美德。树立慈善意识、参与慈善活动、发展慈善事业，是一种具有广泛群众性的道德实践。无论是个人还是组织，无论是贫穷还是富裕，不管在什么条件下，不管做了多少，只要关心、支持慈善事业，积极参与慈善活动，就开始了道德积累。这种道德积累，不仅有助于提高个人和组织的社会责任感及公众形象，而且也有助于促进整个社会的公平、福利与和谐，有利于增强社会凝聚力和向心力，使社会主义荣辱观在全社会得到更好的弘扬，切实提高全社会的道德水平和文明程度。"

为了增强慈善对社会凝聚力、向心力的促进作用，近年来，中央层面出台了《慈善法》，对各种慈善行为加以规范；浙江省各个市也相继出台了促进慈善事业发展的各种指导意见，结合本地特点对慈善事业开展引导和管理。于是，浙江省的慈善事业在新时代又焕发出了新的生机与活力。

通过对浙江省现代慈善事业的调研，我们可以发现，其大致具有以下特点。

（一）注重慈善资源的整合和慈善文化的弘扬

与传统慈善不同，浙江省现代慈善事业在发展过程中更多地注重资源的整合和慈善文化的弘扬。这一点从慈善精准帮扶基地、慈善文化发展研究院、民间基金会的探索等方面可见一斑。

1. 慈善资源的整合

在此方面，主要是慈善精准帮扶基地建设以及《西湖宣言》的发布。

（1）慈善精准帮扶基地

慈善精准帮扶基地即将慈善组织的服务和资源同贫困地区的需求相对接，减少供需信息不对称造成的资源浪费和无效帮扶，更好地帮助贫困地区的人民摆脱贫困状况，过上更好的生活。

精准扶贫不仅要求政府在扶贫发力上的精确化，更要求扶贫力量在组织上多元化、专业化方向发展。如何利用现代慈善进行帮扶，对于浙江省是一个新的课题。浙江省民政厅慈善处顺应慈善需求，联合各经济欠发达地区成立多元化、体现本地特色的慈善精准帮扶基地，把这一新的课题深入实践之中。

当前，已经建成的基地共有云和县慈善精准帮扶基地和开化县慈善精准帮扶基地，其中，后者更为成熟。

为了提升精准扶贫基地的运作效率，省民政厅慈善事业促进处采取了以下方式来开展精准帮扶工作。

一是改善资金的配置。在精准帮扶工作刚开始的时候，精准帮扶基地的资金和场地等大多是由政府层面给予支持的，但这些支持并不能够保证基地的长远发展，所以，后来，在政府的支持下，这些精准扶贫基地也开始吸收社会资金支持，如采用"招善引资"的方式解决基地的资金需求。

二是发挥自身的平台作用。省慈善事业促进处积极发挥自身平台优势，帮助各地区的精准扶贫基地链接外部资源。在实际运作中，省慈善事业促进处让各基地总结自身需求，决定需要开展哪些慈善精准帮扶项目，以及需要哪些资源。然后，它就从省内外链接资源，帮助这些平台项目落地。自2017年12月成立后至2018年7月，近半年的时间里，省慈善联合总会成功对接了20多个慈善精准帮扶项目，吸纳、对接了1200多万元的资金。同时，由于第三方专业机构的介入，开化县、云和县等地的慈善精准帮扶基地的工作能力也得到了较大的提升。

省慈善事业促进处除了在省级层面上对慈善精准帮扶基地给予支持，在地方上也给予了大量的支持，同时在坚持政府主导的前提下，还引入社会的参与，发挥社会力量发展慈善事业，陈小德处长考察各县慈善精准帮扶基地时也曾提到要发展"政府主导，社会主唱"的慈善发展模式。这在开化县和云和县两地慈善精准帮扶基地的建设和发展过程中可见一斑。

开化县慈善精准帮扶基地（以下简称"基地"）成立于2017年11月。在基地成立初始，浙江省民政厅及下属的省慈善联合总会给予了大力支持。他们利用自身的优势：一是联系相关县，为基地提供硬件——基地的办公场地，为基地解决场地忧患；二是利用自身影响力宣传、鼓励社会组织积极参与基地的建设和开发，探索新的慈善需求；三是利用与省外的资源联系，积极地为基地的建设和发展对接省外有效资源。而且，浙江省民政厅的副厅长还曾亲自到场视察相关工作。这些帮助极大地推进了基地的运行。

同时，开化县民政局和慈善会也在基地的成立和建设方面做出了很大的努力。为了基地的建设和发展，他们一是搭建基地在本地的工作平台，为基地提供了200多平方米的办公场地和80多万元的初始资金；二是明确了基地的两个主要职能——慈善精准帮扶和项目孵化；三是以基地建设为契机，推动服务对象资源的对接，引导各方资源汇聚于基地平台，为基地内组织和项目的发展提供资源；四是为进驻基地的项目和组织严格把关，筛选出适合本地情况的和需求的慈善组织和慈善项目进驻，以达到满足当地的需求的目标。在各方的重视和努力下，基地得以初步建立与运营。

云和县慈善精准帮扶基地（以下简称"帮扶基地"）成立于2018年年初，目前，该帮扶基地共有2名工作人员。在帮扶基地建成后，为了推动自身的发展，云和县做了以下几个方面的工作。

一是建设完善体系。云和县慈善精准帮扶基地由县民政局负责建设，通过近6个月的探索，基本建成了集精准帮扶、组织孵化、项目管理、培训交流、信息共享、文化建设、成果展示等多种功能为一体，以"一基地、两中心、三互通"为框架的体系，链接线上线下互联互通互动，畅通精准发现、精准识别、精准帮扶路径。

二是促进需求对接。在有了上述基础以后，云和县积极培育、吸引慈善组织和慈善项目入驻平台，并在平台上公开群众需求，推动两方面的资源对接。这主要包括两方面的工作：培育、吸引组织和项目入驻，以及通过驻各村、街道的工作人员，收集、整理、核实困难群众的需求和情况，在网络平台上公开。

三是"招慈引善"。云和县政府大力"招慈引善"，通过吸引外部资源，扩充帮扶资源。县慈善总会深入探讨、发掘本地困难群众的需求，根据这些帮扶需求来引进相应的资源，以保障困难群众的需求得到较好的解决。目前，通过"招慈引善"，基地已引入了"浙江省妇女儿童基金会""浙江绿色共享教育基金会""阿里巴巴公益""天猫美家"等一批品牌慈善公益组织和"焕新乐园""为了明天·关爱儿童之家""绿色梦想计划"一对一资助、"绿色共享·助教行动"等优秀项目。

通过上述的努力，云和县慈善精准帮扶基地取得了初步的成效。例如，该帮扶基地依托成熟网络平台和完善的线下审核机制，解决了长期困扰互联网慈善事业发展的需求发布人信息真实性的问题，这是云和县慈善精准帮扶基地突出的特色之一。这有助于提升人们对于互联网慈善的信任度，助力慈善事业的长远发展。此外，借助"三互通"，该帮扶基地也简化了审批手续，解决了救助程序过于烦琐问题。最后，通过"招慈引善"，引导社会力量参与，帮扶基地基本实现了各职能部门、城乡社区、社会组织、志愿者的互联互通，得以有效统筹救助资源，拓展帮扶路径，在一定程度上解决了救助方式相对单一的问题。

通过上述慈善精准帮扶基地建设和发展的过程，我们可以看到，这些举措的出发点都在于改善民生，使人民过上更好的生活，这与我们上述提及的传统官方慈善的"仁爱"的核心观点是一致的。

同时，它在坚持政府主导的前提下，还增加了社会的元素。诚如上述，在慈善精准帮扶基地建设和发展的过程中，省民政厅、省慈善联合总会等一直是占据主导地位的，且在基地建设之初都给予了场地、资金、资源等大量的支持。而且在地方上，云和县、开化县两地的民政局与慈善会也给予了大量的场地、资金等的支持，在基地建设和发展过程中也做出了巨大的努力，是基地的主管单位。这些都是基地建设过程中的官方主导的一方面。除了官方参与，基地建设和发展过程中还加入了较多社会的元素。如开化县慈善精准帮扶还以基地建设为契机，推动服务对象资源的对接，引导各方资源汇聚于基地平台，为基地内组织和项目的发展提供资源，由于引入了社会力量的参与，目前基地已有"幸福陪伴""关爱空巢老人""彩虹盒子""公益小天使""长腿叔叔留守儿童关爱计划""珍珠生计划""村级慈善帮扶基金工程""和平新衣""希望工程""心灵花园""生命之光"中国乡村儿童大病医保公益基金等多个慈善项目。据统计，目前开化县精准帮扶基地共开展慈善项目25个、公益性项目11个，筹集慈善帮扶基金近1200万元，救助帮扶各类困难群众8000多人次，有效地解决了当地百姓的需求。再如上述提及的云和县，在引进社会力量时，依托"云和县和合社会组织服务中心"建立了慈善资源交流中心，还通过"招慈引善"的方式，吸引外部资源，扩充帮扶资源。目前，基地已引入了"浙江省妇女儿童基金会""浙江绿色共享教育基金会""阿里巴巴公益""天猫美家"等一批品牌慈善公益组织和"焕新乐园""为了明天—关爱儿童之家""绿色梦想计划"一对一资助、"绿色共享·助教行动"等优秀项目。

（2）《西湖宣言》

《西湖宣言》于第五届"西湖论善"论坛发布。该论坛是由浙江省民政厅指导、浙江省慈善联合总会主办的，于2018年10月30日在杭州举行。西湖论坛围绕"新时代慈善新作为和新担当""慈善与脱贫攻坚、精准帮扶""慈善与环境治理""慈善与社会主义核心价值观培育"议题分享了慈善经验，共话慈善未来发展。

"西湖论善"论坛的建立源于"崇德向善"的传统美德。西湖自古繁华，有着深厚的人文底蕴，吴越王钱镠的《钱氏家训》中"私见尽要铲除，公益概行提倡。利在一时故谋也，利在万世者更谋之"的家国情怀更是千年垂范。作为中国经济最发达、城市化程度最高的区域，长三角在进入一体化发展时期，也对慈善事业有着更高的要求。

所以，在政府的主导下，长三角慈善界举办了西湖论坛，以此促进地区慈善事业的一体化发展。此次论坛，上海、江苏、浙江、安徽三省一市在慈善理念、慈善目标、慈善原则三个方面达成一致：慈善理念——善为至宝，是人生之本，万事之基。无论是个人还是组织，无论是贫穷还是富裕，只要心怀慈善，参与慈善，都是有助于促进整个社会的公平与和谐，有助于弘扬社会主义核心价值观，有助于推动中国慈善事业的蓬勃发展；慈善目标——通过慈善合作机制创新和具体项目实施来真正推动长三角慈善发展的一体化，实现慈善资源共享互补，促使长三角地区慈善活力得到进一步提升，在中国和全球慈善事业中发挥更大的影响力；慈善原则——尊重人的价值，以关注人的尊严为先，平等互助、依法行善，扩大慈善事业的社会化程度。

除此之外，三省一市还将在四个方面探索长三角慈善一体化的行动战略：建立一个新机制。建立长三角慈善一体化合作机制，形成沪、苏、浙、皖慈善优势互补的良性循环，更好地发挥慈善协同效应，促使长三角地区慈善资源配置更加充分和高效；树立一批新典范①。这些都是融入社会元素的表现。

2. 慈善文化的弘扬

除了注重慈善资源的整合，浙江省现代慈善事业还注重慈善文化的传播，这主要体现在慈善文化的交流、研究和传播三个方面。

在慈善文化的交流方面，省级品牌交流有之江公益沙龙和西湖论善。之江公益沙龙，主要是探索和完善慈善组织发展的各种新问题，解决和创新，牵手共同成长，共同推动浙江的慈善事业不断繁荣进步。"西湖论善"论坛，旨在探讨如何复兴中华传统，走出具有中国特色的慈善文化发展之路，大致内容前文已经提及，不再赘述。

行业的发展，对慈善文化研究也提出了更高的要求。在慈善文化的研究方面，主要是慈善文化发展研究院和敦和基金会"竹林计划"。

慈善文化发展研究院成立于2018年10月，是省慈善联合总会的内设机构。内设"慈善文化研究部""慈善书画联谊部""慈善文艺宣传部""慈善综合保障部"四个部门，涉及慈善文化、书法、义演等方面，将通过各种形式传播优秀慈善文化，打造全国领先并具有较大影响力的慈善文化宣传载体和战略智库，在慈善理论创新和慈善实务探索等方面发出更加有力的"浙江声音"。

在业务领域方面，善文化发展研究院主要通过各种形式传播慈善文化，除政府参与外，其还吸引了上海、江苏、浙江、安徽三省一市的慈善界、商界、学界和新闻媒体的行动者和研究者们参与进来，共同传播慈善文化。

在理念方面，研究院成立时，省慈善联合总会会长、慈善文化发展研究院院长陈加元曾指出，慈善文化发展研究院的成立是全国慈善系统的伟大创举和积极实践，意义重大、影响深远。一是通过慈善理论研究用文化的力量推动慈善事业发展，借鉴和吸收古今中外优秀慈善文化的研究成果，以新时代慈善事业为引领，在广度和深度上做出努力；二是通过书画艺术与慈善的跨界融合，团结广大文化界爱心人士活跃作品创作，实现精神层

---

① 第五届"西湖论善"论坛发布《西湖宣言》，新华网，http://www.xinhuanet.com/gongyi/2018-11/07/c_137588775.htm。

面的提升;三是通过艺术的表现形式宣传慈善文化,群众喜闻乐见的优秀作品进社区、进山区、进欠发达地区,实现慈善事业的发展要求和慈善文化的精神追求。其传达的是"崇德向善"这种中华民族的传统美德,同时这也体现了习近平总书记提到的慈善的道德性观点。这种慈善的道德性不是高高在上、阳春白雪式的,而是人人都能够参与的慈善。所以就这些来说,其理念也体现了慈善文化的民间性和大众性。

"竹林计划",是我国首个青年慈善学人的研究资助项目,由敦和基金会出资、联合中国慈善联合会共同发起,资助40岁以下的青年慈善研究学者,在传统慈善文化价值的基础上,构建本土慈善知识、理论和文化,助力古今贯通、中外融汇、理论与实践的打通。项目于2016年五四青年节启动,项目面向支持青年学者开展慈善文化理论与实证研究,推动慈善研究剩余生态完善,包含课题资助、国际会议支持,竹林论坛、竹林雅集、"竹林论善"系列成果展示,资金金额达600万元,打造了百余位青年学者的竹林社群,已经成为学术界和慈善行业中的品牌项目。

"竹林计划"至今已开展两期,产生了良好的社会效果,在学术界和慈善行业均引起了较大反响。既发现了一批优秀的、有潜力的青年学者和一些视角独特、专业深入的研究成果,也带动了更多的青年学者、慈善界人士和行业其他组织关注和参与慈善研究,为我国慈善事业的理论体系构建、实证问题研究以及人才队伍建设打下了一定基础,贡献了力量。

在慈善文化的传播方面,浙江省自2006年起举办慈善大会,设立"浙江慈善奖",对个人、机构和项目进行表彰。2018年,第五届"西湖论善"对浙江慈善爱心榜选十大义工、十大慈善之星、十大慈善项目进行了表彰、对30部优秀慈善微电影进行展播。

社会层面,也有各种形式的探索,如中国慈善文化论坛、宁波建立"善园"地标。"中国慈善文化论坛",是由敦和基金会与中国慈善联合会等联合主办的全国性高端论坛,论坛定位为慈善文化的学术、思想、文化交流和发布平台,关注深入思考的观点论述和尖锐直率的行业领域评论,以及行业领域信息发布。分别于2016年9月、2017年9月、2018年11月,在深圳、杭州、北京举行,举办以来的主题包括"慈善文化——从传统走向现代""接通善道——跨界、融合、创新""中国慈善文化的演变与传承"。"善园"定位为宁波爱心城市的地标,延续以严康懋为代表的宁波帮善义精神,运用宁波当时因拆迁而废弃的传统乡土建筑构件,以民间常见的牌坊、照壁、影壁、桥、廊、亭、院等形式加以再购、利用。自项目筹划开始,以街景小公园为附属,以弘扬公益慈善文化为主旨,集展示、体验、参与于一体,具浏览、休闲、教化之功能,旨在打造一个区域内共建、共有、共创、共治、共生的生态系统。自项目筹划开始,先后有百余家企业,近万人次,给善园建设捐款捐物,在此基础上发起设立的善园公益基金会已实施500余个公益慈善项目,筹集善款近千万元,项目覆盖全国28个省(市、自治区),有近70余万人次参与公益帮扶。

综上所述,无论是慈善精准帮扶基地,还是慈善文化发展研究院,抑或是社会参与的积极探索,都体现了浙江省慈善事业注重慈善资源整合以及慈善文化弘扬的特点。

(二)个人捐款较为突出

除了上诉提及的有组织的慈善事业外,浙江省慈善事业也有较多个人参与的元素。较为著名的就是"顺其自然"爱心捐款事件。

该事件发生在宁波慈善总会。自1999年起,就有爱心人士在每年11月下旬或12月初都向市慈善总会捐款,捐款数额从几万元至几十万元不等,每年数量都有增加。因为总是署名,且多用"顺其自然"其中的字选字组合,所以便为这位爱心人士取名"顺其自然"。如果是受灾地区捐款,他的署名则在"风调雨顺"几个字里择字组合,如2011年8月30日,"雨顺"给"蓉蓉"汇款3000元,留言说,"从媒体上得知蓉蓉一事,寄去3000元人民币,盼孩子早日康复返回学校。"2015年,象山、宁海、奉化、台州、舟山等地遭受灿鸿台风影响,顺其自然以"雨顺"为名给这五个地区的慈善总会各捐了5万元,总共25万元。

"顺其自然"捐款有相同的特点:每年都是差不多的时间段;每次都用不存在的虚拟地址;每次都会把汇款收据寄给市慈善总会;每单笔汇款金额都不超过1万元,以免暴漏真实身份等。

2018年是"顺其自然"第二十次捐款,已累计捐款1054万元。前19次捐款共955万元,已经全部用于助学、助困。他捐赠巨额善款,却依然保持着"神秘","顺其自然"俨然成了宁波慈善界的一张名片。

在这位爱心人士的感染下,近年来,在宁波,像"顺其自然"这样匿名捐款的人也逐渐增多,如"无名氏""云朵""欢喜""爱心人士""随缘"等,逐步形成了匿名捐款的爱心群体。前不久,一位80多岁的老太太还坐着公交车到宁波市慈善总会,捐出了5万元善款。据了解,当时老人说,常从媒体上看到有些家庭因重大疾病而陷入困境,十分需要帮助,希望这笔捐款能给他们解决一些困难。而且当工作人员询问老人名字时,老人说:"不用写了,就随便写一个抬头好了。"

据不完全统计,从1998年至今,到宁波市慈善机构匿名捐款的爱心人士累计已达3600多人次,捐款总额达4000多万元。

与动辄数千万甚至过亿元的捐款记录相比,"顺其自然"的资助力度并不是最大的,也没有那种"一掷千金"的气魄。但是,20年如一日的善心,才真正让人感到人性的光辉、爱心的魅力。做一件好事,不求一时一地的声名显赫,而以持续与恒心为贵,这或许是"顺其自然"留给人们最长久的感动[①]。

所以,在浙江省,除了有组织的慈善行为之外,个人捐赠也是慈善事业发展过程中浓墨重彩的一环,是值得我们注意和鼓舞的。

(三)注重人的教化

诚如上述,习近平总书记曾提及慈善与道德是有关联的,而且我们国家也历来重视道德的教化。浙江省慈善事业也着重突出了这一点。

如在上述提及的慈善文化发展研究院,其创办理念就是通过各种形式传播优秀慈善文化,实现对人的教化,引人向善。所以,它吸引了慈善界、商界、学界和新闻媒体的行动者和研究者们参与进来,共同传播慈善文化。再如,上述提及的敦和基金会,其理念就是"弘扬中华文化,促进人类和谐",秉持"尊道贵德"的价值观,所以自从成立以来,它便深耕于国学传承、慈善文化、公益支持等领域。其实施的项目,无论是种子基金、国学

---

① 《20年匿名捐款逾千万让爱心顺其自然》_大豫网_腾讯网,http://henan.qq.com/a/20181210/003109.htm。

大典、活水计划，还是慈善文化论坛等都是注重对人的教化与引导，马一浮书院更是继承了马一浮先生"尊经""重道""育人""刻书"的传统，培养了一批有着传统人文情怀的"经学"博士。此外，即使是"顺其自然"等爱心人士的捐款也是对人的潜移默化的教化，因为往往是这种细水长流的慈善与爱心更能打动人的心弦，触动人心里最柔软的情绪，起到更好的引导作用。

综上所述，浙江省现代慈善事业有着官方主导、社会参与，个人捐款较为突出、注重人的教化等突出特点，这些特点是相辅相成，同时存在的，对浙江慈善事业的发展有着重要的影响。

四 浙江慈善文化的传承与创新

结合上述介绍，通过对比分析，我们可以发现，浙江省的现代慈善事业在很大程度上承袭了传统慈善事业的基本特点，同时又对传统慈善事业做了元素上的替换和机制上的创新。具体来说，其传承和创新主要体现在以下几个方面。

（一）历史传承

浙江省现代慈善事业对传统慈善文化的传承，主要体现在慈善的本质内涵上。

在官方慈善方面，其一大精神内涵是"仁爱"思想。"仁爱"思想是我国传统慈善文化的核心内涵之一。对于这一内涵，从孔子开始，各位儒家名师皆有阐释。孔子曰："为政以德，譬如北辰居其所，而众星共之。"孟子曰："乐民之乐者，民亦乐其乐，忧民之忧者，民亦忧其忧。乐以天下，忧以天下，然而不王者，未之有也。"韩愈在《原道》中提出"博爱之谓仁"。朱熹认为，"仁"是"爱之理，心之德"，并以"生"释"仁"。

而"仁爱"之所以是传统慈善文化的核心内涵，是因为慈善是一项"爱"的事业。只有有了爱，才能驱动人们去做慈善。而这种"爱"，在统治者层面，即表现为"仁爱"。统治者只有有了爱，才会行仁政，才会"临下以宽"。我们在前文中提及的传统官方慈善的各项事业，无不深刻体现这一文化内涵。

在浙江省的现代慈善事业中，其官方慈善也深刻地体现着这种文化内涵。比如，习近平总书记在任职浙江省委书记时，就发表过关于慈善的道德性的观点，之后更是多次提及慈善的文化属性。而政府之所以要搞慈善精准扶贫基地和慈善文化研究院等一系列慈善举措，其动因就在于政府"爱民"。虽然政府自己手头的资金有限，不能覆盖全体困难群众，但它能以动员社会力量的方式，牵动更多的资源加入这一"爱民"的队伍，从而尽可能多地帮助有困难的群众。这种做法就是真正的"仁爱"。再比如，云和县政府之所以要搞互联网信息平台，也是为了方便群众查询信息，也方便愿意帮助困难群众的组织和个人伸出援手。政府的这些用心的动作虽然细微，但是在细小之处体现了政府的真心。子曰："吾非以馔具之为厚，以其食厚而我思焉"，说的就是这个道理。

在民间慈善方面，其一大精神内涵是"忠恕"。"忠恕"也是我国传统慈善文化的核心义理之一。关于忠恕，《论语》中有十分深刻的表述。孔子曾提及："参乎！吾道一以贯之。"人们皆不解孔子之意。对此，曾参给出了一个明确的解释："夫子之道，忠恕而已矣。"此所谓"忠恕"者，即推及、尽己二义。而这推及、尽己，恰恰应和了慈善的核心要旨，即伸出援手，帮助困难者。所以，"忠恕"观念，是传统慈善文化的核心义理。孟子曰："所以谓人皆有不忍人之心者，今人乍见孺子将入于井，皆有怵惕恻隐之心非所以内交于孺子之父母也，非所以要誉于乡党朋友也，非恶其声而然也。由是观之，无恻隐之心，非人也；无羞恶之心，非人也；无辞让之心；非人也；无是非之心，非人也。"这一表述，清楚地阐释了传统儒家"忠恕"观念与慈善事业之间的精神关联。

在浙江省的现代慈善事业中，民间慈善也深刻地体现了这种精神内核。比如，前述敦和基金会开设竹林计划，其目的不仅是组织自身的发展，同时也培育、发展了一批传承国学、弘扬慈善文化的组织。其在促进自身发展的同时，也带动了其他组织的发展，而且其还通过培育的组织、举办的项目将慈善文化有效地散发、传承了下去，这更是惠及了诸多的群众。"顺其自然"等爱心人士捐款在帮助有相关需求的人的同时，也在向世人传递着善的观念，影响着周围的人们。这些都体现了推己及人的"忠恕"思想。

由此可见，从古至今，从官方到民间，浙江慈善文化的本质内涵是一脉相传的，具有生生不息的生命力。

（二）现代创新

现代慈善事业对传统慈善事业的创新性主要体现在政府与社会的合作融合、个人捐赠的发展以及现代技术性手段方面。

在政府与社会合作方面，主要表现为政府主导、社会参与。诚如上述，在慈善精准帮扶基地的建立和发展过程中，政府作为其直接主管单位，提供了资金、场地等重要资源，为了促进基地的发展，政府还大力对接社会各界的资源入驻基地，这些都是政府在其中发挥的主要作用。而基地的各种项目，则主要是由社会方面来进行运作的，"焕新乐园""为了明天·关爱儿童之家""绿色梦想计划"一对一资助、"绿色共享·助教行动"等优秀项目都是社会力量参与的结果。此外，敦和基金会作为民间组织也对慈善事业的发展有着重要的作用。其在慈善理念上与政府方面是具有一致性的，即人的教化。而且敦和基金会的项目领域也是官方慈善所无法全面覆盖的地方，由此构成了官方慈善的补充和完善，更好地促进慈善事业的发展。

在个人捐款方面，主要是以"顺其自然"等为代表的爱心人士的捐款事件，20年来，该爱心人士累计捐款超过1000万元，这种积少成多的爱心也影响着周围的人，引人向善，所以宁波市慈善机构从1998年至今，接收到匿名爱心人士捐款累计已达3600多人次，捐款总额达4000多万元。

在手段层面，主要表现为运用了现代西方技术，包括现代化培养孵化技术和互联网技术。在现代化培养孵化技术方面，主要包括孵化、培育人才、专业培训等。诚如上述，基地建设的功能和作用除了承接项目外，还有组织孵化、开展相关培训等作用，利用基地来培养专门的慈善领域人才、提高从业人员的技能和素质，这在以前是完全没有的，是从西方学习来的先进经验和手段。同时竹林计划除了给予资金支持外，也搭建了竹林学者线上交流平台、组织线下学术交流活动：竹林学术论坛、竹林雅集；以及优秀研究成果的出版、展示机会等。这些都是在运用现代化的培养孵化技术，是历史上所没有的。

在互联网技术方面，无论是省慈善联合总会，还是开化县慈善精准扶贫基地，他们在资源的对接和寻求过程中都借助了互联网技术的发展，所以才能及时有效、精准地对接资源，实现资源的互通。而云和县慈善精准扶贫基地更是搭建了平台，利用需求中心和资源中心两个平台，将全县的帮扶需求和诸多的资源吸纳、汇聚、对接起来，实现资源和需求的精准对接，使人们更直接、更方便地了解帮扶情况。而且，基地还利用互联网资源的便利，开通了精准帮扶数据库平台、帮扶联动平台和手机端微信公众号平台，实现了一证通、一键通、一点通，将困难群众、政府部门、社会组织链接起来，实现资源的共享。这一切都是借助了互联网技术的便利，也是近年来学习西方先进经验和技术的结果。

所以，浙江省现代慈善在继承传统慈善文化内涵的基础上，官民合作与融合、个人捐赠以及现代化技术和手段方面有着时代的创新，给予了慈善新的生机与活力。

五　结语

诚如上述，我们在前文梳理了浙江省传统官方慈善和传统民间慈善的案例，从中归纳总结出浙江省传统慈善事业的本质特征：官方慈善传达的是"仁政""爱民"的思想，民间慈善传达的是"忠恕""教化"的思想。同时我们也论及了浙江省现代慈善的案例，并从中发现了现代慈善事业的特点。所以我们可以说，浙江省的现代慈善事业与传统慈善事业在本质上是相同的，一则传达的是"仁政""爱民"思想，另一则传达的是"忠恕""教化"的思想，而且两者在侧重范围上也是基本一致的。这是继承性的一面。同时现代慈善事业又加入了官民合作与融合、个人捐款等元素，还利用西方现代化手段使慈善事业更加符合、匹配、满足当下的需求，使慈善事业的目标和受众更加精准。这是创新性的一面。

正是由于上述的继承与发展，浙江省慈善事业才能适应现代的慈善需求，在新的时代焕发出生机与活力。所以，在慈善事业上，浙江省应当继续保持和发扬，继承传统慈善的优质内涵，并不断利用现代的技术和手段赋予慈善事业以新的生命，将浙江省的优秀慈善文化发扬光大。

浙江省公益创投的发展与创新

刘国翰[*]

摘　要　公益创投是公益领域的创业投资，是财政资金和社会资金支持公益慈善发展的重要形式。浙江省的公益创投经过8年时间的发展，资金投入规模增长较快，形成了省—市—区—街道—社区多级政府开展公益创投的局面。浙江省公益创投的形式较为丰富，在运行模式、资助领域、支持培育政策、规范管理、评估等方面都有很多创新。浙江省公益创投在提高社会服务质量、增强社会组织能力、促进社会资源优化配置方面取得了较好的效果。浙江省公益创投应该继续增加资金投入，既要扩大资助规模，又要注重提升质量，坚持社区、社工、社会需求的"三社"导向，追求专业化、多元化、智慧化的"三化"水准，形成政府、企业、社会组织三方合力、共同推进的局面。

关键词　公益创投　创新　浙江

一　引言

公益创投（Venture Philanthropy）是公益领域的创业投资，是指政府、企业或基金会向处于创业、成长、创新或者转型过程中的社会组织注资，帮助其顺利发展，从而有目的性地解决社会问题或者提供社会服务。欧洲公益创投协会（EVPA）认为，公益创投就是把慈善的灵魂和投资的精神相

---

[*] 刘国翰，浙江理工大学法政学院公共管理系主任，副教授，博士，主要研究领域为社会组织、社会治理、公共政策分析。

结合，形成具有高度用户参与和长期持续开展的方法，以创造良好的社会影响。

公益创投是在发达国家市场经济的条件下，公益慈善事业创新发展的结果。美国慈善家约翰·洛克菲勒三世于1969年最早提出公益创投的理念，旨在应对经济紧缩，提升公益项目的吸引力。1984年，美国半岛社区基金会提出将风险投资模式运用到慈善投资模式上，标志着公益创投正式进入实践探索阶段。2002年英国出现了第一支公益创投基金 Impetus Trust，同年在意大利成立了第一支标准意义上的公益创投基金 Fondazione Oltre。

社会治理现代化需要大力发展公益创投。党的十九大报告提出，要打造共建共治共享的社会治理格局。我国社会治理的基本体制是党委领导、政府负责、社会协同、公众参与、法治保障。社会治理现代化的发展方向是社会化、法治化、智能化和专业化。社会治理现代化的重点方向是完善社区治理体系，发挥社会组织的作用，把社会治理的重心向基层下移。公益创投追求的是在社会服务领域的不断创新，通过引导、培育、竞争等多种手段激发社会服务承担机构的创新能力，让更多高质量的社会服务项目得以涌现。公益创投以优秀项目的评选、优化和资助为杠杆，撬动社会服务领域提高服务水平，促进社会治理向专业化和智能化方向发展。

政府向社会组织购买服务为公益创投提供了财政基础。2014年12月，财政部、民政部、工商总局联合发布的《政府购买服务管理办法（暂行）》明确规定，承接政府购买服务的主体（以下简称承接主体），包括在登记管理部门登记或经国务院批准免予登记的社会组织。2017年4月，中共广东省委办公厅、广东省人民政府办公厅联合发布的《关于改革社会组织管理制度促进社会组织健康有序发展的实施意见》明确提出，在政府新增公共服务支出中通过政府购买服务安排的部分，向社会组织购买的比例原则上不低于30%，在民政保障、社会治理、行业管理、公益慈善等公共服务方面，政府在同等条件下优先向社会组织购买。从2012年开始，中央财政每年拨付大约2亿元的资金专门用于支持社会组织参与社会服务。2018年，中央财政支持社会组织参与社会服务项目共立项463个。"中央财政支持社会组织参与社会服务示范项目"的运作与执行均按照购买服务的流程和标准进行，并参考了国际上最新的研究与实践经验，推动项目管理、评估、审计、社会影响评价等工作的开展，间接推动了我国政府购买社会组织服务的制度构建和其他中央部门购买服务的实践[①]。

公益创投是政府培育和规范社会组织发展的重要抓手。2016年12月，民政部发布的《关于通过政府购买服务支持社会组织培育发展的指导意见》提出，要加强社会组织承接政府购买服务培训和示范平台建设，采取孵化培育、人员培训、项目指导、公益创投等多种途径和方式，进一步支持社会组织培育发展。公益创投是带有培育功能的购买服务，政府和基金会通过公益创投活动能够对本地区或者相关领域的社会组织进行培育。2014年，国务院发布的《关于促进慈善事业健康发展的指导意见》提出，地方政府和社会力量可通过实施公益创投等多种方式，为初创期慈善组织提供资金支持和能力建设服务。公益创投通过项目征集、项目评审、项目监管、项目评估、财务审计、信用建设、信息公开等过程，对社会组织的规范化建设能够起到很好的催化作用。例如，成都市民政局在2014年7月发布的《成都市社区公益创投活动管理办法》中规定了重点监管、全程监管、协助监管、配合监管等四种公益创投监管方式。

二 浙江省公益创投的发展概况

（一）浙江公益创投的发展过程

我国与欧美意义上相近的公益创投始于2006年，在香港成功注册的"新公益伙伴"，被认为是我国第一家具有公益创投概念的社会组织。同年，上海浦东非营利组织发展中心正式注册，将"助力社会创新，培育公益人才"作为其组织发展的核心目标，对初创期公益组织和中小社会公益组织提供支持。通过地区之间的模仿和借鉴，公益创投在我国发展很快，截至2018年，我国绝大部分省、自治区、直辖市都开展了公益创投。公益创投起源于发达国家的基金会在甄选公益项目过程中的制度创新。

公益创投的做法被引入中国之后，在实施的主体和方式上发生了很多

---

① 王名、刘振国主编《示范与中国式治理：中央财政支持社会组织参与社会服务项目评估报告》，北京联合出版公司，2015，第11、33页。

适应性变化。首先，各级民政部门运用财政资金开展的公益创投成为最主要的形式。其次，公益创投的发展和政府职能改革等紧密结合，成为连接政府政策和社会力量的重要方式。最后，关于公益创投的管理规范正在形成之中，公益创投被赋予了更多的公共职能和责任，公益创投成为辅助政府提供公共服务的重要形式。

浙江省最早以"公益创投"名义开展活动的地区是宁波市鄞州区。2010年5月，宁波市鄞州区团区委联合宁波市志愿者协会、鄞州区文明办、鄞州区慈善总会、区供电局、《宁波日报》等单位举办了宁波市"我的公益梦想"——2010"鄞电杯"公益创投大赛。在本次公益创投大赛中，共有10支队伍分别获得5000元项目扶持资金，并获得由鄞州青年（大学生）创业孵化园提供的"爱心总部"专属活动场所①。

浙江省以民政部门为主导开展公益创投活动最早的地区是宁波市海曙区。2010年12月，海曙区建立了浙江省第一个区域性社会组织服务中心，借鉴"创投"理念，以"公益创投"的创新机制，通过资金、场地、项目和技术支持等方式，像"孵化"高新企业一样"孵化"公益性社会组织②。到2011年，宁波市的海曙区、北仑区、江东区、鄞州区的民政局都开展了公益创投活动。2011年4月，宁波市海曙区人民政府办公室还发布了《海曙区公益创投项目管理试行办法》，规定公益创投项目是为公益性社会组织提供包括综合性能力建设在内的创业及发展资助，让发展潜力较大、领导人能力较强、项目可行性和创新性较高、预期社会效益良好、与政府目标契合的公益社会组织得到更多的资金、项目等扶持，有效满足和解决社会公共服务需求问题。

2013年11月，中共中央发布的《关于全面深化改革若干重大问题的决定》明确提出，要"推广政府购买服务，凡属事务性管理服务，原则上都要引入竞争机制，通过合同、委托等方式向社会购买"。政府职能转移的总

---

① 易鹤、张建雷：《公益创投大赛决赛精彩纷呈》，《宁波日报》2010年5月5日；团宁波市委：《宁波市鄞州区公益创投"爱心1号令"正式实施》，中国共青团网，2010年5月12日。
② 楼嘉卉、吕维共：《"公益创投"给力社会组织宁波海曙像"孵化"高新企业一样"孵化"公益涉老项目》，《浙江老年报》2011年8月5日。

体方向是把事务性、服务性、辅助性的政府职能转移给社会组织或者企事业单位。社会组织是承接政府职能转移的重要主体。浙江省人民政府办公厅在2015年发布了《关于推进政府职能向社会组织转移的意见》。该文件指出，除法律法规另有规定外，凡是适合社会组织承担的行业管理与服务、社会事务管理与服务、专业技术管理与服务等行业性、专业性、技术性及辅助性职能，原则上可以逐步转移给社会组织承担。2017年，浙江省民政厅发布了《全省性社会组织承接政府转移职能和购买服务推荐目录》，其中有295家社会团体、24家基金会和31家民办非企业单位进入该推荐名录。

（二）浙江省公益创投的分类

按照运作方式的不同，浙江省的公益创投活动大致可以分为三大类：①基金会模式，特点是由专业基金会运作，主要支持在基金会所关注的领域内活动的社会组织；②企业模式，特点是由某企业独立运作，专注于特定领域并与企业品牌挂钩；③政府主持多方合作模式，特点是政府支持力度大、领域较全、参与广泛[①]。根据主导机构的不同，公益创投又可以分为民政部门主导的公益创投、民政以外政府部门主导的公益创投、群团组织主导的公益创投、支持型社会组织主导的公益创投、企业主导的公益创投。根据资金来源不同，公益创投可以分为福利彩票公益金支持的公益创投、一般财政资金支持的公益创投、社会资金支持的公益创投、企业资金支持的公益创投。根据支持范围的大小不同，公益创投可以分为省级公益创投、市（地）级公益创投、区（县）级公益创投、街道（乡镇）级公益创投、社区（村）级公益创投。

福利彩票公益金是浙江省公益创投活动的主要资金来源。从2014年开始，浙江省民政厅每年从福利彩票公益金中划拨300万元用于支持省级社会组织的公益创投。杭州市从2012年开始举办公益创投活动，其资金也来源于福利彩票公益金。从2016年开始，杭州市每年的公益创投资金中有1000万元来源于福利彩票公益金，另外500万元来源于杭州市一般财政经费。福

---

① 马蕾、邓敏、盛夏：《公益创投与地方政府社会管理创新——以昆山为例》，《南京理工大学学报》（社会科学版）2016年第1期，第53~59页。

利彩票公益金的使用范围限定为"扶老、助残、救孤、济困"。

民政部门以外的其他政府部门以及群团组织是公益创投重要支持方。共青团组织、妇联、残联等机构是公益创投的重要参与主体。例如，在湖州市的公益创投活动中，湖州市民政局是主办单位，共青团湖州市委、湖州市妇女联合会、湖州市残疾人联合会等单位是协办单位。2018年，安吉县妇联组织了首届妇女儿童家庭公益创投活动，共有9个项目获得资助。

基金会和筹款机构也是公益创投活动的重要推动者。2012年，浙江省的新湖集团首期捐赠750万元，与深德公益的育团队共同成立了"新湖·育"公益创投基金，是中国首家正式注册成立的人民币公益创投基金。2018年，浙江心基金慈善基金会联合志愿汇、都市快报快公益等机构，发起了"心基金·晨心计划"公益创投项目，主要关注青少年心理健康。绍兴市慈善总会是绍兴市公益创投活动的重要出资方，2018年绍兴慈善总会出资80万元用于公益创投项目。

三　浙江省公益创投的举办情况

（一）省级政府举办公益创投

省级政府举办的公益创投项目主要针对省级社会组织开展的社会服务活动进行资助。省级公益创投主要由浙江省民政厅社会组织管理局举办。表1显示了从2012年到2018年浙江省级公益创投和地市级公益创投的资金投入量的变化。2015年，浙江省级公益创投的资金投入为240万元，当年资助了16个公益项目。从2016年开始，浙江省级公益创投每年的资金总额为300万元。省级公益创投的资金全部来源于省级福利彩票公益金。另外，浙江省妇女联合会近年来每年投入大约100万元开展公益创投活动。

表1　浙江省级和地市级开展公益创投的资金投入情况

单位：万元

地区	2012年	2013年	2014年	2015年	2016年	2017年	2018年
浙江省	-	-	-	240	300	300	300
杭州市	100	200	966.63	915	1500	1500	1500

续表

地区	2012年	2013年	2014年	2015年	2016年	2017年	2018年
宁波市	-	100	100	100	100	100	100
温州市	-	150	30	-	-	-	-
绍兴市	-	-	-	-	-	38	97.5
嘉兴市	-	80	100	150	150	100	150
湖州市	-	-	-	-	225	280	285.5
金华市	-	-	96.5	87.1	126.3	156	-
台州市	-	-	-	42	114.2	149	-
衢州市	-	-	-	55	100	136	-
丽水市	-	-	-	74	50	96	-
舟山市	约30	64	105.5	22	166.15	176.05	180
合计	约130	594	1398.6	1892	2832	2855	-

资料来源：根据访谈资料和公开报道材料整理制作。

2017年，浙江省级福利彩票公益金资助全省性社会组织公益项目18项，其中浙江省无偿献血志愿者协会的"37℃的温暖——生活困难白血病儿童救助、关爱成长项目"、浙江省婚姻家庭协会的"生活困难临释人员婚姻家庭指导项目"、浙江千训爱心慈善基金会的"青少年援助项目"、浙江省残疾人福利基金会的"残疾人大病救助项目"、浙江省革命老区发展基金会的"革命老区'光明行动'项目"、浙江省陈伯涛体育基金会的"'益起同行'乡村儿童运动素养提升计划"、浙江省幸福助老基金会的"空巢老人社区嵌入式助老服务项目"、浙江省青年创业就业基金会的"农村青年创业增收精准帮扶计划"、浙江仁泽公益基金会的"残疾人褥疮筹款项目"、浙江省青少年发展基金会的"'关爱农村留守儿童梦想足球夏令营'公益项目"、浙江省皮革行业协会的"'芯动力'山区留守儿童关爱项目"、浙江省华都孝老慈善基金会的"《助老快车》社区老人服务项目"等分别获得20万元的资助，其他6个项目分别获得10万元的资助。

（二）地市级政府举办公益创投

杭州市级的公益创投开展较早，资金投入的规模也比较大。杭州市从

2012年开始尝试公益创投的做法，2014年正式采用公益创投的名称和方式，共使用资金966.63万元，资助108个项目。2015年，杭州市公益创投共使用资金915万元（其中福利彩票公益金500万元，社区服务业专项资金415万元），资助了164个项目。从2016年开始，杭州市级公益创投的资金规模保持在每年1500万元左右。

宁波市的公益创投由区级政府带动，然后发展到市级公益创投。鄞州区从2010年开展公益创投，海曙区也从2010年开展公益创投。宁波市本级的公益创投从2013年开始，每年投入的资金为100万元。宁波市的公益创投资金投入比较多元化，宁波市妇联、宁波市精神文明建设指导委员会办公室、慈溪市总工会等部门近年来都在开展公益创投活动。

温州市的公益创投分散在不同的部门。温州市在2013年举办首届公益创投，当年的公益创投资金规模为150万元，共资助100个项目，其中50万元来源于福利彩票公益金，另外100万元来源于温州市社会组织发展基金会的资助。2014年，温州市的公益创投资金为30万元，共资助了9个公益项目。2015年之后，温州市民政局没有开展公益创投活动，公益创投活动主要由区县市的民政部门举办。2017年，温州团市委、市治水办、市志愿者协会、市青年企业家协会等单位联合开展了温州市首届"五水共治"公益创投活动。此外，温州市团市委、温州市妇联等单位也开展了公益创投活动。

绍兴市公益创投开始较晚，但是近年来发展迅速。绍兴市从2017年开始举办公益创投。2017年，绍兴市慈善总会从"益路同行"专项资金中拿出38万元举办市级公益创投，共资助了6个公益项目。2018年，绍兴市公益创投资金达到97.5万元，其中77.5万元来自绍兴市慈善总会"益路同行"专项资金，资助12个项目，其余20万元来自绍兴市民政局的财政资金，资助7个项目。

嘉兴市公益创投发展稳定。嘉兴市从2013年开始举办公益创投，当年投入的资金约80万元。近年来，嘉兴市级公益创投的资金规模维持在每年150万元左右。2018年，嘉兴市公益创投的资金投入为150万元，共资助14个项目。嘉兴市的公益创投为企业参与公益活动提供了较为畅通的渠道。2018年立项的公益创投项目中有2个项目获得了爱心企业认领。嘉兴市妇联和团市委分别针对妇女类社会组织和青年社会组织也开展了公益创投活动。

湖州市的公益创投开始较晚，但是近年来投入很大，在制度上的创新也比较多。湖州市从2016年开始举办公益创投，当年投入的财政资金（来源于福利彩票公益金）为225万元，共资助60个项目。2017年，湖州市公益创投的资金达到280万元，共资助50个项目。2018年，湖州市公益创投的资金达到285.5万元，共资助63个项目。2018年，湖州市妇女联合会开展了"湖州市妇女儿童家庭公益项目创投"，共投入资金27万元，资助了13个项目。

金华市的公益创投聚焦于社区发展领域，在资金投入上增长较快。金华市从2014年开始举办公益创投活动。金华市的公益创投以"社区公益创投"的名义开展。金华市的公益创投资金来源于市本级的福利彩票公益金。2014年，金华市社区公益创投资金为96.5万元，资助项目17个。2017年，金华市社区公益创投资金达到156万元，当年资助项目21个。

台州市公益创投正在经历从民政部门直接举办到民政部门委托第三方承办的转型过程。台州市从2015年开始举办公益创投活动，创投资金全部来源于福利彩票公益金。2015年，台州市公益创投资金为42万元，资助项目6个；2016年的公益创投资金为114.2万元，资助项目10个；2017年的公益创投资金为149万元，资助项目为16个。台州市民政局、团市委、市委"两新"工委从2016年开始举办青年社会组织公益创投大赛。2016年，台州市青年社会组织公益创投大赛的投入资金为45万元，参赛项目20个。

衢州市正在聚合多方力量，通过"走出去""引进来"的策略大力发展公益创投。衢州市在2015年举办首届公益创投活动，投入福利彩票公益金55万元，共资助15个公益项目。2016年，衢州市公益创投的资金为100万元，共资助公益项目21个。2017年，衢州市共使用公益创投资金136万元，资助公益项目20个。衢州市社会组织发展基金会也在开展公益创投活动。衢州市社会组织发展基金会成立于2014年，到2018年，该基金会已通过创投的方式资助了38个公益项目，总的资助金额达到167万元。

丽水市公益创投从初期的"以奖代投"形式变成真正意义上的公益创投。丽水市从2015年开始公益创投活动，创投资金全部来源于市本级的福利彩票公益金。丽水市的公益创投以评选"十佳社会组织公益项目"和"十佳公益社会组织"的方式进行。2015年，丽水市民政局通过公益创投为全市"十佳公益社会组织"发放补助资金28万元，为全市"十佳社会组织公益项目 发放补助资金"46万元。2016年，丽水市民政局通过公益创投为18个社会组织公益项目发放补助资金50万元。2017年，丽水市民政局公益创投的资金总额为96万元，共资助25个公益项目。

舟山市开展公益创投的时间比较早，近年来在公益创投方面的资金投入也比较大，在公益创投的实践过程中建立了相对完善的管理制度。舟山市在2012年就开始试水公益创投，当年用于资助公益项目的资金约为30万元。2013年，舟山市委组织部、市委新经济与新社会组织工作委员会和市民政局联合举办第一届社会服务公益项目创投大赛，投入资金64万元，共资助了22个公益项目。2014年，舟山市举办第二届公益创投比赛，共投入资金105.5万元。2015年，舟山市举办第三届公益创投大赛，协议资助金额达到229万元，资助公益项目75个。2018年，舟山市公益创投的资金为180万元，共资助公益项目70个。

从2010年浙江省部分地区开始探索公益创投以来，政府部门用于公益创投的资金规模增长很快。以省级和地市级民政部门举办的公益创投为例，2012年全省公益创投的规模大约为130万元。到2017年，浙江省级和地市级民政部门公益创投的资金投入达到2855万元，5年内增加了将近21倍（见图1）。

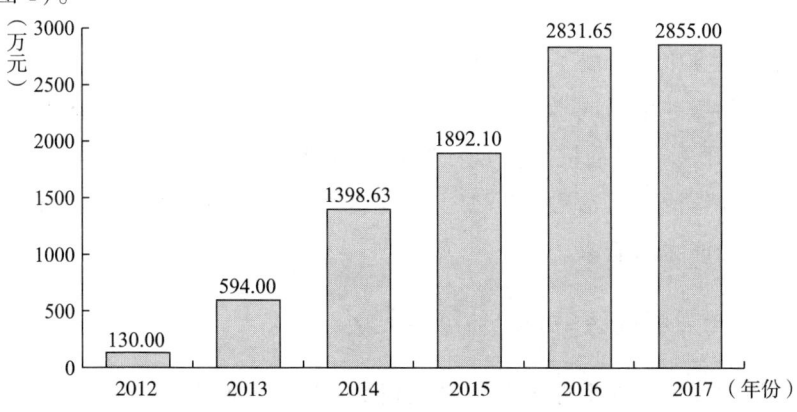

图1 浙江省级和地市级民政部门公益创投资金投入

（三）区县市政府举办公益创投

区县市开展的公益创投也非常活跃。表 2 显示浙江省部分区县市开展公益创投的资金规模。公益创投资金投入比较大的区县市可以超过每年 300 万元。例如，杭州市下城区从 2015 年开始每年从区和街道投入的公益创投资金不低于 500 万元，杭州市上城区 2017 年的公益创投资金为 340 多万元，绍兴市越城区 2018 年的公益创投资金为 300 多万元。

表 2 浙江省部分区县市公益创投的资金规模

单位：万元

区县市	年份	公益创投金额	区县市	年份	公益创投金额
绍兴市越城区	2018	300 多	温州市瓯海区	2018	50
绍兴市诸暨市	2018	145	湖州市长兴县	2017	111
杭州市上城区	2017	340 多	湖州市安吉县	2018	80
杭州市下城区	2015	500	衢州市江山市	2017	32
宁波市鄞州区	2013	150	衢州市柯城区	2018	80

资料来源：根据访谈资料和公开报道材料整理制作。

区县市公益创投的资金绝大部分来自福利彩票公益金。有些区县市在公益创投资金来源多元化方面进行了创新。例如，宁波市鄞州区 2013 年用于公益创投的福利彩票公益金为 150 万元，鄞州银行基金会在 2015 年出资 100 万元，开展了"牵手鄞州"的公益创投活动。

有些区县市还开展了专项公益创投活动，引导社会组织优先开展居民迫切需要的服务项目或者解决社会急需解决的问题。例如，杭州市余杭区在 2018 年开展了"余杭区城乡社区善治计划"公益创投，主要开展以自治、法治、德治"三治融合"为主要内容的社区治理改善活动以及提升社区居民自治能力的活动。

（四）街道和社区举办公益创投

街道和社区层面举办公益创投的情况比较少。但是越来越多的街道负责人开始尝试运用公益创投的方式撬动基层治理。例如，杭州市下城区长庆街道早 2013 年就举行了首届微公益创投项目，共投入资金 30 万元，资助了 10 个社会组织。杭州市拱墅区夏意社区社会组织孵化中心在 2015 年就开始举行微型"公益创投"，利用拱墅区民政部门支持的 2 万元资助了 10 家社区社会组织入驻孵化中心。

2018 年，杭州市开展公益创投活动的街道政府有下城区长庆街道、西湖区古荡街道、西湖区西溪街道、西湖区蒋村街道、江干区笕桥街道、江干区九堡街道、拱墅区半山街道等。2018 年，绍兴市越城区民政局举办了首届专门针对社区社会组织（五邻社联合会）的公益创投活动，共有 32 个社区社会组织承接了 64 个公益项目。

（五）社会力量举办公益创投

基金会、筹款类社会组织、企业等社会力量也可以通过公益创投活动寻找最值得支持的项目和团队。浙江敦和基金会发起的"敦和公益活水计划"是比较典型的社会力量举办公益创投的例子。"敦和公益活水计划"开始于 2015 年，主要面向浙江省内处于初创期的公益组织，提供 10 万元以内的非限定性资金支持，并为选中的公益组织提供培训交流、游学参访、线下工作坊等能力建设服务。从 2015 年到 2017 年，"敦和公益活水计划"累计支持公益组织超过 30 家，资助金额超过 180 万元，资助的方向包括青少年发展、社区服务、教育、环境保护、医疗救助、残障人士服务等领域（见表3）。

表 3 浙江敦和基金会活水计划合作名单（2016－2017 年）

单位：万元

序号	地区	合作伙伴	资助金额
1	杭州	杭州市上城区益优社区互助中心	10
2		杭州市余杭区绿色中泰自然体验中心	10
3		杭州市上城区艺途无障碍公益服务中心	5
4		杭州沃德青少年公益服务中心	5
5		杭州市上城区六合青少年阅读服务中心	7.5
6		浙江小胖威利罕见病关爱中心	3
7	湖州	安吉黄浦源生态民居推广中心	5
8	绍兴	绍兴市朝露环保公益服务中心	5

续表

序号	地区	合作伙伴	资助金额
9	温州	瑞安市黑眼睛公益发展中心	10
10	金华	金华市绿色生态文化服务中心	2.5
11	台州	三门县有为图书馆	10
12		台州市青公益服务协会	6
总计			79

四 浙江省公益创投的政策创新

公益创投是社会组织培育和社会治理领域的新方法。公益创投的政策规则主要由主办方根据国家相关政策规定以及本地区实际情况来制定。公益创投在实践的过程中产生了很多政策上的创新。

（一）公益创投运行模式创新

公益创投是把财政资金或者社会资金用来资助具有创新性、紧迫性、公益性的社会服务项目，同时对于开展这些社会服务项目的社会组织进行培育和扶持。公益创投的运行模式是指公益创投整体的管理框架，包括举办单位和具体运行机构之间的关系。为了保证公益创投资金运用的精准、规范、公正、高效，举办单位需要在运行模式上进行选择和创新。

以民政部门举办的公益创投为例，浙江省级和地市级公益创投的运行模式大致可以分为四种：①民政部门独立运行；②民政部门成立专门机构运行；③民政部门委托独立社会组织运行；④民政相关事业单位运行（见表4）。

表4　2018年浙江省民政部门公益创投的运行模式

	运行模式	地区
1	民政部门独立运行	浙江省级、嘉兴市、丽水市
2	民政部部门成立专门机构运行	宁波市、舟山市、衢州市
3	民政部门委托独立社会组织运行	杭州市、湖州市、绍兴市、台州市

续表

	运行模式	地区
4	民政相关事业单位运行	金华市

资料来源：根据访谈资料整理制作。

民政部门自己运行的模式即民政部门既是公益创投的主办方，又是公益创投过程的具体操作方。浙江省级公益创投以及嘉兴市和丽水市的公益创投都由民政部门自己运行，从项目征集、项目评选到项目监管和结项评估等具体过程都由民政部门的工作人员承担。

民政部门成立专门机构运行的模式即民政部门通过设立社会组织发展基金会、社会组织服务中心、社会组织联合会等机构，然后委托该机构具体运行公益创投。宁波市在2011年就成立了宁波市社会组织促进会，由该机构具体运行宁波市级公益创投。舟山市的公益创投由民政部门委托舟山市社会组织服务中心（社团编制）具体运行。衢州市的公益创投由民政部门委托本市的社会组织发展基金会具体承办。

民政部门委托独立社会组织运行的模式即民政部门通过公开招投标的方式确定公益创投的具体承办机构，一般是由具有相关资质和能力的第三方支持型社会组织来承接公益创投的运行业务。杭州市民政局从2014年开始举办公益创投的时候就采用了第三方机构运行的模式。近年来，杭州市民政局还把公益创投运行业务进行了拆分，把公益创投立项评审和过程督导、社会组织培训和能力建设、公益创投绩效评估和审计等业务分别委托不同的第三方机构，让第三方机构在服务的过程中形成竞争和相互制衡。湖州市、绍兴市、台州市的公益创投都采取政府购买服务的方式委托第三方支持型社会组织具体运行。台州市从2015年到2017年的公益创投是由民政部门自己举办。2018年，台州市民政局开始把公益创投的具体操作委托给第三方社会组织承办。

民政相关事业单位运行的模式即公益创投由民政部门下设或者和民政业务关系密切的事业单位具体运行。金华市的公益创投活动由金华市社区服务指导中心具体运行。金华市社区服务指导中心是金华市民政局下属的全额拨款事业单位。

（二）资助活动领域创新

民政部门举办的公益创投活动的资金来源大多是本级政府的福利彩票公益金。传统的观点认为福利彩票公益金的使用范围是"扶老、助残、救孤、济困"四大领域，因此在确定公益创投的活动领域也应该以上面的四大领域为重点。但是公益创投的本质特点是问题导向，社会组织在提供创新性解决方案的过程中并不能完全局限于"扶老、助残、救孤、济困"四大领域。因此，福利彩票公益金的使用范围和社会组织的创新活动之间总是存在明显的张力。公益创投的支持领域详见表5。

表5 公益创投的支持领域

地区	公益创投支持领域	根据
湖州市	为老服务、助残服务、青少年服务、济困服务、社区服务	《关于开展湖州市第三届社会组织公益创投活动的通知》（2017年）
杭州市	从事扶贫、济困、为老、救孤、优抚、助残、助学、助医、社会治理、社区服务、灾害救助、环境保护、社会组织培育以及其他创新性的公益服务项目	《杭州市公益创投项目管理办法》（2018年）
衢州市	社会公益事业项目（A类）、福利慈善项目（B类）、城乡专业公益项目（C类）、社会组织培育孵化项目（D类）、其他有关项目（E类）	《关于征集2018年度社会组织公益创投项目的通知》，衢州市社会组织发展基金会
宁波市海曙区	①社会服务项目（A） ②专业社会工作项目（B） ③支持服务类项目（C）	《关于开展海曙区第八届公益创投项目活动的通知》（2018年）
宁波市鄞州区	类别一：志愿服务类（①党建示范类，②为老服务类，③助残服务类，④家庭教育类，⑤青少年服务类，⑥精准救助类，⑦其他类） 类别二：专业社会工作项目 类别三：基层社会治理创新培育项目	《关于开展2018年鄞领公益活动的通知》（2018年）
杭州市余杭区	①社区治理类 ②专业服务类 ③能力提升类 ④其他服务类	《关于开展2018年度余杭区社会组织公益创投活动的通知》（2018年）

续表

地区	公益创投支持领域	根据
杭州市江干区	①社区治理类（A）②社区融合类（B）③专业服务类（C）④社区公益类（D）⑤能力提升类（E）⑥福利慈善类（F）⑦社区预防青少年犯罪及心理辅导类（G）⑧特色服务类（H）⑨其他有关项目（I）	《江干区公益创投项目管理办法》（2018年）

资料来源：根据各地区政策资料整理制作。

事实上，福利彩票公益金的使用范围并不等同于福利彩票"扶老、助残、救孤、济困"的发行宗旨。民政部在2018年9月4日发布了新的《民政部彩票公益金使用管理办法》，同时废除了《民政部本级彩票公益金使用管理办法》（民办发〔2016〕7号）。新的《民政部彩票公益金使用管理办法》较好地阐释了福利彩票公益金和公益创投使用领域之间的差别。新的《民政部彩票公益金使用管理办法》第三条规定：公益金使用应当遵循福利彩票"扶老、助残、救孤、济困"的发行宗旨，主要用于资助老年人、残疾人、儿童和其他基本生活特别困难人员等特殊群体提供服务的社会福利项目，以及符合宗旨的其他社会公益项目，具体包括：①社会福利基本设施建设项目；②社会福利服务项目；③符合宗旨的培训等能力建设项目；④符合宗旨的其他社会公益项目。

在民政部发布新的《民政部彩票公益金使用管理办法》之前，浙江省内关于公益创投资助活动领域的创新已经非常多。湖州市在2017年发布的《关于开展湖州市第三届社会组织公益创投活动的通知》中确定了为老服务、助残服务、青少年服务、济困服务、社区服务五大类领域，增加了社区服务大类。杭州市2018年发布的《杭州市公益创投项目管理办法》把公益创投的资助领域界定为从事扶贫、济困、为老、救孤、优抚、助残、助学、助医、社会治理、社区服务、灾害救助、环境保护、社会组织培育以及其他创新性的公益服务项目。衢州市社会组织发展基金会发布的《关于征集2018年度社会组织公益创投项目的通知》中把公益创投项目分为五大类：社会公益事业项目（A类）、福利慈善项目（B类）、城乡专业公益项目（C类）、社会组织培育孵化项目（D类）、其他有关项目（E类）。

区县市的公益创投项目在资助领域上也有很大的突破。例如，宁波市鄞州区在《关于开展2018年鄞领公益活动的通知》中把公益创投的项目类型分为志愿服务类、专业社会工作类、基层社会治理创新培育类。其中，志愿服务类又分为党建示范类、为老服务类、助残服务类、家庭教育类、青少年服务类、精准救助类、其他类。杭州市余杭区在《关于开展2018年度余杭区社会组织公益创投活动的通知》中把资助领域规定为社区治理类、专业服务类、能力提升类、其他服务类四大类别，并给出了2018年重点关注的领域。例如，社会治理服务大类重点关注的领域包括社区营造与社区邻里关系重建、社区居民自治能力提升、外来人口社区融入。

（三）支持政策创新

公益创投是对社会服务和社会治理领域中创新性做法的支持，是培育本土社会组织、促进社会组织健康有序发展的重要政策工具。2016年，民政部发布了《关于通过政府购买服务支持社会组织培育发展的指导意见》，要求加强社会组织承接政府购买服务培训和示范平台建设，采取孵化培育、人员培训、项目指导、公益创投等多种途径和方式，进一步支持社会组织培育发展。

通过政府购买服务的方式对社会组织进行资金支持和能力扶持是有效的培育手段。2016年，民政部发布了《关于通过政府购买服务支持社会组织培育发展的指导意见》，要求加强社会组织承接政府购买服务培训和示范平台建设，采取孵化培育、人员培训、项目指导、公益创投等多种途径和方式，进一步支持社会组织培育发展。浙江省和公益创投相关的支持性政策创新主要体现在设立社会组织服务中心和孵化器、引进和培育支持型社会组织、激发市场力量参与、奖励社工和社会组织人才等四个方面。

1. 设立社会组织服务中心和孵化器

社会组织服务中心和孵化器能够为新成立的社会组织提供办公场地、能力培训、业务扶持、信息交流等多种服务，是开展公益创投的基础性设施。例如，湖州市德清县建立了县社会组织服务中心、镇（街道）社会组织服务站、村（社区）社会组织服务室，形成三级社会组织服务网络体系。2016年，德清县民政局和德清县慈善总会成立了浙江省内首家县区级社区发展基金会，共筹集资金600万元。

绍兴市柯桥区在2015年9月成立了柯桥区社会组织服务中心，并在全区16个镇街都建立了社会组织服务中心，对区内社会组织的发展进行支持和规范。柯桥区还投资修建了"柯水园"作为全区社会组织孵化基地。

桐乡市建立了市、镇两级社会组织孵化园，其中，桐乡市社会组织孵化园是由民政局采用政府购买服务的形式委托桐乡市社会组织服务中心运营管理的市级社会组织孵化园区，2017年有入驻机构11家。

2. 引进和培育支持型社会组织

社会组织的发展需要良好的组织生态，支持型社会组织在营造公益创投氛围、提升社会组织能力、调动域外资源等方面能够起到关键作用。引进全国性或者全省性的支持型社会组织，借鉴发达地区的经验，培育本土支持型社会组织成长等措施对本地区公益创投的健康发展具有重要意义。

杭州市先后引进了恩派、乐仁乐助、德仁民生等省外支持型社会组织为本地的社会组织开展培训、督导和能力建设，同时也通过公益创投培养了杭州市明德公益事业发展中心、浙江省之江社会工作发展服务中心等本土的支持型社会组织。德清县引进了上海飞扬华夏青年公益事业发展中心、青螺公益发展中心、上城区明德公益事业发展中心、北京惠泽人公益事业发展中心等省内外知名的社会组织孵化、培训、评估机构。

3. 激发市场力量参与

公益事业需要社会力量的参与。公益创投项目在吸引基金会和企业力量参与方面有较多的创新做法。宁波市的公益创投特别注重和企业界的互动，采取冠名赞助的方式和某一个行业共同举办，发动行业协会、商会、企业认领公益项目。

宁波市从2013年以来，先后和宁波文具行业协会、宁波家具商会、宁波杭州商会、宁波市甬商经济发展研究会、宁波市职业经理人协会、宁波市塑料行业协会、宁波市皮革行业协会等单位合作，连续五年开展了"文具杯""家具杯""杭州商会杯""塑料杯""皮革杯"公益项目设计大赛。宁波市通过公益创投、认捐认领等模式，累计投入各类公益资金3200多万元，向各类社会组织购买社会公益服务项目720多个。

2017年，宁波市象山县民政局和县金融办联合开展"金融杯"社会组织公益创投活动，打造了"政府—企业—社会组织"三方广泛合作与深入对接的模式，共使用资金82.1万元，资助了32个公益项目。

4.奖励社工和社会组织人才

人才是社会组织长远的发展基础，公益创投非常注重发掘和培养具有公益热情、社会组织和社会工作专业能力的人才。安吉县从人才政策入手鼓励社会组织发展，对于社会组织引进大学生每年提供2万元的人员经费补贴。海宁市把社会组织发展和社会工作人才培养相结合，对于在岗员工考取社会工作师和助理社会工作师给予补助和奖励，注重培养社会组织领军人才，实现"一个领军人才带动一个示范性社会组织，一个示范性社会组织带动多个品牌项目"的局面。绍兴市柯桥区重视社工人才的培养，对参加社会工作师资格考试的从业人员提供免费培训，对于获得助理社会工作师和社会工作师的工作人员，分别有财政给予1500元和3000元的奖励，柯桥区在39个城市社区中实现了社区社会工作室全覆盖。

（四）管理规范制度创新

社会组织的健康有序发展离不开相应的管理规范，公益创投作为社会组织发展的一部分，同样需要规章制度来保障其健康运行。2016年，中共中央办公厅、国务院办公厅印发了《关于改革社会组织管理制度促进社会组织健康有序发展的意见》，其中指出要对社会组织进行严格管理和监督，不仅要加强对社会组织的资金监管，还要加强对社会组织活动的管理。其中规定，"民政部门要通过检查、评估等手段依法监督社会组织负责人、资金、活动、信息公开、章程履行等情况"。除此之外，该《意见》还指出要规范管理直接登记的社会组织，"直接登记的行业协会商会类、科技类、公益慈善类、城乡社区服务类社会组织的综合监管以及党建、外事、人力资源服务等事项"要按照相关的政策"落实'谁主管谁负责'的原则"。浙江省在公益创投管理规范方面的制度创新主要由项目管理流程创新、财务制度创新、综合监督制度创新等。

1.项目管理流程创新

公益创投是一个在实践中不断创新、积累、调整的过程。科学的过程管理有利于公益创投项目质量的稳步提高。根据《杭州市公益创投项目管理办法》，杭州市的公益创投要按照需求征集、项目优选、项目申报、资格预审、立项评审、公示公告、投诉复核、签订协议、能力发展、绩效评价等十大步骤推进。该《管理办法》在公益创投中增加了需求征集和项目优选的过程，让公益创投的资金使用方向更加针对社会的实际需求。

《江干区公益创投项目管理办法》规定杭州市江干区的公益创投项目一般按照项目征集、项目初审、发布信息、项目申报、尽职调查、项目评审、评审公示、签订协议、项目执行、期中检查、跟踪检测、绩效评估等12个过程。《江干区公益创投项目管理办法》在一般的公益创投流程中增加了尽职调查、跟踪监测两个过程，有利于对公益创投项目的执行过程进行详细监管。

湖州市在通常的公益创投项目流程中添加了"社会众筹"的环节，即在项目优化后和现场评审之前，由承办方会同众筹网对初审入围项目的申报单位进行培训指导，组织初审入围单位开展社会众筹，众筹情况作为项目评审指标之一，影响项目的评审。

2. 财务制度创新

财务规范是社会组织在运作过程中需要遵守的重要制度。社会组织的日常财务主要依据财政部2005年颁布实施的《民间非营利组织会计制度》。公益创投的资金大部分来源于财政部门拨付的福利彩票公益金，因此，公益创投项目的财务制度需要同时遵守政府财政制度、福彩金管理制度、民间非营利组织会计制度等，在具体操作过程中容易出现相互冲突的情况。2018年6月1日，浙江省财政厅和民政厅发布了《浙江省用于社会福利事业彩票公益金使用管理办法》（浙财社〔2018〕30号），对福利彩票公益金的使用范围进行了比较详细的规定，允许福利彩票公益金用于社会公益项目，允许资助符合条件的社会组织、企业、其他经济组织、机构开展社会救助、社会福利、社区服务、扶贫救灾等社会公益项目，以及围绕特殊群体需求开展的社会工作和志愿服务项目。

宁波市海曙区对于不同类别的公益创投项目设定了不同的财务预算比例。根据宁波市海曙区民政局发布的《关于进一步规范海曙区公益创投资金使用的通知》，公益创投项目分为社会服务类、专业社工服务类、支持服务类。其中，社会服务类公益创投项目可以发放补贴费，补贴费不得超过项目资金总额的20%；专业社工服务类项目可以列支社工服务费和管理费，分别不超过项目资金总额的20%和10%；支持服务类项目的专家费总计不得低于项目资金总额的60%。

《杭州市公益创投项目管理办法》规定项目经费支出必须要有合理的预算，其中项目经费支出预算主要包括为项目提供服务和实施项目发生的人员报酬（含志愿者补贴）和保险，以及使用房屋、设备、物资发生的相关费用；为管理项目发生的差旅、物流、交通、会议、培训、审计、评估等费用。2018年，杭州市民政局对于公益创投项目中各项经费支出的比例进行了明确规定。其中，工资报酬、志愿者补贴、专家补贴和保险总支出不超过项目资助经费的70%；项目宣传所用的物料等费用总支出不超过项目资助经费的10%；差旅费和市内交通费等总支出不超过项目资助经费的10%（机构名下无车的不允许列支加油费、停车费）；项目管理费用不超过资助经费的15%（不得列支房租、物业、水电费等）。志愿者补贴标准不超过每100元/人天（服务时间不低于6小时，补贴包括交通补贴、午餐补贴）。

舟山市民政局对提供社会服务的社会组织进行分级管理，不同级别的社会组织在项目管理费的提取比例上限方面有区别。根据舟山市民政局2017年1月5日发布的《关于对提供社会服务的社会组织实行分级管理的通知》，按照社会组织的不同规模和基础条件，舟山市民政局将提供社会服务的社会组织划分为A级、B级和C级。经认定为A级、B级、C级的社会组织，申请公益项目的最高限额分别为15万元、10万元、5万元，项目管理费占总资助额的比例最高限比分别为30%、20%、15%；项目管理费允许列支机构内专职工作人员的必要薪酬。

湖州市对于公益创投项目的管理费进行了明确规范。根据湖州市《社会组织公益创投规范》（湖州市地方标准DB3305/T53-2018），公益创投项目的管理费是指在实施项目过程中发生的管理费用。主要包括行政和项目管理人员费用及办公费、水电费、邮电费、物业管理费、差旅费、折旧费、修理费等费用。管理费原则上按照项目合同金额的10%的标准编报。

杭州市江干区放宽了公益创投项目管理费的比例上限。根据《江干区公益创投项目管理办法》，为项目提供服务和实施项目发生的人员报酬（含志愿者补贴）和保险总支出不低于项目资助经费的70%；为项目实施所发生的场地租借、项目宣传等费用总支出不超过项目资助经费的10%；为管理项目发生的差旅、物流、交通、会议、培训、审计、评估等费用不超过资助经费的20%。因项目特殊确需超过上述比例和标准的，应在申报预算时详细说明，并经区民政局同意方可执行。

3. 综合监管制度创新

随着公益创投项目增多，项目的复杂程度和新颖性也在提高，对于公益创投项目的综合监管制度也需要建立起来。2018年9月28日，中共中央办公厅、国务院办公厅发布了《关于改革社会组织管理制度促进社会组织健康有序发展的意见》，要求坚持放管并重。处理好"放"和"管"的关系，既要简政放权，优化服务，积极培育扶持，又要加强事中事后监管，促进社会组织健康有序发展。

湖州市长兴县通过开展党建活动对公益创投项目的实施主体和实施过程进行监督。2018年11月，关于在公益创投中建立党组织监督机制的通知，由县社会组织综合党委牵头建立公益创投项目专项监督小组，由各社会组织党支部书记担任组长，党支部委员和党员代表任组员，全程负责创投项目的预算监督、过程监督、业主监督等，确保项目规范化运行。

杭州市通过把社会组织纳入"市公共信用信息平台"，建立社会组织的社会信用制度，对社会组织进行综合监管。2018年9月20日，杭州市民政局发布了《杭州市社会组织信用信息管理暂行办法》，把社会组织的基础信息、年报信息、行政检查信息、行政处罚信息和其他相关信息等都纳入社会信用的数据采集范围。

杭州市在上城区和富阳区试点建立公益创投项目的社会化监督机制。2016年，杭州市民政局委托第三方社会组织在上城区和富阳区分别招募了16位和10位社会组织社会化监督员，对实施地点在这两个区的公益创投项目实施社会化监督。社会化监督员主要通过暗访、查看台账信息、参与活动等三种方式开展监督。

（五）公益创投评估政策创新

评估是对公益创投项目进行优选和优化的重要环节。浙江省在开展公益创投的过程中非常重视评估的作用。政府部门举办的公益创投活动大多委托专业的第三方机构开展评估，尽量提高公益创投项目的评选的公正性和独立性。例如，2018年开始实施的《杭州市公益创投项目管理办法》第四条明确规定，市级公益创投项目每年由民政局组织，委托第三方单位具体承办。第三方单位负责的事项包括项目设计优选、资格预审、立项评审等评估工作。在项目的结项阶段，市民政局需要委托专门的绩效评估机构对公益创投项目开展绩效评价。

在评估主体方面，浙江省的公益创投力争做到专业性和代表性的统一。省级和地市级的公益创投评估侧重于专业性，评估专家组主要由相关领域的专家、政府主管部门的代表以及在社会组织发展领域具有实践经验的人士组成。区县市以及街道的公益创投评估比较强调代表性。例如，2018年杭州市萧山区第二届公益创投的现场评审团队包括相关领域专家、政府部门代表、社会组织的理事和监事代表、社区居民代表、纪检监督人员等，现场评估人员分组采取随机抽签的方式来决定。在评估环节上，浙江省的公益创投趋向于全过程评估，即在项目的预审、立项、中期执行、结项等重要节点都安排评估环节。

五　浙江省公益创投的社会效益

（一）公益创投提高社会服务质量

公平竞争是提高社会服务质量的利器。公益创投通过竞争性评价，让有能力、有潜力、有创新力的社会组织承接公益项目。2015年，杭州市级的公益创投共收到各类项目设计创意346个，经过初审和专家评审，最终获得资助的有164个项目，立项率低于50%。2018年，绍兴市慈善总会举办的"益路同行"公益创投中，共有22个项目参加初审，经过初步筛选和现场答辩等环节，最终获得资助的有12个项目。随着公益创投社会影响力增加，公益创投项目的竞争也越来越激烈。2018年，杭州市级公益创投项目在经过初筛之后，大多数项目仍有3~5家社会组织竞争。

过程监管、项目督导、结项评估有利于提高公益创投项目的服务质量。杭州市民政局为每个获得资助公益创投项目配备了督导，并在项目执行中期和结项之前委托第三方机构对项目的执行情况进行评价。2016年杭州市级公益创投培育扶持类项目共有66个，通过第三方机构的验收评估，结果为良好项目50个，合格项目14个，不合格项目1个，终止项目1个。2016年杭州市级培育扶持类公益创投项目经费预算500万元，实际使用资金4670089.88元，收回资金168727.40元。2017年杭州市级培育扶持类公益创投项目进行了中期评估。在参加中期评估的56个项目中，执行较好项目6个，合格项目34个，基本合格项目11个，撤项项目3个，主动申请撤项项目1个，前期已经申请项目终止并已退回资助资金项目1个。

经验交流和宣传能够起到示范作用，快速提高服务质量。2016年，杭州市民政局对历年资助的公益创投项目进行梳理，向参与市级公益创投的社会组织征集优秀公益创投案例。经过筛选和评审程序，共有69个案例被选入《杭州市公益创投项目精选案例集》。从2016年开始，杭州市民政局每年开展"品牌公益服务项目"的评比。很多品牌公益服务项目来源于前期公益创投的资助项目。2018年，杭州市评选出"阿拉丁"爱心助学项目等10个品牌公益服务项目（见表6）。

表6 2018年杭州市品牌公益服务项目

编号	项目名称	机构名称
1	"阿拉丁"爱心助学项目	杭州市余杭区滴水公益服务中心
2	"肝友之家"社区居民护肝养肝科普推广项目	杭州市富阳区城西社区社会组织服务中心
3	"慧灵大家庭"心智障碍工疗站托管综合服务项目	杭州市江干区慧灵托管中心
4	"您倾听、我倾听"海豚（心理）热线项目	杭州滴水公益服务中心
5	"品学坊"青少年城市环境教育公益项目	杭州下城品之行生活文化体验坊
6	食品安全健康大篷车项目	杭州市西湖区啄木鸟食品药品安全服务中心
7	"育儿育爱"亲子义工发展计划	杭州市下城区东新街道公益新动力共融服务中心
8	圆梦课桌——西部山区教育帮扶项目	杭州市富阳区滴水公益服务中心
9	"银丝坊"公益理发项目	杭州市上城区清波街道劳动路社区张能庆公益服务站
10	"益优"旧衣环保项目	杭州市上城区益优社区互助中心

（二）公益创投增强社会组织能力

公益创投让社会组织不得不提升自己的能力，否则就会被淘汰。公益创投也让社会组织有更多提升能力的途径。通过引进专业的培育支持机构，整个区域的社会组织会得到较大的能力提升。例如，杭州市下城区引进了苏州乐仁乐助的团队、杭州市余杭区引进了上海恩派的团队，宁波市鄞州区引进了上海恩派公益组织发展中心、上海屋里厢社区服务中心等机构协助本地社会组织的能力提升。

公益创投通过针对性的培训活动，让社会组织边做边学，快速提高社会组织的能力。宁波市鄞州区为参加公益创投的社会组织开展各类培训、沙龙和工作坊，邀请社会组织负责人赴上海市浦东公益服务园、浦东基金会服务园、浦东公益一条街、公益新天地等地参观学习。杭州市民政局邀请专业机构为参加公益创投的社会组织开展系列财务培训、社会组织秘书长能力培训、基金会能力培训、行业协会能力培训。2018年，杭州市开展了社会组织领军人才的评选和培育工作，共评选社会组织领军人才9名。

公益创投让很多致力于开展社会服务的社会组织获得了稳定的发展机会。例如，嘉兴市阳光家庭社工事务所是一家伴随公益创投发展壮大的社会服务机构。嘉兴市阳光家庭社工事务所成立于2009年，在浙江省内第一次采取政府购买服务为有需要的人群提供专业服务的运行模式。嘉兴市阳光家庭社工事务所现有专职社工7名、兼职社工15名，其开展的"单亲妈妈家庭"社工服务项目获得首届全国优秀专业社会工作服务项目、浙江省优秀福利彩票公益金项目，开展的"风雨彩虹、铿锵玫瑰——经济就业困难妇女专业社工服务项目"获得第三届中国公益慈善项目大赛的创意类百强项目。

（三）公益创投促进社会资源优化配置

公益创投不仅要满足社会需求，还要发掘社会需求，促进社会资源优化配置，把财政资金和社会资金用在社会发展最需要的方面。例如，杭州市级公益创投活动设置了"需求征集"环节。在需求征集阶段，政府的相关职能部门、社会组织、社区和居民都可以按照需求征集表的格式设计社会服务项目，这些项目方案经过筛选、优化、评选等过程将成为公益创投的正式项目需求。2018年，杭州市余杭区开展了公益创投"金点子"的征集活动。"金点子"就是能够反映城乡居民需求的优秀社会服务项目设计，具体分为社会治理类、专业服务类、能力提升类、其他服务类等四大类别。社会组织报送的"金点子"项目一经采用，在同等条件下可以优先承接该服务项目。另外，政府部门、爱心企业、慈善组织（基金会）、爱心人士可以对公益创投项目进行定向捐助，捐助金额达到该项目经费总额50%以上的可以获得项目的冠名权。

公益创投促进社会资源投向优秀的社会组织。2018年，杭州市民政局印发了《杭州市社会组织信用信息管理暂行办法》，将社会组织参与公益创投的表现纳入社会组织信用管理的范围。从2016年开始，杭州市民政局在全市范围内评选品牌社会组织，通过自荐、初审、评审等过程，每年评选出示范型品牌社会组织和成长型品牌社会组织各若干家。2018年，杭州市评选出杭州市拱墅区元墅综合服务中心等5家示范型品牌社会组织和杭州市拱墅区有晴天社会心理服务中心等5家成长型品牌社会组织（见表7）。品牌社会组织不仅在社会信用上有体现，而且在承接公益创投项目和政府购买服务项目方面有一定的优先权。

表7 2018杭州市品牌社会组织名单

编号	示范型品牌社会组织	成长型品牌社会组织
1	杭州市拱墅区元墅综合服务中心	杭州市拱墅区有晴天社会心理服务中心
2	杭州市江干区弯湾托管中心	杭州市江干区仁本职业培训学校
3	杭州发展研究会	杭州市下城区长庆乐助公益发展中心
4	杭州市临安区乡村医生协会	杭州市西湖区康乐善业公益服务中心
5	杭州市上城区至善社会组织评估中心	杭州市余杭区装备制造业协会

六 浙江省公益创投的发展建议

经过8年时间的发展，浙江省的公益创投经历了从无到有、从小到大、从尝试探索到遍地开花的过程。浙江省的公益创投在管理规范、运行制度、支持机构等方面逐步形成了较为完整的体系。各个级别的社会组织服务中心、孵化园等硬件设施已比较普及。公益创投的项目管理、财务管理、能力建设、督导、专家评估、绩效评价、综合监管等制度已经建立起来。公益创投成为一种具有知识专业性、程序规范性的政府购买社会服务的途径。政府通过福彩金支持开展公益创投已经成为一个常规性的做法，公益创投的资金投入有明显的增长趋势。但是，浙江省公益创投的发展现状和深化改革的目标相比，仍然有需要进一步完善的地方。

（一）公益创投要统筹推进，形成政府、企业、社会组织三方合力的局面

公益创投是社会服务领域的政策创新。从全省范围来看，不同的地区在对公益创投的认识和接受程度上仍然存在较大差异，政府在公益创投的资金投入、管理制度、操作方式等方面存在很大不平衡。公益创投的下一步发展需要政府部门的统筹推进，加强不同地区公益创投政策方面的互动交流。公益创投的举办机构应加强创新政策的推广和普及，让创新性的做法能够尽快惠及本地区的社会组织。地市级政府和省级民政部门应该制定较为一致的公益创投管理规范，提高全省公益创投规范化运作水平。例如，上海市民政局早在2010年就发布了《关于进一步规范上海市社区公益创投活动的通知》（沪民计发〔2010〕103号），对全市社区公益创投活动进行了规范。

公益创投的资金投入还需要加大力度。和上海、深圳、苏州、广州、成都等地方相比，浙江省每年在公益创投方面的资金投入还比较少。公益创投的资金投入、社会组织的规模、社会服务的范围三者密切相关。根据政府职能转移的方针，政府核心功能之外的很多公共服务功能和社会服务职能都可以向社会组织转移。政府的职能转移应该伴随财政资金使用方向的转移，让更多的社会组织能够通过承接政府转移出来的职能获得专业能力上的提高以及组织规模的发展。社会组织需要借助公益创投的平台，积极向品牌社会组织学习，增强社会资源的动员能力，提高社会服务的专业水平，在社会服务市场上形成自己的独特优势。公益创投的做法来源于商业领域。公益创投应该积极打通和企业之间的联系渠道，通过冠名权、企

业社会责任、战略合作等方式吸引有社会责任感的企业通过直接或者间接的方式参与公益创投的资助活动。

（二）公益创投要落到实处，坚持社区、社工、社会需求的"三社"导向

公益创投的政策调整既要尊重福利彩票公益金的规范性要求，也要考虑创投资金的实际使用效果。公益创投应该遵循实事求是的原则，强调解决实际社会问题，为居民群众提供实实在在的公共服务。公益创投要和政府职能转移的政治要求和政府购买社会服务的政策方向结合起来，促进本地区形成共建共治共享的社会治理格局。

公益创投要坚持社区、社工、社会需求的"三社"导向。社区是社会治理的基础单元，随着国家治理中心下移，社区成为政府向居民提供公共服务的最重要场域，社区层面的公共服务和治理创新是公益创投的主要资助对象。社会工作是提供社会服务和解决社会问题的专业手法，社会治理现代化意味着社会服务方面也需要让专业的人做专业的事，公益创投应当致力于促进社会工作专业技能的实践运用。公益创投是对社会需求的创新性回应。公益创投应当完善社会需求收集和调查机制，提高项目设计过程中的公众参与度。

（三）公益创投需回归本质，追求专业化、多元化、智慧化的"三化"水准

公益创投的本质就是"创"，即针对社会发展和社会治理中的问题创新解决方案，创育服务主体，创造公共价值，从而推动社会治理水平持续提升。公益创投开展时间较短的地区应侧重于建立规范，加大财政投入，吸引更多的社会力量参与公益创投。公益创投开展时间较长、操作流程比较规范的地区应该侧重于回归公益创投的本质，防止公益创投操作规则的形骸化。

公益创投需追求专业化、多元化、智慧化的"三化"水准。专业化是公益创投项目参与主体的专业化，是提升公共服务水平的保证，公益创投

项目应该鼓励社会工作、心理咨询、医疗看护、特殊教育、体育、文艺、法律等不同职业背景的人员参加，提升项目的服务水平。多元化是公益创投资金投入渠道的多元化。公益创投应该搭建企业、基金会、公众参与活动的平台，采取市场化和社会化的方式，让不同的出资方和项目的服务方进行对接。智慧化是公益创投项目管理方式的智慧化，即充分利用信息手段，建立公益创投项目库，收集和积累广域范围内公益创投的项目信息，提高公益创投项目绩效评价的科学性和客观性。

浙江省慈善行业组织创新改革

浙江慈善事业发展报告编写小组

摘　要　在过去二十多年里，浙江省慈善事业取得了巨大的发展。浙江省慈善行业组织在不同的发展阶段根据慈善事业发展的需要进行了组织创新，在经过慈善总会和慈善联合会两种行业组织形态之后，浙江省成立浙江省慈善联合总会，既具备慈善组织募捐善款资格、救助服务功能，又兼具行业组织功能。这是在充分考虑浙江省慈善行业管理和慈善事业发展现状的基础上，在《慈善法》的指导下进行的慈善行业组织创新，在全国慈善行业组织发展中具有一定的影响，对其他同类地区具有借鉴意义。

关键词　慈善行业组织　创新　慈善联合总会

一　引言

党的十九大报告明确指出，当前社会的主要矛盾是人民日益增长的美好生活需要和不平衡不充分的发展之间的矛盾，因此要求完善社会救助、社会福利、慈善事业、优抚安置等制度，这为当前慈善事业的发展指明了方向。改革开放以来，浙江省慈善事业发展迅速，在扶贫济困、助医助学、维护社会稳定、传播社会正能量、构建和谐社会方面发挥着重要作用。

浙江现代慈善事业起步于20世纪90年代，经过二十多年的探索，浙江已经成为全国慈善事业发展最快的地区之一。2002年以前，浙江省慈善捐赠累计为4.71亿元。从2003年开始，浙江省慈善捐赠进入快速增长时期。仅2003年一年的捐赠额就达到8.69亿元，增长率为184.5%。整个"十二五"期间，浙江省各类慈善组织募集善款超过220亿元人民币。腾讯公益的调查报告显示，浙江省累计捐款的总金额和总人次均排名全国第四。在慈善募捐不断增长的同时，慈善组织的发展也比较快。到2017年8月，全省共有慈善组织111家，其中认定为慈善组织的有91家，登记为慈善组织的有91家，有31家获得公开募捐资格，居全国第5位。2012年发布的第二届"中国城市公益慈善指数"中，浙江省有10个城市获得五星级以上慈善城市，占全国1/10。2014年，第三届"中国城市公益慈善指数"发布，浙江省有16个城市上榜，占比14.68%，其中宁波、绍兴、温州三市被评为七星级慈善城市。在2017年的"中国慈善进步指数"中，浙江的慈善进步指数排名第三。

浙江慈善事业的快速发展得益于经济高度发达背景下慈善文化的广泛传播，从而推动了大量企业家为慈善捐款。《胡润慈善榜》显示，2014年、2015年阿里巴巴集团董事局主席马云连续两年获得"中国首善"称号，2017年这一荣誉又被浙江籍企业家徐冠巨获得；此外，2014年浙江籍慈善家总共在慈善榜上占据了10个席位，占上榜总人数的1/10；2016年浙商与粤商在上榜捐赠人数上并列第一；2017年浙商捐赠所占的比例为24.9%，居全国第一；2018年浙商上榜捐赠人数排名第二。浙江慈善事业的快速发展的另一个原因是慈善领域的不断创新。随着互联网兴起，浙江慈善界积极推动互联网+慈善的发展。《慈善法》实施以来，有3.2亿淘宝买家参与了超48.1亿次的公益行动，募集了2.44亿元的公益善款，超5000万人次参与捐赠。此外，阿里巴巴公益、蚂蚁金服公益入选成为民政部遴选的首批13家慈善组织互联网公开募捐信息平台之一。

慈善会系统在浙江慈善组织中占据着重要的位置，每年的募集款项占到浙江省慈善募集资金的一半以上，因此本文以浙江省慈善会系统为例研究浙江慈善行业组织创新的经验，探讨浙江慈善行业组织创新的路径和特点，寻求慈善行业组织创新的浙江模式。

二 浙江省慈善行业组织成长历程

1994年4月浙江省最早的慈善会——嘉兴市慈善总会成立。同年12月，省慈善总会成立，浙江省当代慈善事业的帷幕就此掀开，并走上快速发展的轨道。目前，浙江省慈善会系统已经建立起省、市、县、乡（街道）和村（社区）五级慈善组织。截至2017年底，全省各市、县（市、区）已经全部建立慈善总会，在乡镇（街道）、村（社区）建立慈善分会1118个，村（社区）工作站7380个，企业分会303个，义工分会162个，覆盖全省城乡的五级慈善工作网络基本形成。在过去的20多年里，浙江省慈善会系统的发展经历了四个阶段。

第一阶段是筹建阶段（1994~1999年），这是慈善事业的起步阶段。无论是从浙江省内还是从全国范围来看，慈善事业才刚刚开始，中华慈善总会也才刚刚成立，人们对慈善事业的认识还受到"左"倾思想的影响。因此这一阶段浙江慈善会系统一方面加强对慈善文化和理念的宣传，另一方面组织各种慈善活动和慈善项目，通过实际行动扩大慈善会系统的影响，为"慈善"正名。如通过冰灯冰雕展、家用电器义卖、字画作品义捐、公开征集会徽、组织赈灾文艺晚会等活动，并联合媒体对这些活动进行广泛宣传报道，让更多的人了解慈善。同时还启动"爱心助孤工程""赈灾助老献爱心""援助特困生特别心动""爱心献功臣"等慈善援助活动，对特困人群雪中送炭，通过实际行动展现中华民族积德行善、救困扶危的传统美德。尤其是在自然灾害发生时浙江慈善会系统的作用更是明显，1997年浙江慈善会协助台湾济慈会向遭受11号强台风的灾民发放价值2300万元救急物资；同年还积极参与"三江"抗灾赈灾，募集款物共500万元。到1999年底，全省23个市、县（区）建立慈善会组织，浙江慈善事业的影响逐步建立。

第二阶段是创业阶段（2000~2005年），这是慈善事业高速发展的阶段。随着慈善文化宣传的不断深入以及慈善事业的影响不断扩大，人们逐步从思想上接受"慈善"向行动上参与"慈善"转变。这一阶段以"企业留本冠名基金"为标志的劝募工作取得突破性成效，连续5年捐款增长率保持在30%以上；一些品牌性的慈善活动如"中信慈善卡""慈善年夜饭""新年音乐会"等深入人心；同时在一些重大灾害面前慈善会系统继续发挥着重要作用，在援助"云娜""麦莎"台风和印度洋海啸灾民、在抗击非典过程中浙江慈善会系统募集款物、救急救难。到2005年底，浙江省、市、县（市、区）三级慈善会系统除少数地区外基本全部建立起来。至此，一个拥有现代慈善募集理念和技术、具备品牌慈善项目运营能力、具有完整的三级慈善组织架构的慈善会系统在浙江省建立起来。

第三个阶段是开拓创新阶段（2006~2016年），这是浙江慈善会系统逐步成熟阶段。一是慈善会系统内部管理日趋完善，如绍兴慈善总会采取救助方式项目化、项目管理标准化、管理信息透明化、财务管理规范化，采取救助对象标准化、救助标准标准化、救助程序标准化、救助材料标准化，逐步推广资金募集和使用分离。二是将慈善会系统的工作向基层推进，2011年10月，省慈善总会和省农村信用社联合社共同发起成立"浙江农信慈善基金"，基金规模1亿元。在此基金基础上，浙江省开展"万村慈善帮扶基金工程"。三是慈善会系统的工作不仅重视扶贫济困、助医助学等传统慈善工作，并在全省逐步推广"慈善造血型扶贫基地"，通过省、市、区慈善总会共同出资建立扶贫基地，帮助贫困群众自助自强。四是慈善会系统推动慈善工作由精英慈善向大众慈善转型。一方面浙江慈善会系统继续推动"企业留本冠名基金"，另一方面也积极推动"小额冠名基金"，让普通市民也能够参与慈善捐赠。并且，慈善会系统通过运用互联网技术，让越来越多的公众能够积极捐赠，为慈善事业的发展做出贡献。

第四个阶段是稳定发展阶段（2017年至今），浙江省慈善会系统进入一个新的时期。在这个阶段，浙江省慈善总会同浙江省慈善联合会合并，成立浙江省慈善联合总会，该组织不仅是一个负责资金筹措和项目运行的机构，还是一个专门的行业联合类组织。2018年11月30日浙江省人大常委会通过《浙江省实施〈中华人民共和国慈善法〉办法》（以下简称《实施办法》），这标志着浙江省慈善事业进入一个新时期，《实施办法》第六条明确赋予浙江省慈善联合总会建立健全行业规范、加强行业自律、推动行业交流、反映行业诉求、维护行业权益、提高慈善行业公信力、促进慈善事业发展等职能。

浙江省慈善会系统在过去20多年里不断创新慈善募捐方法，募捐金额增长迅速（见图1）。2002年前，全省慈善募捐额累计4.71亿元，到2017年，全省慈善募捐额累计达到275.25亿元，增长了57.4倍，年均增长31.15%。从增长率来看，2003年的捐赠累计增长率最高，达到185.5%，这是因为2003年浙江省慈善会系统组织发展最快的一年，因此慈善募捐额也进入一个小高潮。此外，2008年慈善捐赠额的增长也比较快，达到65.93%，增长率仅次于2003年。南方冰灾和汶川地震都在这一年发生，这直接导致慈善捐赠的井喷，这一年也被称为"中国民间公益元年"。浙江慈善会系统在5·12汶川地震中共募集资金达到20亿元，占全省募集资金的50.7%。此后，浙江省慈善会系统募集资金进入平稳增长期，进入2010年后，每年慈善募捐金额都在20亿元以上。从各地级市慈善会系统历年募集资金排名来看，宁波、杭州、温州、台州、绍兴等市名列前茅。仅从2015年看，温州慈善会系统募集资金最多，达到6.89亿元；其次是宁波，达到4.55亿元；绍兴名列第三，为2.61亿元；台州和杭州分列四五位，分别为2.47亿元和2.46亿元。

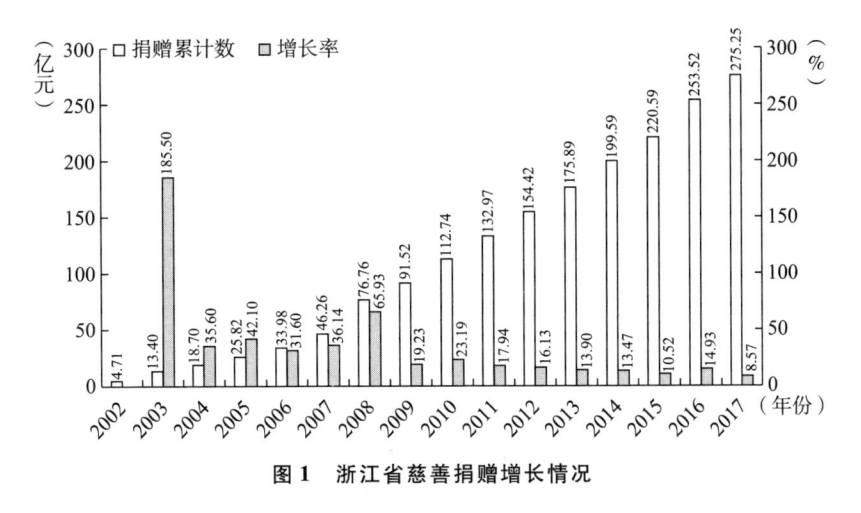

图1 浙江省慈善捐赠增长情况

三 浙江省慈善行业的组织创新模式

浙江省慈善行业系统从组织的角度来看，在过去20多年的时间里，在省级层面，其发展创新可以归纳为三个不同的模式依次展开。最初的组织模式是融合型，即成立浙江省慈善总会，浙江省慈善总会既是一个提供慈善救助的组织，同时也是一个行业组织，是将慈善救助和慈善行业发展融合在一起。然后是分立型，即成立浙江省慈善总会和浙江省慈善联合会，将慈善救助和慈善行业发展的功能分别赋予两个分立的机构。最后是专业融合型，即成立浙江省慈善联合总会，由一个组织同时承担慈善救助和行业发展两大功能，但这两大功能分别有不同的专业部门承担。这三种模式分别是顺应不同时期慈善事业发展的需求，对慈善事业的发展起到重要的推动作用。

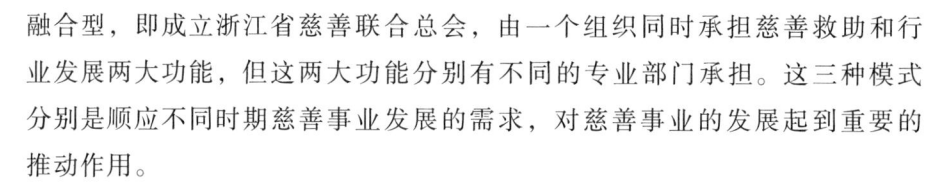

1. 浙江省慈善行业组织创新的融合型模式

从1994年到2016年，浙江省慈善总会既承担筹款和提供慈善服务，同时也进行行业管理，也就是说浙江省慈善总会同时承担着行业协会的职能，是一个融合型的组织，这可以从浙江省慈善总会的章程、会员结构和运行实践中看到。

第一，浙江省慈善总会章程呈现融合的状态。以第三届浙江省慈善总会的章程为例，我们发现，其业务范围共有八条，分别为筹募善款、赈灾救助、扶贫救助、公益援助、志愿服务、宣传与培训、合作与交流、指导与激励。这八条之中，可以清晰地看到，筹募善款、赈灾救助、扶贫救助、公益援助、志愿服务等内容为慈善会作为一个慈善机构的应有业务范围，而宣传与培训、合作与交流以及指导与激励等属于行业组织的业务范畴。早期国内成立慈善会，尤其是省级慈善总会，基本上都扮演着行业协会的角色，它是政府发展慈善事业、推广慈善文化的抓手，浙江省慈善总会也不例外，因此在章程中体现。

第二，浙江省慈善总会会员也呈现融合的状态。以第三届浙江省慈善总会会员为例，其中团体会员为浙江省各市县慈善总会和少量基金会和慈善服务组织，此外还有一些爱心企业、传媒和政府人员，会员中最多的是各级慈善组织。这即体现浙江省慈善总会作为社团的特点，同时也有为慈善组织提供资金帮助、提供运营管理的企业和社会各界人士。通过会员单位和个人可以看出，他们既有基于行业管理和发展而加入浙江省慈善总会的，也有基于仅仅是帮助浙江省慈善总会筹集资金和项目运作和法人治理而加入进来的。

第三，浙江省慈善总会过去二十多年的实践也呈现融合的状态。一是关于筹资和慈善服务供给实践。就筹款来看，如2001年万向集团同省慈善总会合作设立"省慈善总会万向慈善基金"，这是全国首个留本冠名基金。2004年全省留本冠名基金总额为5.53亿元，到2013年达到105.83亿元，年均增长38.8%。就慈善服务来说，浙江省慈善总会先后实施了"爱心助孤工程""光明行动""万向慈善基金——四个一万工程""爱心彩电·欢乐奥运""彩虹行动""福彩儿童大病救助""爱心列车""阳光课堂""兴业影像书库"等品牌项目；同时从2012年起浙江省慈善总会与省农村信用社联合社合作在全省实施了慈善"造血型"扶贫基地项目，对全省11个地级市的18个农业生产基地投入和扶持。二是关于推动行业发展的服务项目。浙江省慈善总会先后举办了"宣传工作培训班""项目管理培训班""中青年管理人员培训班""财务工作培训班""义工骨干培训班""基层慈善工作培训班"等25期；同时从1998年开始，浙江省慈善总会慈善工作座谈交流会，召集浙江省内各地市慈善总会以及其他慈善组织和相关热心慈善的企业等组织的代表交流慈善事业发展经验，形成共识，到目前为止共举办9次，许多重要的慈善项目都是通过慈善工作座谈交流会在全省得到推广。

2. 浙江省慈善行业组织创新的分立型模式

在民政部推动成立中国慈善联合会以后，浙江省民政厅一直在考虑是否应该向民政部学习成立浙江省慈善联合会。在2016年3月《慈善法》颁布后，浙江省于该年10月成立浙江省慈善联合会，这是《慈善法》颁布实施以来全国成立最早的省级慈善行业组织，至此，浙江省出现浙江省慈善总会和浙江省慈善联合会两家由省民政厅主导推动成立并作为主管单位的慈善组织，一个主要负责慈善募捐和慈善服务提供，一个负责浙江省慈善行业发展。

正如浙江省慈善联合会会长所言，首先，联合慈善力量。联合是慈联会的基本属性，要把全社会慈善的元素，慈善的行为，慈善的组织联合汇聚起来，形成一个强大的慈善力量和浓厚的慈善氛围。其次，服务慈善组织。服务是慈联会的根本宗旨，要及时了解、反映慈善组织的诉求，保障慈善组织、慈善个体的合法权益。加强慈善业务培训，推动慈善国际交流，提升慈善业整体水平。最后，规范慈善行业。通过依法治善、依法行善，加强慈善行业自律。通过对慈善法治的宣传和具体政策的制定，进一步规范慈善行为。同心同德、共建共享，把浙江的慈善事业发展推向一个新的高度，为高水平全面建成小康社会做出更大的贡献。这些也体现在其章程、组织成员和具体活动之中。

作为一个专门的慈善行业组织，浙江省慈善联合会的业务范围就是推动慈善事业发展，具体体现在其业务范围之中。根据浙江省慈善联合会的章程，其业务主要包括弘扬慈善文化、参与政策制定、维护会员权益、推动跨界合作、开展评估表彰、开展专业培训、促进合作交流、推动行业自律、提供专业咨询和开展行业监督等。

其次从会员上来看，浙江省慈善联合会在成员上具有更为明显的"联合"色彩。浙江省慈善联合会会员单位中共有35家基金会、35家慈善总会、41家慈善服务型组织、27家爱心企业，另外还有包括政府代表在内的社会各界人士共54人。相比较浙江省慈善总会，浙江省慈善联合会会员单位中基金会和慈善服务型组织的数量更多，而浙江省慈善总会中慈善总会的数量更多，达到99个。浙江省慈善联合会希望将省级的基金会以及各市有影响的基金会、省、市和部分县区慈善总会以及慈善服务机构联合起来，推动慈善事业的发展。

最后从浙江省慈善联合会的具体活动项目来看，也是以专门推动行业发展为目标。从2016年到2017年浙江省慈善联合会举办的比较有影响且有代表性的活动有两个，一个是在2017年7月组织浙江省十大慈善事件评选活动，通过评选浙江省十大慈善事件来扩大慈善的影响力，推广慈善事业；二是在2017年9月，浙江省慈善联合会同中国慈善联合会、浙江敦和慈善基金会、新华网联袂举办"中国慈善文化论坛（2017）暨第四届西湖论善"活动，论坛以"接通善道——跨界·融合·创新"为主题，来自政府、文化、慈善、商业、媒体等各界贤达齐聚，共同为慈善文化发展把脉开方、贡献智慧，探讨如何推动慈善文化纵向发展与横向交流，为慈善事业良性健康发展献计献策。这两个活动都是立足于推动行业发展，具有明显的行业协会的功能特色。

3. 浙江省慈善行业组织创新的专业融合型模式

在浙江省慈善联合会成立一年多以后，2017年12月，浙江省成立慈善联合总会，他是由原浙江省慈善总会和浙江省慈善联合会改革重组而成。重组后的浙江省慈善联合总会既有浙江省织慈善组织募捐善款资格、救助服务功能，又兼具行业组织促进发展、监督自律职责。我们同样可以从浙江省慈善联合总会的章程、会员结构和活动内容上看到这种融合的特点。

从章程上来看，浙江省慈善联合总会将浙江省慈善总会和浙江省慈善联合会的章程融合起来，共计有十五条，具体包括参与政策制定、开展慈善募捐、参与赈灾救助、开展扶贫济困、开展志愿服务、弘扬慈善文化、维护会员权益、推动跨界合作、开展评估表彰、开展专业培训、促进合作交流、推动行业自律、提供专业咨询、开展行业监督以及承办政府部门、会员和其他机构委托办理的其他事项。基本上，浙江省慈善联合总会的业务范围既有慈善组织的筹款和慈善服务，同时也有行业发展与自律。

从会员结构上来看，浙江省慈善联合总会的会员共有396个，其中，基金会有66个，慈善总会有104个，慈善服务型组织87个，爱心企业32个，以及包括政府代表在内的社会各界人士共107人。相比较浙江省慈善联合会而言，浙江省慈善联合总会在基金会、慈善总会、慈善服务型组织的数量上有较大的增加，尤其是在慈善总会的数量上，近乎是前者的三倍。可以说，浙江省慈善联合总会主要慈善组织都囊括进来，具有更强的融合性。

从实际的业务活动来看，浙江省慈善联合总会一手抓筹款和慈善服务，一手抓行业发展和自律。从筹款和慈善服务上看，浙江省慈善联合总会在2018年上半年成立了该会第一家以传播慈善文化，宣传慈善理念，扩大慈善事业的社会影响，积极开展慈善募捐工作，壮大慈善资金规模，增强救助能力为主要职能的基金小镇分会；设立"恒逸慈善基金"和"精工慈善基金"；继续深入推进如福彩儿童大病救助、农信造血型扶贫基地、中天助教、中华慈善总会微笑列车、拜科奇Co-pay项目、中华慈善总会格列卫、安维汀、特罗凯药品援助项目等品牌建设。从行业发展和自律来看，浙江省慈善联合总会在2018年上半年开展首届浙江慈善爱心榜评选活动，制定《浙江省慈善联合总会专业委员会管理办法》，组织开展全省慈善行业新媒体运营培训班，继续稳步推进"慈善文化进校园"活动，并着手"浙江省慈善联合总会慈善文化研究院"。

当然，浙江省慈善联合总会的融合同之前的浙江省慈善总会的融合不同，它具有较为明显的专业特征，即其行业发展功能是由专业的组织机构和人员来实现。浙江省慈善联合总会先后设立专家咨询、行业发展、认证评估、资产管理、行业监督、侨商文化教育发展和助学七个专业委员会，专门负责承担慈善行业组织的功能。这七个专业委员会成员都是来自同慈善相关领域的理论型和实践型专家，或者具有一定影响力的公众人物。2018年3月，省慈善联合总会召开了专业委员会工作会议，各专业委员会都提出2018年的工作计划。如专家咨询委员会计划策划实施2018年的西湖论善、之江公益沙龙活动，组织研究、资助出版系列慈善法律、政策方面的专著、译著；行业发展委员会计划筛选省内相对贫困县域作为首批试点打造全新的精准帮扶示范基地模式，推动浙江省十大慈善达人、十佳慈善公益项目品牌、十大慈善事件、十佳慈善媒体等；认证评估委员会计划制定慈善组织品牌认证标准，探索培育慈善CEO培训师认定工作等。

4. 对三种慈善行业组织模式的分析

在过去二十多年里，浙江省慈善行业组织的发展经历融合型、分立型和专业融合型三个发展阶段，这都是同一定的历史条件相适应。

在浙江省慈善总会成立之时，从全省范围来看，慈善事业才刚刚起步。对于浙江省来说既需要立刻开展慈善募捐和慈善救助活动，扩大浙江省慈善总会的影响力，同时也需要积极推进慈善组织建设，壮大慈善组织队伍。而且作为一个新生的事物，浙江省慈善组织存在着几个方面的先天不足，一是合法性不足，这主要是中华人民共和国成立后慈善事业被认为是统治阶级欺骗和麻醉人民的装饰品，直到改革开放后慈善才被"正名"，但即便如此，慈善组织还是在大众中的认可程度并不高；二是组织能力不足，中华人民共和国成立后40多年里无论是政府还是民间基本没有多少人有管理运营慈善组织的经验，缺乏相应的人才，因而导致慈善组织的能力不足；三是慈善资金不足，这一方面是因为大多数公众相对来说还比较穷，同时也缺乏捐赠意识，另一方面也是因为慈善组织本属募集资金的能力也比较弱。正是这些不足让慈善总会在早期成长过程中需要政府部门予以大力支持。作为浙江省慈善总会的业务主管部门，浙江省民政厅通过人事嵌入、财政嵌入和业务嵌入的方式对浙江省慈善总会给予极大的支持。同时，浙江省慈善总会也凭借着民政部门的行政组织体系完成了对市、县慈善会系统的统辖。从1994年浙江省慈善总会创立开始，浙江省着力构建省、市、县（市、区）三级慈善组织体系。随着慈善事业的进一步发展，2000年后，浙江省将慈善会组织体系向乡镇（街道）、村（社区）开始推进。根据浙江省出台的《关于加快推进慈善事业发展的实施意见》，到2020年，不仅是县（市、区），乡镇（街道）和村（社区）也要实现慈善组织全覆盖。在横向上，浙江省推动慈善组织在企业和政府有关职能部门内成立慈善分会，如成立温州瓯海区慈善总会伟明分会这样的企业分会，成立绍兴市慈善总会公安分会等。而在这一时期，慈善组织主要就是慈善会系统，推动慈善行业发展就是推动慈善会系统的发展，因此浙江省慈善总会系统依托民政部门这一行政系统，一方面大力发展自身业务能力，同时也极力地在全省范围内协调慈善会组织网络的行为，实现功能的融合。

但是进入21世纪之后，浙江省慈善事业的发展进入新的阶段。一方面慈善收支的规模不断扩大，从图1可以看到，2003年浙江省的慈善捐赠收入为13.4亿元，是2002年慈善捐赠收入的2.8倍，而2017年的捐赠收入则是2002年的58.4倍。而另一方面慈善组织的类型越来越多样化，数量也不断增加，各类基金会、慈善服务型组织不断涌现。阿里巴巴基金会以当下棘手的环境保护为主公益方向，在全国具有较大的影响力；敦和基金会作为全国为数不多的资助型基金会，在国学传承、慈善文化、公益支持等领域有较大的作为。此外，浙江省的互联网慈善在全国影响也较大，阿里巴巴公益、蚂蚁金服公益在互联网慈善中的地位自不必说，"乐善365"网络公益捐助平台、宁波慈善网、绍兴慈善网及手机端平台都成为慈善网络捐赠的平台。浙江省慈善事业发展的新形势对融合型的慈善总会构成挑战，这让浙江省民政部门不得不考虑成立推动慈善行业发展、规范行业行为的独立的行业性组织。我们可以从公共政策制定的多源流理论分析浙江省成立分立型慈善行业组织的政策过程。首先，进入21世纪后，慈善事业发展迅猛，各种各样的慈善组织不断涌现，新的慈善运作方式和方法不断出现，需要对这些组织和行为进行引导和规范；而原来承担这一职能的浙江省慈善总会主要还是作为慈善会系统的行业管理者，现在大量的慈善组织都不是浙江省慈善总会的会员单位，对他们的影响力大大受限，也就是说存在着越来越大的对慈善行业进行规范、引导、监督和推动的需求，但是作为行业管理者的浙江省慈善总会却无法满足这一需求，这就构成问题流。其次，随着2007年第一家善慈行业组织——首慈联成立、2011年宁夏慈善公益组织联合会成立，尤其是2013年中慈联成立以来，各地纷纷成立相应的慈善行业组织。浙江省是否应该向民政部学习成立一个分立的慈善联合会，这成为浙江省民政厅主要领导在2013年后一直思考的问题,这构成政治流。最后,在如何设立一个慈善行业组织以及设立一个怎样的慈善行业组织,不同的地区采取了不同的方式,无论是这一慈善行业组织的主管部门还是慈善行业组织的组织形式都呈现很大的不一样,有人认为应该在民政部门的主管下成立一个独立的慈善联合会,也有人认为慈善会下成立慈善联合会,也有人认为在政府设立一个慈善委员会,在这个机构主管下成立慈善联合会,但大多数还是认为在民政部门的主管下成立一个独立的慈善联合会,这些构成政策流。2016年《慈善法》颁布,《慈善法》明确要求,应当建立健全行业规范,加强行业自律。可以说《慈善法》的颁布开启了政策之窗,浙江省民政厅借此机会于2016年10月成立独立的行业型社会组织——浙江省慈善联合会。

浙江省慈善联合会成立之后,在一年多的时间里致力于推动慈善行业发展,也策划组织了一些有影响力的活动,但很快就面临新的问题。根据帕森斯的结构功能主义,任何社会系统为了保证自身的维持和发展,必须具备适应、目标达成、整合和潜在模式维系功能。适应是从环境中获得所需资源并在系统中分配,这是由经济系统来完成;目标达成是制定系统的目标并调动资源引导社会去实现,这是由政治系统完成;整合功能就是让各系统协调为一个整体,这是由社会共同体系统实现;潜在模式维系功能是指维持社会共同价值观并保持制度化,这是由文化模式系统完成。浙江省慈善联合会首先面临的就是适应问题,即它面临的是如何筹集资金来维持其生存的问题。由于浙江省慈善联合会不具备公募资格,在获得创会的初始资金之后,要想继续获得资金支持相对来说比较困难,仅仅靠会员费显然不容易支持其良好运行,企业的慈善资金更多是直接捐赠给救助对象或者救助项目。其次是目标达成的问题,即浙江省慈善联合会面临整合资源实现其目标的问题,即其政治合法性的来源面临问题。浙江省慈善联合会政治合法性的获得有两个来源,一个是自下而上的来源,另一个是自上而下的来源。自下而上的来源是指他必须获得来自会员单位的认可,自上而下的来源是指他必须获得来自政府部门对于其行业管理活动的认可和支持。就自下而上的来源来说,浙江省慈善联合会作为一个刚刚成立的社会组织,其在浙江省慈善领域的影响力远不及浙江省慈善总会,甚至也不如一些知名的基金会以及其他一些省内慈善组织，因此要想得到会员以及其他慈善组织的认可还存在问题，这也影响到行业管理这一目标的实现。从自上而下的来源来看，浙江省慈善联合会从成立到项目的策划运营都得到省民政厅的认可和支持，但得到省民政厅认可和支持的不仅仅是浙江省慈善联合会，浙江省慈善总会的行业管理的功能也长期得到省民政厅的支持，这也稀释了浙江省慈善联合总会的权威性。再次是整合功能的问题，即慈善行业共同体的构建问题。浙江省慈善联合会成立时间比较短，除慈善会系统自成体系外，其他慈善组织都是相对比较松散，想要形成慈善组织的共同体还有比较大的困难。最后是潜在模式维系功能问题，即形成一个同意的慈善组织的内部文化价值体系还存在一定的问题。无论是从浙江省还是全国来看，慈善组织总体可以分为三大类，一类是具有官方背景的慈善组织；一类是由大企业所资助的精英型慈善组织，还有一类是草根型慈善组织。这三类慈善组织在宗旨、资金筹措、项目运营、价值偏好等方面不尽相同，组织内部的文化也不尽相同，因此想要维系由不同慈善组织所构建的联合会也是比较困难。

因此 2017 年 12 月，浙江省民政厅将浙江省慈善总会同浙江省慈善联合会合并，成立浙江省慈善联合总会，将组织自身发展同行业发展和自律融合起来。相比较之前的分立模式，新的慈善行业组织具有比较明显的优势。一是资源优势。也就是说浙江省慈善联合总会具有较强的筹资能力，因此它并不存在着明显的生存压力，并且有足够的资金支持从事行业发展和管理工作。二是组织优势。浙江省慈善总会在过去二十多年里已经建立其省、市、县、乡镇到村的五级慈善会组织体系，并且这一组织体系同民政系统相伴相生，能够在慈善会组织体系内部形成较好的合力；浙江省慈善联合总会的模式就是充分发挥这一组织体系的优势，以此为基础，同时将浙江省内的其他慈善组织吸纳到这一组织体系之中，这样在推动慈善事业发展过程中既有原有的组织体系为依托，同时又能引进新的力量，共同推动慈善事业的发展。事实上，在浙江省慈善联合会推动行业发展的过程中，也是得到浙江省慈善总会的大力支持来完成，如浙江省十大慈善事件评选活动既是如此。三是经验或者能力优势。浙江省慈善总会在过去二十多年里无论是在资金筹措、慈善服务项目运作还是推动行业发展等方面都有过比较多的成功经验，以浙江省慈善总会为依托成立的浙江省慈善联合总会能够充分利用这些成功的经验。现有的这种模式一是可以避免行业发展过程中专业化不足的问题。因为在慈善行业组织内部根据浙江省慈善事业发展的需求设立不同的专业委员会，这些专业委员会的成员都是由具有理论和实践两方面的专家担任，他们可以有针对性地提出行业发展的计划，采取相应的措施有效地推动慈善事业的发展。二是可以避免资源重复配置和慈善资源浪费的现象。慈善行业的发展和监管是政府的职责，因此浙江省慈善总会和浙江省慈善联合会中都需要政府力量的支持，而且二者在组织成员中有相当一部分交叉重复，形成资源重复配置。浙江省慈善联合总会还可以借助原有浙江省慈善总会的资源推动行业发展，避免浪费。三是可以避免在推进慈善行业发展过程中行业政策的政令不统一问题。正是因为将同时具有行业发展功能的省慈善总会和省慈善联合会合并，能够有效避免政出多门的现象。

四 慈善行业组织创新的进一步讨论

随着中国慈善事业的发展，对于成立慈善行业性组织的需求增强。在中慈联成立前后，全国各地在省市层面都成立了不同规模的慈善行业性的组织，这些行业性组织的类型大概有以下几类。第一类是传统的模式，即由慈善总会承担行业组织的使命，如郑州，尽管没有成立慈联联合会性质的组织，但是郑州慈善总会还是部分承担了慈善行业发展的任务。第二类是成立独立的慈善联合会的模式，即该地区同时存在着慈善总会和慈善联合会，彼此在地位上平等，慈善总会只是慈善联合会的会员，但彼此在财务、人事和业务上互不干预，如深圳，既有深圳慈善总会，又有慈善联合会，彼此分离独立。第三类是在民政部门和慈善总会的推动下成立行业性的组织，该组织在很大程度上对慈善总会具有一定的依附关系。如广州，既有广州市慈善会，同时也有广州市公益慈善联合会，广州市公益慈善联合会成立以后，在具体事物和资金来源上很大程度地依赖广州市慈善会。第四类是在该地区成立慈善行业性的组织，该组织与同层级的慈善会关系密切，但不一定具有很强的依赖关系。如成都，2014年成立成都公益慈善联合会，当时成都公益慈善联合会的法人代表、理事长同时也是成都市慈善总会秘书长，彼此在人事上的交叉，互动密切。第五类就是将慈善会同慈善联合会融合在一起，既完全承担慈善会的相关筹款和慈善服务项目运作的功能，同时也完全承担行业管理的功能，如浙江省的慈善联合总会。

　　作为一个相对来说的新生事物，各地慈善行业性组织在发展过程中都遇到过各种各样的问题。作为政府推动成立的慈善行业性组织，必须思考自身的定位问题、自身与政府部门的关系问题、自身与同样是政府部分推动成立的慈善会的关系问题、自身与其他慈善组织的关系问题、自身的生存与发展问题等。要想找到这些的答案，可以从以下几个方面进行思考。第一，慈善行业性组织在推动慈善事业发展过程中必须同党和国家关于慈善事业发展的政策方针相一致。《慈善法》明确规定，县级以上地方各级人民政府民政部门主管本行政区域内的慈善工作，应当根据经济社会发展情况，制定促进慈善事业发展的政策和措施，为慈善活动提供指导和帮助，对慈善活动进行监督检查，对慈善行业组织进行指导。因此慈善行业组织是在民政部门的指导下工作，是落实本地区促进慈善事业发展政策和措施的组织部门，民政部门应该通过一定的组织体系或者组织运行机制将慈善行业性组织纳入促进本地区慈善事业发展的工作体系或工作机制之中，确保本地区的慈善行业性组织的发展策略和措施同政府保持一致，以及确保反映本地区慈善行业发展的需求纳入政府工作体系之中。

　　第二，慈善行业性组织在推动慈善事业发展过程中要充分考虑慈善行业管理的现状。改革开放以来，中国的慈善事业发展已经走过四十年，对慈善行业进行管理并不是最近才发生的事情。我们在促进慈善事业发展的过程中已经探索出一些管理体系和办法，甚至有些还是卓有成效，如借助民政系统推进慈善会组织系统的建立，并且依靠上级慈善会对下级慈善会进行能力提升，依靠慈善会对其他慈善组织进行输血和造血以此推动慈善组织的发展等。尽管在新的形势下一些传统的做法可能存在着一些问题，但是在新形势下的慈善行业组织创新就是要完全抛弃原来的组织体系和管理机制，原来的这些行业管理体系和管理机制就完全一无是处？这是一个值得思考的问题。事实上完全抛弃原有的这些管理体系和管理机制并不明智。在充分吸收原有行业管理体系和管理机制的情况下进行创新可能更为有效。

第三，慈善行业性组织在推动慈善事业发展过程中要充分考虑慈善行业发展的现状。也就是在建立慈善行业性组织和进行行业管理的过程中要充分考虑该地区的慈善事业发展现状，包括慈善捐赠的规模、慈善组织的数量和结构类型等。如果该地区的慈善捐赠主要是流向慈善会系统，或者说慈善会系统吸纳的慈善捐赠金额所占的比重比较大，以及该地区的慈善组织相当一部分来自慈善会系统，则慈善行业发展的重点应该是落在慈善会系统，因为在很大程度上来说，推动慈善会系统的发展就是推动慈善事业的发展。当然，如果其他类型的慈善组织不断发展壮大，影响力不断增强时，则需要同时将不同类型的慈善组织发展纳入慈善行业组织体系之中。没有理由在慈善会系统的影响力较大，资金规模、组织数量都比较大，而且有较强的慈善项目运营能力和丰富的经验情况下，而将其置于行业性组织的运行管理之外。

第四，慈善行业性组织在推动慈善事业发展过程中要充分考虑慈善行业性组织的能力状况。当然，慈善性行业发展同慈善项目运营管理是两个不同的概念，推动行业发展需要有专门的技术力量和专门的人才，因此慈善行业性组织必须要有足够的专业能力去推动慈善事业的发展，否则就无法实现组织功能，完成组织使命。

总之，慈善行业性组织的创新必须是在党和国家关于慈善事业发展的政策方针的指导下，在一定历史条件之和现有的基础之上来实现，因此不同的地区可能会有不同的行业组织形式，慈善事业发达和不发达地区不尽相同，采取一刀切的改革模式并不能有效地推动行业发展。浙江省在实践中根据本省的实际情况，充分考虑本省慈善组织发展的情况，结合本省慈善行业管理的具体情况，探索出一条属于自己的慈善行业创新路径，对其他同类地区具有借鉴意义。

浙商家族慈善的源流、现状与特点

浙江慈善事业发展报告编写小组

摘　要　在浙商慈善的发展历程中，家族慈善占据着举足轻重的地位。作为西方传入的概念，伴随着社会经济的发展，家族慈善在中国得到了快速的发展。本报告从浙商家族慈善的历史溯源开始着手，重点介绍了浙商家族慈善的现代化之路，并且通过文献资料、问卷调查及深度访谈等多种研究方法，对浙商家族慈善的现状、运行模式特征及其传承发展进行了全面描述，最后对政府在浙商家族慈善转型与发展过程中的重要引导作用，以及浙商家族慈善在新时代背景下在提升人民幸福感、获得感方面所做出的贡献进行了肯定并提出希望。

关键词　浙商家族慈善　现代化　传承

一　引言

在浙商慈善的发展历程中，家族慈善占据着举足轻重的地位。从中国慈善的发展进程来看，家族慈善是中国慈善事业的重要组成部分。几千年来的发展，包括宋代的"养老慈幼之政"，明清时期民间善堂善会的兴盛，中国传统慈善不断发展。而在清末西方思想文化涌进中国后，中国社会各方面包括慈善，也发生了极大改变。中国慈善事业开始从传统慈善向现代慈善不断转化，从扶贫扶弱到社会公益，从单纯散财到创富分配，从政府慈善到民间慈善，从道德慈善到法治慈善[1]。1994年成立的中华慈善总会，

---

[1] 潘如益：《慈善现代转型中的中国家族基金会发展——论家族基金会的角色、瓶颈与对策》，《现代商业》2016年第24期，第166~168页。

被认为是中国现代慈善事业复兴的起点[①]。可以说，现代慈善是一种区别于传统慈善的、符合现代开放性社会特点的慈善模式，这些变化也构成了现代慈善事业的重要内涵与特征。因此，中国慈善的转型为家族慈善基金会的发展提供了机会。而家族基金会，既是中国慈善现代转型中的重要组成部分，也是其转型的推动力量。

家族基金会，是一个海外舶来的新概念，主要起源于西方。一般来说，家族基金属于家族信托，一般属于商业性的机构，而家族基金会则是一个慈善组织，属于非营利性的机构。根据西方的家族基金会的定义，家族基金会的资金来源，主要来源于某个家族或家族中的部分成员的商业财富的捐赠，而在管理上，家族基金会必须由至少一名家族成员无偿担任基金会的理事、财产受托人等重要监管职位，随着基金会规模的扩大，大型的家族基金会中的董事会也由家族成员构成以实行监督。

在国外，家族基金会已经经历了一段几百年的发展历程，尤其欧美等发达国家，家族慈善基金会在整个慈善事业中发挥着不可替代的作用。在欧洲文艺复兴时期，美第奇家族、富格尔家族、罗斯柴尔德家族等大财团家族开始通过建造福利院等方式开展慈善活动，此为家族基金会的源头。而在19世纪末20世纪初，现代意义的家族基金会才正式在美国诞生，其代表为1913年洛克菲勒家族成立的洛克菲勒基金会以及1936年由美国"汽车大王"亨利福特之子埃兹尔福特在1936年捐资设立的福特基金会，至二十世纪四十年代末，共有479家家族基金会在美国成立。在二战后，国家通过税制改革，出台对基金会限制条款，加上越战和经济危机的影响，美国家族基金会缓慢发展。而在二十世纪八十年代，随着里根政府的经济自由政策、信息技术的迅猛发展，家族基金会进入发展的黄金时代，仅1990年至1999年，新增家族基金会达13345家。这些基金会的业务范围广泛，涉及教育、医疗、社会服务、文化、人权、环保、宗教等领域，尤以教育与医疗为重。一般来说，小规模家族基金会一般由家族成员管理，而在家族基金会发展到一定阶段后，聘用专业人员组成理事会进行管理，对于一些没

[①] 周秋光、曾桂林：《中国慈善思想渊源探析》，《湖南师范大学社会科学学报》2007年第36期，第135~139页。

有经验和经历的家族基金会来说，更多交由金融机构或慈善管理公司代为管理。此外，家族基金会大多通过资助具体项目，而非直接资助个体的方式开展，也有少数基金会如洛克菲勒基金会，通过资助和项目运作的方式进行运作。

  而在中国的传统文化语境当中，家族慈善基金基于血缘、亲缘等传统伦理关系纽带，凝结了创始人对家族未来发展、家族成员凝聚力和传承家族精神的愿望，往往被视为家族财富传承与家族累世行善、长盛不衰相结合的表征，因而兼具了传统慈善以及现代慈善的特征。虽然目前大多数慈善家族基金会仍以第一代企业家为主要核心，但可以预见的是，随着第二代企业家逐步继承父辈的事业，中国的企业家慈善也将转化为家族慈善，并以家族慈善基金的形式保存下来，从而完成家族慈善观念的延续以及社会化转型。因此，需要从广义上对中国的家族慈善基金进行定义，即在原有西方家族慈善定义的基础上，加上家族慈善精神的代际传承与社会传播的界定标准。在中国，家族基金会的开端、发展，与社会背景的变迁息息相关。在近现代以来，有名望的商业大家族由于获得一定的资本积累，从而为家族基金会奠定基础。而在中华人民共和国成立后，实行公有制，企业国有化后，民间资本被转化为国家财政，企业的慈善行为由于没有实质可支配的资金，最终夭折。直至在改革开放后，在经济市场化程度不断加深的背景下，大量创业者通过商业模式获得了资本积累，民间的财富力量才由此不断提升，成为家族基金会成立和运作必要的物质基础。从这一意义来说，中国家族基金会大部分是由改革开放第一代创业者在晚年时期建立的，在企业成功上市后，部分创立者通过股权捐赠和建立公益信托等形式设立家族基金会。根据《慈善蓝皮书：中国慈善发展报告（2017）》的数据，截至2016年12月31日，全国共有非公募基金会为3980家，占全国基金会总数的72%，但家族基金会作为非公募基金会中的一类，占比不足5%。因此，从数量占比上看，跟欧美发达国家相比，中国的家族慈善才处于刚起步阶段。

  一般而言，家族基金会背后都需要有强大的商业家族作为其重要支撑和创立资金来源。因此，在家族慈善基金的创建上，以经商著称的浙商有着得天独厚的优势。自秦汉以来，浙江宁波、绍兴等地商人活动就越来越普遍，从国内贸易到海外贸易皆发展兴盛，重商精神可谓浙江鲜明的特色。因此，可以说，中国家族基金会中，由浙商发起的家族基金会是其重要组成部分，并深刻影响着中国现代慈善事业的发展。在胡润研究院发布《2018胡润慈善榜》中，共有14位浙江籍的企业家上榜，为该慈善榜有统计以来最高，居中国大陆的第二位。根据《2015年浙商发展报告》中的数据，浙商的慈善事业涉及领域广泛，从科学文化体育、教育、到扶贫、救灾、助残以及公共设施、产业帮扶等领域，在各领域每年投入超过100万元的企业数量平均约为15家。由此可见，浙商为主体的慈善力量是强大的。

进而值得关注的是，以家族基金会为形式开展慈善活动的浙商越来越多。目前，从公开资料来看，浙江省已有多个著名的家族慈善机构成立，既有名列"中国十大家族基金会"的大型家族基金会，如王振涛慈善基金会和马云公益基金会，也有小额家族慈善基金，如夏氏家族教育基金、小港李氏家族"养正"慈善基金和"叶氏静观"慈善基金。对于家族基金会，其成员的素质水平高于普通大众，在解决浙江一些长远和难点问题上，更具国际视野和长远眼光，基金会更倾向于将资金投向环保、医疗科学等领域，选择具有撬动力量的教育、科学、环保等全球性议题，从而发挥慈善资本的杠杆作用；此外，家族基金会在慈善事业中更易产生模仿效应，具有比个人更强的社会影响力与带动力，如马云作为互联网企业巨头率先以大额资金创办基金会，而后吸引马化腾等企业家的慈善投资，尤其在互联网行业掀起慈善潮；而小额家族基金会则多形成规范效应，具有的教化、纽带和传承功能，如专注于爱心助学的"叶氏静观"慈善基金，其创立者叶老生活俭朴，多年不添一件衣裳，数十年不换一件家具，但其"为善最乐"的人生信条营造更浓厚的慈善公益氛围。随着部分家族基金会的建立，浙江省不断完善各项法规政策，包括慈善税制优化，小额冠名慈善基金的管理，为慈善事业在更好的制度环境下运行。

二 浙商家族慈善的历史溯源和现代化之路

翻查史料，浙商家族慈善有着悠长的历史发展历程。浙商家族慈善经历了首先以血缘为纽带的族内慈善，并逐步规范化，成为具有稳定性和持续性的组织化慈善；后期是以业缘、地缘为纽带的社会化慈善，逐步走向现代化慈善模式。

（一）家族慈善的宗族化起源

中国古代的民间慈善渠道主要有两种：其一为以佛教为载体的宗教救助；其二是以宗族、梓里为载体的族内帮扶。后者主要以分散在各个家族中的祭田、族田、婚田、义庄、义田、义塾、贡士庄等为形式开展。自宋至清商品经济的不断发展，以及明清来农业赋税徭役不断加重致使民间出现大量百姓弃农从贾，因此，各种义庄义田的设置者逐渐从以乡绅地主为主，转而以商人地主为主。其中，浙商为最。浙江宗族组织发达，多以村庄为单位聚居，族内慈善活动也有较长的历史渊源。《建德县志》中记载着明朝浙商的救济措施，"刘原，字复初，号后峰……尝商于杭，积有巨赀，遂建大厦，置腴田，造宗祠，周贫乏，盖亦知本之君子也。"也有清朝时期浙西龙游纸商林巨伦在家乡墈头建宗祠和宗谱，此外，在《昌化县志》《松阳县志》中有也浙商通过各种方式资助族人的记载。

这种以血缘为纽带的家族慈善，以族内救助为主要方式，一方面体现了浙商对封建社会的政治适应，另一方面也是对传统心理和价值认同的文化继承。首先，封建王朝重视宗法观念，宗族团结利于社会稳定，因此自明清以来，国家皆对族内救济采取鼓励措施，浙商作为商人，其社会地位低微，通过族内救济方式融入封建社会，既是对族人的贡献，同时也维护了一定社会地位。其次，在以"差序格局"为特征的社会结构中，面对出于同心圆最核心位置的同族人，他们出于伦理和文化上的约束，皆需要对同族人承担一定的责任。最后，由此反映的慈善思想是主张摒弃亲疏，对族内人一视同仁地养老、慈幼、济贫的思想。这也成为浙商家族慈善观念的重要起源。

（二）家族慈善的规范化起步

浙商家族慈善的规范化，是从善堂与善会开始的。族内慈善在资助与受助对象上具有严格的身份限制，涉及人数少，每一次慈善活动一般为临时性善举，具有短暂性。而明末清初所诞生的善堂善会，是一种组织化、制度化的慈善组织。善会是个人自愿参加的、以实行善举为目的的自由结社,而善会办事机构的所在以及具体实施善举的设施则是善堂。善堂一般有会员与负责人,并根据一定的制度办事,这意味着善堂的维持需要耗费一定的物力、人力、财力。因此,善堂一开始仅分布在商业发达的地区,浙江省便成为集中地之一,如明末在宁波、绍兴等地出现的一命浮图会,明末清初杭州、绍兴等地出现的各种放生会,清代顺治年间在杭州成立的悲智社,道光年间成立的栖流所,同治年间的育婴堂等。

在善堂善会成立的前期,组织主要以官办为主,政府与官绅力量强大。直至十九世纪中叶,随着西方势力入侵、工业文明的冲击,政府深陷财政危机,此时近代工商业的兴起,浙商势力不断增强,而后成为善堂善会的核心力量。

浙商的善堂主要由两类群体创办,其一为浙江本土商人,主动承担为本地服务的责任,其二是外出浙商,心系桑梓,成为家乡善堂的主要资金来源。随着西方文明在国内的传播,现代慈善思想也在深刻影响着浙商慈善模式。其中最突出的特征是,从关注死者的安置到关注生者的生存,从注重个体救济到注重个体发展,即"教养兼顾"。此外,随着善堂的发展,在管理方式上逐渐呈现近代民主风格,并呈现独立性,即不再接受官方补贴,减少官方的束缚;在救济内容上也更加广泛,包括了抚辑流亡、施衣施药、施棺收尸、兴办义学、收养孤老残幼等;在救济对象上开始打破传统的畛域和宗族,不再仅为社区范围内的稳定和发展做服务,而是开始演变为公益事业的组成部分。

(三)家族慈善的组织化扩张

浙商家族慈善的组织化,是以地缘、业缘为纽带的群体利益整合为主要标志的。浙商在明中后期开始组建一个个以乡谊为纽带的地域性商人群体,成立的初衷便是为同乡商人服务。会馆和公所主要在助丧、襄学、施医、济贫等领域,同时也会参与当地的公益事业。据记载,明清时期浙商在京城所设的各类会馆公所有近40家[1],包括明代浙东药材商人创建的鄞

---

[1] 常润华:《试述浙江在北京的会馆》,《浙江学刊》2000年第2期,第149~152页。

县会馆，后在民国时期及修茸扩充成为"四明会馆"，还有明朝嘉靖年间创立的"浙慈会馆"，明万历年间兴建的天龙寺金华会馆和武林会馆。在上海逐渐建立起来的还有上海浙金公所（称积善堂）、上海宁波鱼商设立的同善会、上海宁波海味商设立的崇善堂、上海宁波洋货业设立的永济社等。会馆和公所开始涉及教育和医疗服务，无论是医院还是学校，一般都有一定的规模和完善的组织，并由一套完整的规章制度，由专业人员进行管理和运营，这些都标志着浙商慈善组织的不断规范化。

会馆和公所作为基于浓厚宗族文化传统而构建起的组织，具有强烈的家族慈善色彩，在建立初期具有一定程度的排他性。首先，在组织的目的上，由于中国传统文化中存在强烈的血缘、宗族观念和地域观念，浙商把客死他乡视为大忌，因此，会馆和公所在前期主要涉及对同乡死者的服务，为他们施棺、寄柩、设义冢和运柩回乡，这些服务从刚开始地收取少量成本费用，到逐渐受到广大浙商的捐赠而全程不收费会馆和公所是为了帮助客居异地的同乡，并维护同乡人的利益而设立的。其次，在服务对象上，会馆和公所刚开始仅对同乡群体服务逐步扩张到非本乡人开放。而随着会馆公所的在参与地方公共事务社会活动范围的半径在不断扩大。建于全国各地的会馆公所不仅对故乡的赈济是不遗余力的，同时对当地的社会稳定也承担一定责任。

实际上，会馆、公所是一定历史阶段的产物，是在中国农业社会传统在商品经济和城市生活中的印记。随着二十世纪初民族工商业的发展和兴学堂、留学的盛行，会馆和公所也难以提供相应的教育培训和其他服务。会馆公所在不同程度都朝着不同的方向演变，以同乡为主的组织逐渐被后期的同乡会所取代，而以同业为主的会馆公所则被同业公会取代。这种变化其实体现着慈善事业的近代化，同乡会和同业公会的管理制度更加民主，社会分工更加明确，一步步弱化商业服务功能而强化慈善服务功能，这些都有利于近代慈善事业的职业化和专业化。

（四）家族慈善的社会化延伸

浙商家族慈善的社会化，是以同业公会为主要标志。对于同业公会，从历史渊源来看，近代同业公会大多数是由旧公馆、公所改组而来的，可以说，同业公会继承与发扬了会馆、会所的同业慈善公益组织的角色，承载着家族慈善社会化延伸的功能。同业公会在一定程度上充当着企业和社会之间互动的媒介和平台，各企业以公会的名义投身公益事业，以提升企业的社会声誉和形象，具有一定的经济战略性目的。因此，同业公会更多是一个经济团体而非公益团体，更看重投入与产出，关注行业的发展，在慈善领域的作为具有一定的局限性。

与带有家族慈善性质的同业公会相比，商会破除了传统会馆、公所对成员在籍贯和行业的限制，成为各行各业商人的共同组织，这种组织使商人从分散独立的个体走向联合的、相对统一的整体，为家族慈善提供了另外一种运作模式的启示。虽然商会一般以"保护商业、开通商情"为宗旨，但组织也承担着一定的社会责任。全国最早的商会组织是上海商务总会，也是最具影响力的商会，而浙商在当中起着突出关键的作用。上海商会的慈善公益活动也成为近代浙商慈善事业的重要组成部分。在清宣统二年间，江淮地区发生特大水灾，上海商务总会借助国际力量救灾，并成立"华洋义赈会"专门研究灾情、筹集资金等。此外，在二十世纪二十年代中期，在上海发生的"五卅惨案"所引发的工人阶级罢工事件后，上海商务总会专门成立的"中华爱国募捐大会"以募款救济罢工工人，为维护工人阶级权益做出重要贡献。此外，上海总商会涉及的慈善事业远不止此，实际上已经超过了传统的帮困救助的内容，而延伸至维护社会秩序，支持科学、文化教育等社会事业中，包括上海总商会创办的办理医院、图书馆等。

（五）家族慈善的现代化推进

在现代化的进程中，浙商家族慈善在继承宗族传统的基础上，发展出新的载体——同乡会。同乡会的出现和新兴商群体的崛起密切相关，在十九世纪后期，一些从事五金百货、轮船航运、银行等新兴行业的新一代浙商出现，但当他们期望加入会馆和公所时，他们获得的权益实际上并不满意。会馆公所的组织体制偏保守，常务董事的任职采取世袭制，而常务董事会所代表的利益群体是旧绅商，实际上无法代表新一代浙商群体的利益。因此，新兴浙商渴望创办更具公益性和慈善性的民间组织。有记载最早于清宣统年间，宁波商人在上海创建"四明旅沪同乡会"，与传统会馆公所相同的是，同乡会的宗旨都是为同乡人谋福利。但是，同乡会是更趋于现代化的，除了体现在常务董事的任职上，还体现在：其一，会馆公所一般具有固定的办事地点，并有极具传统封建迷信色彩的神殿或庙堂作为设备，但同乡会则不讲究办事场所，场所一般为租赁；其二，虽然两类型组织的服务内容涉及广泛，但会馆公所只要以服务死者为先，注重殡葬事务的处理，而同乡会更以服务生者为先，注重教育与个体发展；其三，会馆公所的办公人员一般以浙商为成员主体和服务主体，并以男性主导，而同乡会则不限于浙商群体，并主张男性女性皆可入会；其四，同乡会一改过去会馆公所集权主义的领导和办事方式，主张用分权制，并实行分科办事，这极大提高了工作质量和效率；其五，除了组织总章程外，通县会还制定各种章程、规则、细则，如"议事会章程""董事会章程"等。

因此，会馆、公所在一定程度上带有传统封建色彩，在民国时期，该类组织逐渐被近代的同乡会所取代，这些同乡团体已具有现代精神，在同乡会中，浙商占据主导地位，其所举行的各类活动也大多有赖于浙商之力。同乡会的社会救济活动主要包括帮助职业介绍、遣返同乡、救济赈灾和医药卫生等。此外，同乡会慈善功能的一个重要特点是，通过各种渠道了解家乡的情况，积极参与家乡的各项救济、公益活动，以此促进家族原生地的稳定与发展。

三 浙商家族慈善的现状

浙江省各级民政部门核准登记的首家公益慈善组织为1981年成立的浙江省妇女儿童基金会，在2009年以前，公益慈善组织成立数量少于100家，且增速缓慢。自2009年后，公益慈善组织数量越来越多，2016年突破300家，至今组织数量已接近400家（见图1）。截至2018年8月，浙江省各级民政部门核准登记的慈善基金会总数为378家，其中，具有慈善认定的有312家，比例高达82.5%，而具有公募资格的基金会有31家[①]。

---

① 浙江省民政厅，2018年8月10日，http://www.zjmz.gov.cn/。

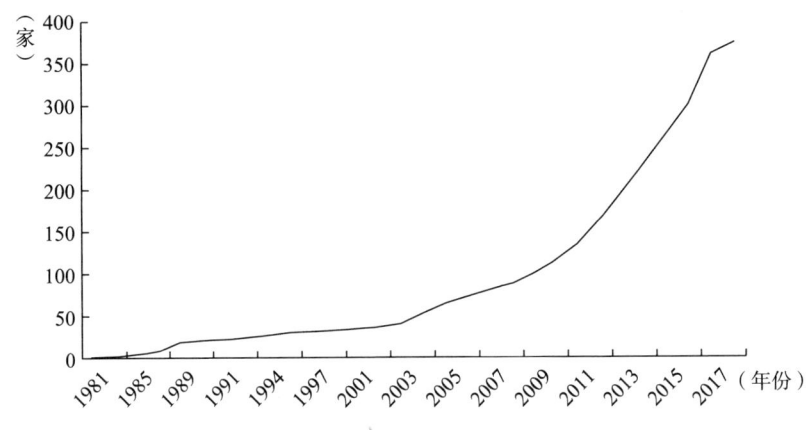

图1 公益慈善组织数量增长情况

本文根据"基金会中心网"的公开数据划分不同规模组织①。结果显示，大型基金会，即原始资金、净资产、捐赠收入和支出在所有登记慈善基金会中排名前25%的基金会，有61家，而中小型基金会为317家（见图2）。

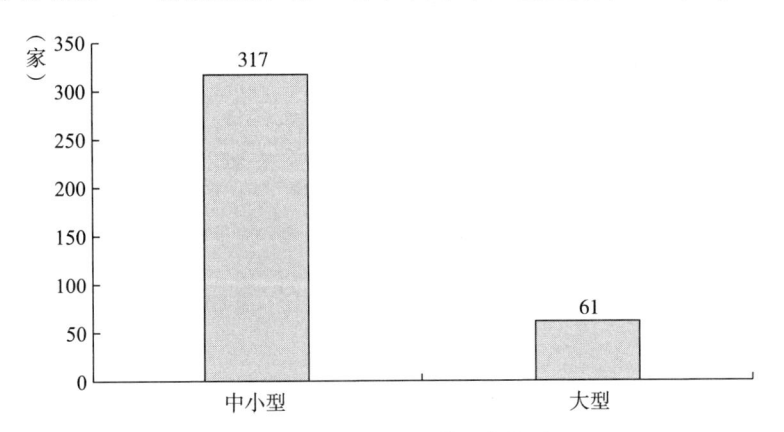

图2 中小型和大型基金会数量

此处，我们将侧重分析大型家族慈善组织的情况。参阅现有公开资料，并没有专门针对家族基金会的登记记录。因此，笔者根据前述家族慈善基金定义，以此作为标准，收集、分析61家大型基金会的公开资料后，认定属于家族慈善基金会的共有6家，分别为宁波太平洋慈善基金会、浙江传化

---

① 基金会中心网，2018年8月10日，http://data.foundationcenter.org.cn/foundation.html。

慈善基金会、浙江省杭州滨江阳光公益基金会、舟山市和润教育基金会、诸暨市赵伟平公益基金会和鲁冠球三农扶志基金会，非家族基金会有 55 家（见图 3）。

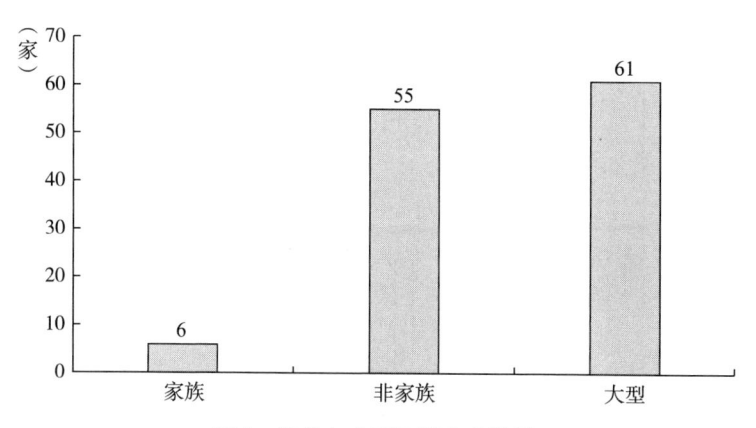

图 3　家族与非家族基金会数量

从资产情况来看，大型基金会的原始基金平均超过 2100 万元，净资产超 8000 万元，而捐赠收入和公益支出分别超过 4200 万元和 3400 万元，家族基金会和非家族基金会相比，资产相对较少（见图 4）。从基金会的业务范围来看，大型基金会涉及范围广泛，涉及比例由高到低分别为环境保护（98%）、救灾扶贫（79%）、医疗（43%）、教育（39%）、社区发展（16%）、文体（13%）和宗教（3%）等领域。与非家族基金会相比，家

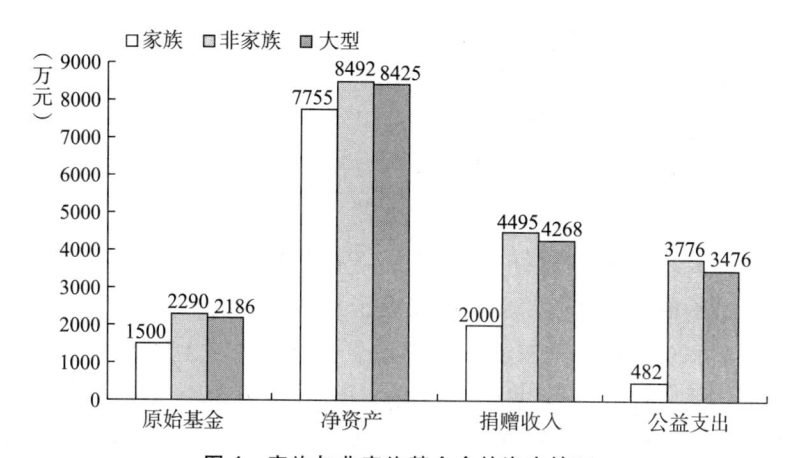

图 4　家族与非家族基金会的资产情况

族基金会更多关注教育（100%）、救灾扶贫（83%）和医疗（67%）领域（见图5）。

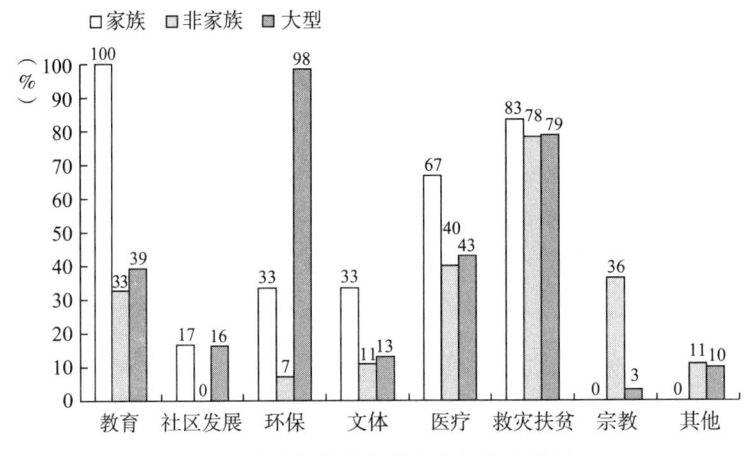

图5 家族与非家族基金会的业务范围

针对慈善公益组织管理者的慈善动机设计了利他主义观、战略观、企业声誉观、管理效用观和政治动机观五个维度的观念的问卷调查——慈善公益组织管理者慈善观调查，共发出250份问卷，回收56份，回收率22.4%。总体来说，慈善公益组织管理者慈善观中，利他主义观得分最高（84分），其次为战略全局观（77分）、企业社会责任观（58分）、参政议政观（55分）和效用均衡观（47分）。对于家族慈善组织，利他主义观念分数尤其突出，为89分，明显高于战略全局观念、企业社会责任观、参政议政观以及效用均衡观等其他观念（见图6）。

在调查中，在符合家族基金特征的组织受访者中，有28.6%曾任职于政府部门，有21.4%在创业过程中受到资助，有28.6%目前还在企业内工作，而只有9.3%的非家族基金会受访者目前仍在企业内工作。在募资方面，只有一家仍具有公募资格，而有46.5%的非家族基金会具有公募资格。从创立时间来看，家族基金会集中在近十年，超过九成家族基金会成立于2008年之后；从捐赠方式来看，家族基金会最主要以无偿提供公益服务为主，有85.7%家族基金会选用该方式进行，其次为实物捐赠（78.6%）和现金捐赠（71.4%），而非家族基金会更多使用实物捐赠（85.7%）的方式；从年平均捐赠次数来看，家族基金会相对较少，平均为50次，而非家

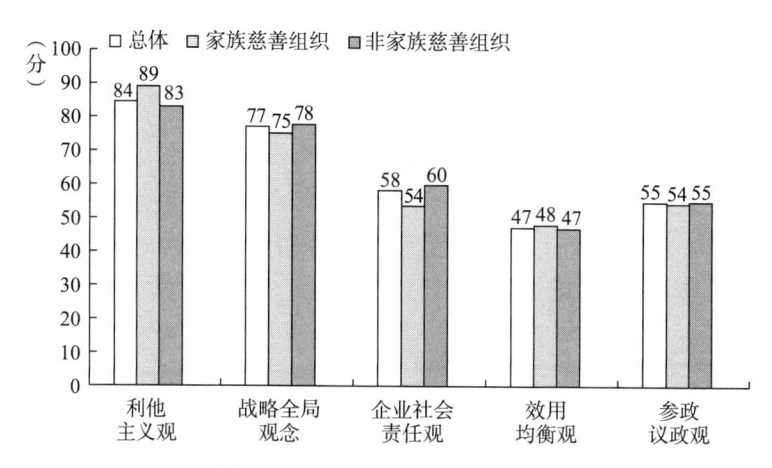

图 6 慈善公益组织管理者慈善观的对比情况

族基金会平均多达 300 次；从对受助方的了解程度来看，家族基金会表示非常了解和比较了解的占多数。

基于以上宏观与微观调研数据的描述可以发现，浙商家族慈善在总体上具有以下几个特点：第一，大型家族基金会的资金来源中，慈善捐赠的占比较少，说明家族慈善基金主要来自自身投入，较少接受外界捐赠。第二，家族慈善基金的投入相对集中，主要在环保、救灾、医疗和教育领域。第三，家族慈善基金的慈善观念层面，以利他性的观念为主，功利性的观念较弱。第四，家族慈善基金组织者的经历比较丰富，有接近一半的组织者曾经在政府或企业中任职，也有大约 1/5 曾经接受过资助。第五，从组织层面来看，家族慈善基金绝大多数为私募属性，以实践性的直接捐助模式为主，次数虽然不多，但对受众的了解程度较深，与受众之间的关系更为密切。

四 浙商家族慈善的运行模式

慈善基金会和公益信托是现代公益慈善事业的两种主要机制，也是家族基金考量其财富传承问题时采取的两种基本模式。对调研材料分析后发现，现代浙商家族慈善的组织模式也是沿用着这两种思路。因此，针对基于"慈善基金会"成立的家族基金，本报告选择马云公益基金会、传化慈善基金会两个典型案例,从基本情况与建立初衷、家族属性、日常运作架构以及主要项目及理念对这些案例进行解构,介绍基于"慈善基金会"模式成立的家族基金运行特征。其次,本研究基于对万向信托有限公司慈善信托负责人的深度访谈,了解家族信托慈善基金的几种主要模式,介绍慈善信托模式的运作概况。

(一)慈善基金会模式

1. 私人命名基金——马云公益基金会

(1)基本情况与建立初衷

浙江马云公益基金会于2014年12月在浙江省民政厅注册。基金会以"促进人与自然、人与社会和谐发展"为宗旨,以"让天更蓝、水更清、身体更健康、思想更阳光"为使命。

源于马云先生的教师经历与对教育的情怀,基金会在初期重点关注教育发展领域,尤其是致力于从乡村教师和乡村校长角度帮助提升我国乡村教育。实际上,马云先生在基金会成立之前一直热衷于公益慈善事业,他是大自然保护协会的执行主席,也参与壹基金的公益项目,涉及领域广泛。基金会成立后,马云希望通过教育发展、环境保护、医疗健康、公益人才培养与基础设施建设四个领域的工作,唤醒个人意识,承担责任并行动起来,共同创造明天,为下一代留下更美好的环境。

(2)家族属性

该基金会系由阿里巴巴集团董事局主席马云先生个人发起并捐赠成立的,是典型的家族基金会,主要资金来源是马云先生设立的公益信托,并由专门的投资团队负责基金项目,而这一团队并非隶属于基金会,而是马云先生的个人投资团队。每个基金会都有宗旨与理念,在马云公益基金会中尤为纯粹,加上基金会在社会、财力等资源都相对充分,因此在举办项目时,主要以活动社会效益为目标,个人情怀更易凸显。

基金会以马云先生个人名字命名,一方面有助于利用个人影响力吸纳更多社会资源,如通过马云先生个人出面,可有效集合社会各界顶尖人士的参与,如影视界的李连杰,主持界的汪涵等。另一方面,也为区别于阿里巴巴公益基金会,后者属企业基金会,理事会成员构成复杂,项目商议需协调多方意见,而马云基金会的理事会实际上只有马云夫妇,项目商议效率高,基金会直接向马云夫妇负责。

(3) 日常运作架构

在组织结构上,浙江马云公益基金会以理事会、专项委员会、监事以及秘书处作为核心部分,其中秘书处下分项目部、传播部、合作部、财务部和综合部。理事会成员除了负责大事项的策划、决定、审核等,同时根据成员之专长划分为不同的专项委员小组,以小组形式参与日常的活动。在规章制度上,基金会由完整的章程、项目管理制度和财务管理制度。教育作为基金会的核心服务领域,基金会内部的人员配置上,有80%~90%人力主要负责教育板块。

开启一个项目,首先在前期需调研,包括项目涉及、关键节点等,并评估后续工作。在前期基金会将项目外包于第三方,但由于项目设计要求细致周全,后期项目的检测和评估交由基金会内部同事跟进。

(4) 主要项目及理念

目前,基金会主要集中于教育慈善领域,包括校园建设、教师发展和学生成长三大板块。其中,基金会的品牌计划是乡村教育计划,主要项目有"马云乡村教师计划""马云乡村校长计划",正在实施以及初评中的项目有"马云乡村师范生计划""马云乡村寄宿制学校计划",[①] 从各个方面围绕其慈善观念,助力中国乡村教育水平的提升。

夯实教育基础——乡村教师计划

乡村教育是中国教育的重要组成部分,据统计中国义务教育阶段有数千万儿童在乡村学校就读。带给这些孩子知识、智慧和文明的是300多万乡村教师,他们是支撑乡村教育发展最关键的力量。

马云公益基金会相信,活跃的优秀教师是乡村教育未来发展的中流砥柱,他们有着从事乡村教育的热情和愿意奉献的职业认同感和幸福感;在教育教学上追求创新,能够运用教育智慧解决教育问题;热爱儿童,尊重儿童,带给乡村儿童以阳光和温暖。他们耕耘在乡村教育一线,传递着积极的正向影响力。

---

① 马云基金会,2018年8月10日,https://www.mayun.xin/#/home。

为树立乡村教师阳光活力的榜样典范，弘扬乡村教师无私奉献的高尚师德，2015年9月16日基金会发起"马云乡村教师计划"，每年一届寻找100位优秀乡村教师，给予每人总计10万元持续三年的现金资助与专业发展机会。

为了向更多的一线乡村教师提供机会，"2018马云乡村教师奖"将覆盖全国832个集中连片特困地区县和国家级扶贫县以及浙江省。基金会期望通过公开、透明的评选过程与媒体的广泛报道，寻找、激励并支持优秀乡村教师进一步发挥光与热，使乡村儿童享受更好的教育，同时加深社会对乡村教师的理解，带动更多的社会人士投身乡村教育、发展乡村教育，做到精准的教育扶贫，从而推动社会的公平公正。

护航教育体系——乡村校长计划

2016年7月，"马云公益基金会"启动第二个项目"乡村校长计划"，计划用10年时间投入2亿元寻找和支持中国的优秀乡村校长。具体操作为，每年在全国范围内评选出20位优秀的"乡村教育家"，给予每人持续3年总计50万元的支持。其中，10万元用于帮助改善个人生活；10万元用于领导力提升，包括参与国际游学及领导力课堂；30万元作为实践基金用于所在学校，帮助获奖校长开拓新乡村教育模式。

马云公益基金会相信，一个校长能深度影响一所学校，校长的教育情怀与教育思想决定学校的教育文化，校长的管理能力决定学校的教学成效，校长的领导力决定学校的氛围和活力。为助力教育脱贫，更加专业、高效推动乡村教育发展，自2018年起，马云乡村校长计划将集中在832个集中连片特困地区县、国家级扶贫县及浙江省开展。

储备教育人才——马云乡村师范生计划

"马云乡村师范生计划"于2017年12月11日正式对外发布启动。项目计划10年内至少投入3亿元，为乡村教育发现和注入新生力量，为中国培养未来教育家。项目旨在通过激励主动投身乡村教育的优秀师范毕业生，为他们提供持续5年、共计10万元的现金资助和专业发展机会，帮助他们在乡村一线实现个人价值，从而改善乡村教师队伍人才结构，带动乡村教育的发展。通过师范生在乡村的实践成长，树立标杆典范，重塑社会大众对乡村教师与乡村教育的认知，让优秀的乡村教师下得去、教得好、留得住。2018年首届"马云乡村师范生计划"聚焦浙江、湖南、四川、重庆、吉林五省市，招募150名优秀师范生。

提供教育保障——马云乡村寄宿制学校计划

马云乡村寄宿制学校计划，以"让乡村寄宿制学校的儿童健康生活、阳光成长"为目标，以"社会力量参与公益"为理念，通过"企业－基金会－教育系统"的三方合作模式，在不同地区的项目试点学校打造农村寄宿制学校生活空间样板，并开展快乐创新的课余活动、家庭式宿舍生活管理，同时探索建立教师培训管理激励体系。最终将设施设备、生活管理、教师培训、家校合作等方面积累的有效经验形成基本规范和模式经验，通过政策倡导、公众传播等手段进行推广和试点，更精准的助力教育脱贫与振兴乡村战略。

该项目背后的理念是，在全球化、城市化以及国家实施科教兴国战略、加快教育现代化的大背景下，办好乡村寄宿制学校不仅是为了解决当下农村中小学面临的具体问题，更是提升乡村教育质量，实现城乡一体化的长远发展方向。

总的而言，马云公益基金会着力目标是："让公益更简单！"基金会已在汇聚各方资源，帮助企业、非营利组织进行公益资源的创造性重组，并通过大数据分析，实现公益项目供需的快速对接和精准匹配，让做公益成本更低，效率更高，信息更透明。

2. 企业命名基金——传化慈善基金会

（1）基本情况与建立初衷

传化集团在2016年的30周年时，宣布由徐冠巨家族捐赠30亿的股权和现金，成立传化慈善基金会。让他人幸福，从而获得我们的幸福，是传化慈善基金会的初心，以"凝聚爱的力量、创造公益价值"为使命。在2017年5月18日，基金会在浙江省民政厅注册成功。在基金会看来，慈善事业需要更长远的规划和架构，以更好地回馈社会。基金会名誉会长徐冠巨也早就有观点认为："企业不仅仅是赚钱的工具，也是推动社会进步的载体。"

（2）家族属性

基金会从传化集团的老董事长徐传化开始发起，资金由徐传化、徐冠巨、徐观宝父子三人共捐。在筹备过程中，家族内部成员皆参与其中，对于项目的决策都会在家里开展，家族的代际，已形成了慈善观念的传承。目前，基金会所秉承的精神已超出家庭范围，形成集团内部上下统一共享的企业文化。

（3）日常运作架构

名誉会长与副会长由徐家家族成员担任，第一届理事会有七位成员，四名为集团内部成员，三名为集团外成员。秘书处下分公益事业一部、二部、三部以及公益研究院。公益事业一部负责"传化？安心驿站"这一核心业务，而二部则负责"传化·善源社区"和"传化·安心卫生室"项目。实际上，事业部的每一位成员都横跨负责财务、行政等工作，此外，还回根据全国范围进行区域划分，不同区域由不同成员负责与跟进。而每个项目都需要专业进行调研、战略分析和评估，这部分工作交由公益研究院负责。

（4）主要项目及理念

传化慈善基金会，相继实施"传化？安心驿站""传化·安心卫生室"和"传化·善源社区"，构建起在路上、乡村和社区三足鼎立的公益产品格局，广泛连接行业组织及社会爱心人士，共同弘扬公益文化，打造公益新模式，创造公益新价值。①

传化·安心驿站

在路上，基金会启动全国首个服务3000万卡车司机的公益项目，以"互联网＋社区运营"为主要手段，将卡车司机中的公益领袖和互助骨干以驿站为单元组织起来，以互助为核心，同时配置优质社会公益资源，为卡车司机的成长服务，支持卡车司机互帮互助，追求"车安、家安、心安"。"传化·安心驿站"以"互联网＋社区运营"为主要手段，将卡车司机中的公益领袖和互助骨干以驿站为单元组织起来，以互助为核心，同时配置优质社会公益资源，为卡车司机的成长服务。在结构功能上：一是动员卡车司机中的公益领袖和骨干组建安心驿站，成为驿站长、好站友。二是开发App，打造卡车司机专属的公益互助平台。三是制定激励与约束相统一的基

---

① 传化慈善基金会，2018年8月10日，http：//transfarfoundation.org.cn/。

本规则，明确驿站长、好站友的权利、义务，所有驿站长、好站友必须诚信守法，不违背公序良俗，在安心驿站平台上所发布的话题和从事的活动不得涉及政治、宗教、营利和黄、赌、毒、黑等。四是投入激励、互助与资助、志愿行动等公益元素，激活安心驿站，用互助点亮社群。五是为安心驿站的互助，构建新的社会支持系统，获得社会救助等。

传化·安心卫生室

在乡村方面，传化则创建"传化·安心卫生室"品牌，实施健康扶贫行动，创建"传化安心卫生室"品牌，为村民卫生健康服务。计划从2018年起的三年内，资助2亿元，帮助农村深度贫困地区的1000个行政村各援建一所"传化·安心卫生室"，覆盖150万以上的贫困人口。2018年首批启动350所，其中江西230所，贵州70所，云南50所。每所村卫生室援建资金为20万元，主要用于新建、改扩建村卫生室房屋和添置医疗器材。

传化·善源社区

在社区方面，创建"传化·善源社区"品牌，以一助一资助方式，服务社区困难群众，植根社区，助人自助。2017年实施项目17个，发放资助金额726万元，资助各类困难群众4643人次、贫困农户178户，其中在杭州市实施公益项目9个，发放资助资金594万元，资助各类困难群众3734人次。

（二）慈善信托模式

相对上述"传统模式"，慈善信托是创新模式。按照《慈善法》规定，慈善信托的财产运用方式、慈善支出比例、受益人范围等很多方面都可以根据"委托人"的意愿在信托文件中进行约定，从而较大地拓宽了"委托人"的权利。万向信托有限公司是一家经中国银监会批准设立的金融机构，在2016年9月发起我国首个家族慈善信托——乐淳家族慈善信托，并且在2017年9月，再度发起全国首个"家族+慈善"双层信托模式的慈善信托模式——幸福传承慈善信托，可以说是家族慈善信托在中国实践的先行者。以下为关于万向信托在家族慈善信托方面业务的具体介绍和重点案例。

1. 国内家族慈善信托的开启

"慈善信托"的概念，是《慈善法》（2016年9月1日生效）所确定的。在这之前,是《信托法》(2001年10月1日)下的"公益信托"模式。在信托基金模式下,信托被用来做慈善的工具,能同时实现捐赠者"保值增值"和"慈善心愿"两个目标,而且具有可持续性,展现较大的发展优势。

近年来,慈善需求不断增加。中信信托《高净值人群慈善行为问卷调查表》统计显示,在接受调查的高净值客户(资产量在1000万元以上的占96.7%)中,有41.2%的客户愿意拿出1%以上的家庭资产做慈善。同时,有近56.7%的客户有做慈善的需求或想法,这部分人中有家族企业的占30%左右。值得注意的是,随着国内高净值人群数量的攀升,财富管理成为各资管机构竞争的焦点,而慈善信托在财富管理中的特殊地位正引起行业关注。在慈善信托2.0模式下,除了受托人范围的扩大,慈善信托门槛也随之降低,慈善信托嵌入家族财富传承整体架构也成为可能。慈善信托的出现,使家族慈善不只停留在资金、财物捐赠层面,也更具灵活性和创造性。对家族信托而言,慈善信托更是具有独特的功能价值。

首先,财产独立性得到保障。放入慈善信托的财产区别于委托人未设立慈善信托的财产,具有破产排除、遗产排除、债务排除、混同排除的效果;慈善信托财产独立于受托人的固有财产,不因受托人破产、被强制执行而受到影响。慈善信托财产可以通过合意的方式独立于受益人的债务。基于慈善信托的资产隔离效果,能够保障家族投入慈善领域财富的安全和稳定。

此外,运营财产过程更加透明。慈善信托还可以确定信托监察人对受托人的行为进行监督,维护委托人和受益人的合法权益,赋予监察人以自己名义提起诉讼的权利。无论慈善信托的委托人是否在世,慈善信托监察人可以一直由家族成员担任,运用慈善信托管理家族财富,保障了财产运营全过程具有透明性。

2. 国内首家家族慈善信托成立

乐淳家族慈善信托是《慈善法》颁布后,全国首家家族慈善信托,是"公益信托"1.0模式升级成为"慈善信托"2.0模式的标志,该信托有四大特点:一是永续性;二是委托人家族参与决策;三是真正的家族式信托,而不是面子工程;四是可以不断扩大委托资产。

该慈善信托的备案机构是杭州市民政局,委托人选择不公开,备案期限为永续,在公益事务执行层面,通过慈善"董事会"的架构设计,令委托人家族得以对具体慈善事务进行监管,也可聘请公益项目秘书提供专业支持。信托财产总规模为 2000 万元人民币,主要用于支持发展教育、科技、文化、艺术、体育、医疗卫生、环境及其他社会公益事业,扶贫、济困、扶老、救孤、恤病、助残、优抚、救助灾害事件及其他公益活动。

3. 家族慈善信托模式的实践

"留本捐息"和"留息捐本"是家族慈善信托的两种主要模式。"留本捐息"即本金用于投资或保留,收益用于捐赠。既能参与慈善活动,又能在特定条件触发时收回本金。信托每年投资收益用于慈善目的,本金在一定期限或特条件下可收回,也可在一定期限或者委托人身故后剩余信托财产全部分配给指定的非慈善受益人。可以和委托人的家族相结合,灵活的设计信托财产分配方式,兼顾家人生活需求和慈善追求。而"留息捐本"为捐赠人没有财产传承给家人,只要在世时满足家人的生活需求。委托人每年获得信投资收益,在委托人及其配偶身故后信剩余财产捐赠给慈善组织。可以保障委托人在世时的生活需求,又确保慈善意愿在身故后得到实施,避免继承人违背自己的慈善意愿。

"幸福传承慈善信托"作为"留本捐息"型信托的代表案例,是全国首个"家族+慈善"双层信托模式基金,设立目的是为了促进和弘扬家族传承文化发展,中华遗嘱库管委会主任陈凯律师倡导并首期出资 200 万元设立慈善基金。与直接捐赠或设立基金会的方式不同的是,该基金由两层信托构成,第一层信托主要目的是保值增值,将其收益全部置入第二层信托,第二层信托为慈善信托。另外,该信托基金可以接受多种形式的捐赠,除了现金形式捐赠,还可以通过将保单受益人指定为该慈善基金的形式进行捐赠。

此外,"双受托人"的架构也是一种越来越受青睐的模式。迄今为止,在"慈善中国"网站上备案 84 单的慈善信托中,慈善组织在其中 14 单慈善信托中担任受托人,其中 8 单与信托公司担任"双受托人",在"双受托人"的架构中,信托公司承担资金管理(目的是让信托资产保值增值)的职责,慈善组织则扮演慈善项目实际执行人的角色。

总的而言，慈善信托基金的形式，是完全商业型的构建，可以加入慈善家族很多的想法，尤其对于第一代浙商企业家而言。这些想法主要有，希望基金的创建过程跟他们的创业过程类似，希望家族内部有参与感，希望以商业的模式进行捐赠（而非单纯赠予），并且可以规避一些基金会的规制。

（三）浙商家族慈善的主要特征

中国的传统慈善文化是以"仁"为核心的慈善思想。孔子提倡的"仁爱"，墨子的"兼爱"论，道家的"善恶报应"说，佛教的"福田""修善功德"等，都是中国传统人文慈善精神的基础，这些精神文化深刻影响着现代浙商的家族慈善行为。相比起其他同为慈善文化深厚的地区，浙商家族慈善不仅延续了中国传统的慈善文化基因，继承了浙江悠长的慈善文化积淀，而且依托于本省发达的市场经济网络以及完善的社会治理体制，从而发展出具有鲜明浙商文化的家族慈善模式，为中国的家族慈善实践提供了重要的经验与参考，具体有以下五个特征。

1. 市场化思维运作，强调管理自主性与灵活性

相对于公募基金会，家族基金因其所具有的自主决定权模式，与浙商的自主性价值观相吻合，因此更受浙商慈善家青睐。这也体现在慈善基金会的结构安排上，一般以家族成员（如传化基金会）或慈善家自身（如马云基金会）担任基金理事会的主要职务，并且在决策过程中保持自身的最高决策权，在基金来源上保持自身投入的唯一性，以确保在开展公益活动的过程当中所具有的自主性，能够使基金按照自身及家族成员的兴趣和目标来进行投入。

2. 理性务实的作风，传统与创新模式并驾齐驱

在进行公益慈善事业的同时，浙商家族在慈善基金的运行模式上，也秉持着理性务实的作风，传统与创新模式并驾齐驱。除了传统的家族慈善基金会模式外，公益慈善信托模式在浙商家族慈善中也逐渐兴起。如上介绍，公益慈善信托模式多样，能够满足委托人公益慈善投入与家族风险防范的双重需求。同时，基于商业化项目运作，也能够使慈善基金自身具有造血功能，也能降低家族财富的继承与运作成本，为中国家族慈善基金的运作模式创新源源提供实践经验。

3. 强大社会资源整合，注重基金发展的战略性

在以上慈善基金会案例中可以发现，家族基金会因其所拥有社会人脉资源，因而具有较强的社会跨界资源整合能力。基金会也因为这些社会资源的有效整合，从而为慈善事业和项目的开展搭建了坚实的专业平台，有效降低了慈善项目协作成本，提升了慈善事业的战略价值。

4. 传播慈善价值观念，崇尚慈善事业的可持续性

无论是慈善基金会模式，还是慈善信托模式，慈善项目的开展均以慈善价值观念的传播作为重要目标之一。一方面，慈善基金通过支持学术研究、慈善项目以及公益人才发展，向社会大众展示其慈善价值观念；另一方面，慈善基金通过输出专业慈善项目模式，使符合其价值观念的慈善事业得到可持续发展。

5. 深厚的人文情怀，基于自身经历感恩社会

在开创过程中，家族基金会的创始人一般有着不平凡的奋斗、拼搏经历，因而在商业上取得成功的同时，把自己家族的命运与国家的命运联系在一起，因此也培养起明确的社会理想和慈善理念。家族基金会打破了公益和商业、企业家和慈善家的界限，将私人领域的资本运用在公共领域的社会事业中，起着体现自身人文精神，感恩、回馈社会的作用。

五　浙商家族慈善的二代传承

第一代浙商大都草根出身，在积累财富的同时，也比较注重回报社会。经过近30年的发展，浙商一代常思如何回报社会、造福乡里，因此他们的慈善事业得到长足发展，而他们这些最原始的愿望，也通过家族基金的方式，得到了他们二代的积极传承。

（一）浙江馥莉慈善基金会

1. 发展历程

"浙江馥莉慈善基金会"，由宏胜饮料集团有限公司总裁宗馥莉女士发起成立。宗馥莉女士是根与浙江、长于浙江的浙商二代，是宏胜饮料集团总裁、杭州娃哈哈集团公司董事长兼总经理宗庆后的女儿。与其说宗馥莉女士是"富二代",不如说她是"创二代",更是"慈二代"。其父亲宗庆后二十多年来一直致力于慈善事业,为了更专注地做好这一事业,于2009年7月1日,注资1000万元正式成立了浙江省娃哈哈慈善基金会。宗馥莉从美国学成归国发展,加入企业管理工作后,该企业的慈善事业更是越来越规模化和规范化。

实际上,宗馥莉在2007年即开始接触慈善事业,她个人出资1000万元人民币,在浙江省慈善总会设立"馥莉慈善基金"项目。主要目的在于帮助家境贫困的学生完成学业和推动志愿服务事业的发展,具体项目包括"浙江大学馥莉助学金爱心团队专项活动基金"和"浙江大学馥莉助学金国际交流奖助学金"等。

2014年,宗馥莉将"馥莉慈善基金"项目正式改名并成立"浙江馥莉慈善基金会",与前期工作不同的是,"浙江馥莉慈善基金会"还围绕"食品安全"开展工作,以"引领中国食品安全环境改善,创新中国公益慈善模式"为使命,坚持引路式公益慈善,推动"有效公益"进程,希望作为食品安全领域的倡议人,为社会组织、个人、政府搭建起共同关注食品安全问题的桥梁,"集小力,聚大力",共同推动中国食品安全问题的改善。为把教育慈善与食品慈善两领域相结合,宗馥莉向西安交大捐资一亿元人民币,创建"西安交大馥莉食品科学与工程学院",用以支持西安交大食品学科的建设和发展。

2. 观念传承

承接着家族的慈善文化与价值理念,宗馥莉认为,公益应成为新生代的价值观,要让公益变成企业家或者青年人的一种内在的价值观,并提倡一种建构社会可持续发展能力的社会主流公益观,使青年一代可以通过从事公益事业,让改变社会的梦想成为可能,从而实现自己的价值。如果让公益变成企业家或者青年人的一种内在的价值观,使之形成一种组织或团体,通过各种渠道自发地去做慈善,让"小宇宙"的力量不断去影响身边的人,这或许会超越宗教的力量。因此,浙江馥莉慈善基金一直倡导的"引路"公益所坚持的理念。引路,引的是人,让更多的人认同正确的公益思想,并踏上共同的道路上来,公益之路就会越行越宽。

（二）鲁冠球三农扶志基金

1. 发展历程

"鲁冠球三农扶志基金"是为了纪念万向集团创始人、万向董事局主席鲁冠球先生，并且遵循其意愿而成立的慈善信托。该基金会于2018年6月，由鲁冠球先生的独子——鲁伟鼎先生依随本质心境、直觉和传统人文常识而设立的。鲁冠球先生在生前创办万向集团，不仅在全国民营企业中一路领跑，而且在公益慈善事业上也走在前列。早在20世纪80年代初，万向就开始捐资办学。据不完全统计，迄今万向在公益慈善事业上的投入已超过了1.6亿元，受惠群众遍及浙江54个县（市）和四川、陕西、甘肃、重庆等4个省市，此外，他还曾向汶川大地震受灾群众捐款1540万元，向农业科技推广基金捐资2000万元，向彩虹计划捐款100万元等。

实际上，"鲁冠球三农扶志基金"是鲁伟鼎先生继承其父亲慈善精神的产物，该基金秉承鲁冠球先生"财散则人聚，财聚则人散，取之而有道，用之而快乐，利他共生，共创共享"的理念，发扬鲁冠球先生"讲真话、干实事"的奋斗精神。该基金鲁冠球三农扶志该基金的初始财产为鲁伟鼎所无偿授予的万向三农6亿元出资额对应的全部股权，将万向系旗下三大核心企业之一的万向三农集团的全部股权授予慈善信托计划，其财产及收益将全部用于扶贫、济困、扶老、救孤、恤病、助残、优抚、救灾等慈善活动，促进教育、科技、文化、卫生、体育、环保等事业发展。信托财产及其收益全部用于慈善目的，鲁伟鼎及其家族成员不享有信托利益。

2. 观念传承

鲁冠球三农扶志基金是为了纪念万向集团公司创始人、万向董事局主席鲁冠球先生，其宗旨是：让农村发展、让农业现代化、让农民富裕，以影响力投资、以奋斗者为本、量力而行做实事。鲁冠球认为，以工业反哺农业，为农村稳定、农业发展、农民增收做实事，是企业的社会责任。作为第一代创业者，鲁冠球认为企业是靠社会资源生存发展的，一个企业发展越快、规模越大，对社会资源占有的原材料消耗就越多，相应地承担社会责任就越大。所以，企业家应该自觉反哺社会，并成为企业持续发展的一种经营理念。这既是鲁冠球的信念，也是鲁伟鼎发起慈善信托的初衷。

可以说，鲁冠球三农扶志基金的创立，就是鲁氏家族慈善精神传承的载体，以慈善方式实现传承，把慈善融入家族血脉与灵魂，实现了家族发展与家族慈善同气连枝，共生共荣。

（三）家族慈善的"传"与"承"

从以上两个案例可以看出，家族慈善基金会作为家族财富和慈善观念的集合，是家族精神传承的重要选择与载体。它一方面可以凝聚家族、提升家族地位、传承家族财富与慈善理念，另一方面又可以树立慈善榜样、使下一代将家族慈善事业沿袭下来。这一代的浙商企业家作为创业者，基本上处于第一代，已经到了知天命之年，同时中国自古就有家族慈善的文化传统，浙商常常将家族的长盛不衰与家族的累世善行联系起来，认为前者正是后者的福报所致，并以之作为劝人行善的绝好范例。基于这种"达则兼善天下"的情结，第一代浙商企业家希望与天下共享自己的成功所得。因此，浙商家族在创业成功和财富积累之后，也积极筹划传承的事宜，非常支持下一代参与家族基金的资产管理工作里面，起到护航的作用，而信托的作用在于保证家族基金的初衷得以保全，百年地延续下去，是一个演化的过程。

而在慈善继承方面，国家对建立慈善基金会行为的政策鼓励，再加上传统文化影响下的家庭慈善情结，浙江二代在经济、社会、政策和文化等各方面都具备了继续发展家族慈善基金会的条件。比如鲁式家族，从创业开始就认为需要先富带动后富，感谢改革开放，认为财产都是改革开放创造出来的，应该回馈社会。因此在鲁冠球去世以后，他儿子就想把父亲的这个遗愿实现，但没有找到比较满意的模式。一直到了《慈善法》颁布以后，才找到慈善信托的模式，很快就实现了父亲的遗愿。

总的来说，浙商家族慈善并非简单意义上的传承，而是浙商二代在继承了祖辈家族慈善精神理念的基础上，因应社会发展的新形势，通过运用更加灵活、自由度更高的方式，延续、发展着家族慈善事业，并且推到一个新高度。

六 结语：新时代背景下浙商家族慈善的转型与升级

在党的十九大报告中，习近平总书记明确提出："我国社会主要矛盾已经转化为人民日益增长的美好生活需要和不平衡不充分的发展之间的矛盾。"① 因此,要不断满足人民日益增长的美好生活需要,使人民获得感、幸福感、安全感更加充实、更有保障、更可持续。因此,基于上述介绍可以看出,在新时代的背景下,浙商家族慈善基于浙商慈善的渊源,从家国情怀的抒发、慈善基金模式的活化以及慈善精神的传播等方面不断创新求变,与时俱进,薪火相传,为解决新时代主要矛盾、提升民众获得感不断贡献力量。

为了更好地达到这一目标,日益壮大的家族慈善事业需要面临不少随着社会转型变革而产生的压力与挑战,这便需要政府发挥强有力的引领作用。必须指出的是,为了让浙商家族慈善在转型中顺利实现发展与升级,实现民众幸福感、获得感的提升,政府也积极地、尽可能地为家族慈善提供良好的公益土壤,推出了一系列政策,从实处支持包含家族慈善在内的慈善事业发展,比如在2015年公布了《关于加快推进慈善事业发展的实施意见》,从政策层面助推家族慈善事业的发展。未来也将在法律制度方面,进一步明晰慈善基金的权利与义务(主要体现在税收政策上),解决慈善基金组织者的后顾之忧。同时,政府也鼓励各家族慈善基金会着力培养家族慈善基金管理人才,提升慈善项目管理和运作的效能,提升监管力度,从而提升家族慈善组织的专业化水平。

总的而言,浙商家族慈善基金作为浙商传统慈善向现代慈善转型的产物,一方面是浙商家族推动家族精神传承、接力家族事业的载体,能够持续地创造物质和精神财富,在经济与社会效益上达到双赢。另一方面,也是推动浙商慈善,乃至中国慈善事业发展的新生动力。对社会整体而言,能够有效提升慈善资源的积累和整合能力,也能够与政府、其他社会主体一道,提高民众的幸福感。在新时代的背景下,浙商家族慈善必将发挥着更令人瞩目的作用。

---

① 习近平:《决胜全面建成小康社会 夺取新时代中国特色社会主义伟大胜利——在中国共产党第十九次全面代表大会上的报告》,人民出版社,2017,第11页。

浙江省互联网公益的发展及其特点

郑筱婷[*]

摘　要　以"阿里巴巴公益""志愿汇""亲青筹""善园"为例,深入研究浙江省知名互联网企业的公益活动、志愿服务的代表性互联网平台、传统基金会的互联网公益众筹平台和新兴民间基金会的互联网公益众筹平台的发展情况,并总结提炼出各自的特点及优势。"阿里巴巴"倡导"人人参与",并带动公众参与公益,实现"人人公益","深度参与"各个公益项目,而非简单的捐钱捐物。"志愿汇"打造了志愿服务供需匹配的枢纽平台,并促进志愿者和社会组织信用体系的建设,为志愿服务提供全方位的服务与保障,是我国目前发展最完善的全团青年志愿服务信息系统之一,是国内志愿者注册人数最多的平台。"亲青筹"通过打造反馈充分及时、信息透明、项目真实、资金安全、受助人隐私受保护的互联网公益众筹平台,为在教育、医疗等方面遇到困难的浙江省青少年提供精准的服务和帮助。"善园"高度重视项目真实性的核实、确保善款使用安全和透明,并为最需要帮助的群体建立应急专项基金项目,帮助弱势群体跨过"数码鸿沟",建立"善管家"的第三方监督制度,成为非常有特色的互联网公益众筹平台。依据"善园"平台的数据,发现浙江省公众的互联网捐赠具有如下行为特征:捐赠以小额捐赠为主、青睐小额整数、为医疗求助慷慨解囊、积极扶老助学和本地人更容易得到帮助。

关键词　互联网公益　公益众筹　志愿服务　人人公益　公众参与

---

[*]　郑筱婷,就职于暨南大学经济学院,副教授,博士,主要研究产业经济学、劳动经济学、实验和行为经济学。

一 引言

随着互联网社交媒体的发展、移动互联网、移动支付和智能手机的普及,组织和参与公益活动正变得越来越容易,越来越方便。普通人只需要在手机上动动手指就可以实现关注、转发、捐赠、募捐、召集志愿者和报名参与志愿服务等事项。公益不再是富人的专利,逐渐成为普通百姓生活的一部分。因为互联网,中国的公益也已进入"人人公益""人人参与""随手随地做公益"时代。

在互联网公益发展的浪潮中,作为互联网大省的浙江省,其互联网公益发展备受瞩目,不论是基于互联网的筹款与捐赠还是基于互联网的志愿服务征集与提供,均走在全国的前列。

比如,阿里巴巴集团的淘宝公益和支付宝公益(后来的蚂蚁金服公益平台)是中国互联网公益的重要先行者。其旗下的淘宝网支持社会组织在其平台上开设淘宝公益网店,创新性地开展互联网募捐活动。2016年8月淘宝网和蚂蚁金服公益平台入选第一批民政部指定的13家互联网募捐信息平台。目前,国内大多数公募型基金会都已在淘宝上开设了网店。阿里巴巴集团还发起了爱心公益宝贝项目,阿里所有平台商户可以为其商品选择参与爱心公益宝贝项目和捐赠金额,消费者购买公益宝贝后实现自动捐赠。2017年,公益宝贝共计募得捐赠2.46亿元。蚂蚁金服公益平台为公益组织提供了另一个公益众筹平台。蚂蚁金服公益平台的蚂蚁森林项目则吸引了2.3亿多人参与"种树"[①]。

浙江省传统的官办社会组织"触网"的时间虽然晚于互联网企业,但是在信息化和移动互联网的浪潮中,紧跟时代的潮流,勇立潮头。团杭州市市委开发的智慧志愿服务平台"志愿汇",由于其先进的技术、理念和互联网思维,被团浙江省省委向全省系统推广,打通省内互相独立分割的志愿服务平台,初步形成了志愿者大数据库。2016年被团中央确定为"志愿中国"的基础底板,作为志愿服务系统向全团推广。浙江省青少年基金会

---

① 资料和数据来源:阿里巴巴集团,《2017—2018阿里巴巴集团社会责任报告》。

开发的互联网公益众筹平台"亲青筹"则是浙江省公募基金会中较早利用互联网先进技术建立公益众筹平台的典型。以公募基金会多年的经验积累和制度保障,"亲青筹"在确保项目真实性、项目透明度、项目推广和青少年隐私保护等方面的经验值得很多其他公益众筹平台借鉴。作为公募基金会的新起之秀——宁波市善园公益基金,在成立后不久即上线互联网公益众筹平台"善园"网。定位为立足宁波本地、辐射全国的"善园"公益平台,在求助核实项目真实性、应急专项基金项目、"善管家"制度和全面提升捐赠体验等方面的经验也值得参考与借鉴。

鉴于互联网公益的跨地域性、各个慈善组织及个人发起的互联网公益活动的分散性及互联网公益平台数据可得性的限制,笔者无法获得浙江省公众和企业参与互联网公益的统计数据和相关的信息,因此,本部分将以近年来在全国影响较大的浙江系互联网公益平台——以"阿里巴巴公益""志愿汇""亲青筹""善园"为例,分别介绍浙江省内知名互联网企业的公益活动、致力于志愿服务的代表性互联网平台、传统基金会的互联网公益众筹平台和新兴民间基金会的互联网公益众筹平台的发展情况,并提炼各自的特点及优势。

二 互联网企业的公益先锋:阿里巴巴集团

(一)阿里巴巴集团的部分公益活动及其成就

阿里巴巴集团是企业参与公益活动的典型和代表。阿里巴巴旗下有子公司,集团和子公司各自有多个公益平台,限于数据和资料可得性,本文只介绍整个集团层面的情况,不针对每个平台分别阐述。

阿里巴巴集团及旗下子公司联合成立"阿里巴巴公益基金会"。马云成为该基金会第一号志愿者。自2010年起,阿里巴巴集团宣布将集团年收入的0.3%拨作公益基金[①],主要用于环境保护,这是国内互联网企业首家环境保护基金。阿里巴巴公益基金会的宗旨是:营造公益氛围,发展公益事

---

① 资料和数据来源:2017阿里巴巴公益基金会年度工作报告。

业，促进人与社会、人与自然的可持续发展。资助重点包括：水环境保护，环境保护宣传，以及支持环保类公益组织的发展。

2018年9月4日，阿里巴巴集团发布了《2017—2018阿里巴巴集团社会责任报告》。据该报告，时任阿里巴巴集团董事局主席的马云2018财年完成了75个公益时；与马云相比，6万名阿里员工的公益实践更令人振奋，2018财年阿里员工共参与公益行动超16.5万人次，累计申报的公益服务时长超过20.2万公益时。

阿里巴巴集团还响应"中华慈善日"的号召，发起"9·5公益周"活动，推广人人公益理念，带动更多人参与公益。2017年9月5日，阿里巴巴向社会发起"人人3小时，公益亿起来"的倡议，并开放"3小时公益平台"。"3小时公益平台"已上线在线捐赠、线下志愿服务、互联网志愿者服务、公益文化传播、行走捐五种模式，将互联网和各个公益环节全面融合。截至2018年8月底，"3小时公益平台"注册人数超过1100万，入驻公益组织接近1000家[①]。

2017年12月1日，阿里巴巴宣布启动阿里巴巴脱贫基金，将脱贫攻坚上升为集团战略性业务，成为继全球化、农村电商、大数据云计算之后的第四大战略，计划在未来5年投入100亿元，从电商脱贫、女性脱贫、教育脱贫、健康脱贫、生态脱贫五个维度进行布局，充分发挥平台资源优势，并以互联网技术赋能精准扶贫，服务国家脱贫攻坚战略，助力乡村振兴。

（二）倡导和实践"人人参与"的阿里巴巴互联网公益

与其他公益项目的公众参与相比，阿里巴巴公益中的公众参与有其鲜明的特点——以企业及员工的公益行动引领，运用先进的互联网技术，依靠阿里平台上的用户，带动更多人参与公益。从2006年的魔豆宝宝小屋，到后来2008年汶川地震后阿里参与灾后重建，再到"人人3小时""公益宝贝""团圆计划""蚂蚁森林"等，带动每天几亿人次的参与，实现更多的社会力量一起公益。

在阿里巴巴，员工可以发起各种各样的公益项目，并可以申请集团的

---

① 资料来源：阿里巴巴集团，《2017—2018阿里巴巴集团社会责任报告》。

资金支持和专业技术指导。"幸福顺风车"（方便同路人并节能环保）、欣然读书吧（捐建流动书屋）、"爱的留声机"（为盲童制作有声杂志）、"爱之家"（关注流浪动物）、"绿野仙踪"（测量森林负离子含量）等数十个"幸福团"为数万阿里人提供随手做公益的机会。

阿里巴巴将公益和企业的核心业务相结合，开发出"公益宝贝"和"蚂蚁森林"等项目，还利用平台的优势和企业的技术优势，鼓励和支持员工用自己的技术专长开发出更多的公益项目，带领公众广泛参与其中。

阿里巴巴平台通过让商家设置"爱心公益宝贝"，使参与"爱心公益宝贝"计划的每一次交易包含一次公益捐赠。2017年，公益宝贝共计募得捐赠2.46亿元。2017年，阿里巴巴平台上参与公益的商家达377万，其中，产生了捐赠的商家高达178万家，其中捐款额超过店铺总营收金额3‰的商家，达6.5万家[①]。平台商家的公益行为，呈现了海量化、高频化、小额化、日常化的特征：2017年公益宝贝的捐赠次数达59.8亿次，这一数字是2012年的72倍之多。2017年公益宝贝的单笔捐赠金额平均为0.04元，共有3.5亿消费者参与[②]，也即"公益宝贝"带动了1/4中国人捐赠！这是线下公益活动永远无法企及的。

阿里云、淘宝、菜鸟、农村淘宝及关联业务蚂蚁金服等都将各自的业务与公益结合，涌现了包含"团圆计划"的23个公益产品。阿里巴巴员工利用业余时间写代码、编程序开发了上述各种公益产品，再利用阿里巴巴的平台优势，用创新的方法和技术整合社会资源，带动更多人参与和关心公益。

蚂蚁金服以"互联网+绿色金融"形成科技驱动、人人行动、国际联动的效果。截至2017年8月，蚂蚁森林项目已吸引高达2.3亿人参与"种树"，累计减排122万吨，累计种植真树1025万棵。

在阿里的平台上，核心业务和公益紧密结合，互相促进，并带动了公众广泛参与公益活动。阿里并不止步于核心业务和公益活动互相嵌入，还

---

① 资料和数据来源：阿里研究院，《互联网公益的前沿实践——阿里巴巴平台商家公益参与状况分析》。
② 资料和数据来源：阿里巴巴集团，《2017—2018阿里巴巴集团社会责任报告》。

利用阿里平台先进的互联网技术和庞大的用户的优势，和社会其他部门紧密合作，开展更大范围、更深层次的公益活动。

比如，阿里技术团队为公安部研发的"互联网+打拐"的团圆系统，从2016年5月15日上线至2017年5月15日，累计推送信息1100亿条，推送"团圆"信息将近5亿人次，发布失踪儿童信息1317条，找回1274人，找回率96.74%[①]。

基于阿里巴巴开发公安部"团圆系统"的成功经验，国家禁毒办委托阿里巴巴开发全国青少年毒品预防教育数字化平台——青骄第二课堂。通过"互联网+禁毒教育"的创新模式，以在线课程的形式，向全国2亿青少年提供科学系统的毒品预防教育知识，提高防范意识，远离毒品侵害。青骄第二课堂已在浙江、云南两省开展试点推广。截至2018年7月底，青骄第二课堂已覆盖6000余所学校，800000余名学生，将近20000名老师。

（三）阿里公益的特点及启示

阿里公益具有其鲜明的特点。阿里的公益模式对于企业应该如何做公益、如何履行企业的社会责任，有一定的启示。

1. 全员参与

许多公司的公益活动，是由特定部门——大多由市场、品牌、公关等部门负责完成。阿里一直强调公益活动的"全员参与"。比如，阿里在2015年提出了"每人每年3小时"的公益目标，阿里员工每年都要参与至少3小时公益并量化申报，截至2017年底阿里系员工"每人每年3小时"已累计17万多人次，申报公益时超过28万小时，阿里合伙人、各个事业部的负责人都会有公益任务，自上而下，实现企业内部人人参与公益。

2. 带动公众参与，实现人人公益

通过公益项目带动公众的参与，普及公益的意识，激发公众的爱心与筹到多少钱相比至少同样重要。富人单次的大额捐款很重要，但公众海量化、高频化、小额化、日常化的互联网捐赠，使公众的温情如涓涓细流，汇成爱的汪洋大海。阿里巴巴的"公益宝贝""蚂蚁森林"等项目都起到了

---

① 资料和数据来源：阿里巴巴集团，《2017—2018阿里巴巴集团社会责任报告》。

这样的作用。

3. 深度参与式的公益项目

深度参与式的公益项目，才能让公众深度参与、持久公益。捐钱捐物式公益往往是一次性的、浅层的公益。深度参与首先体现在全员参与和用户参与。阿里的"蚂蚁森林""菜鸟绿色行动""阿里文学'益'起读书"等公益项目的设计都是吸引用户的深度参与。其次，深度参与体现在参与公益项目的顶层设计和项目执行的过程，更体现在对公益项目细节的关注。

例如，马云自己的家族基金会不仅仅直接捐钱捐物支持乡村教育，更是深度关注乡村教育的每一个细节。以建设乡村寄宿学校为例，马云基金会和教育部门合作，设计和开发适合中国的寄宿学校，聘请最优秀的设计师设计儿童友好的寄宿学校，以期在试行后逐步形成寄宿学校的建设标准。马云基金会开展了"马云乡村教师计划"和"马云乡村校长计划"，举办"新乡村校长论坛"，以培养和激励优秀的乡村师资和校长。自2016年起，马云基金会每年都举办"马云乡村教师奖颁奖典礼"，向优秀的乡村教师和校长致礼。再如，阿里文学"益"起读书活动，除了为偏远地区中小学生捐书之外，更重要的是以此培养起各地中小学生乃至成年人的阅读习惯和阅读热情。

蚂蚁金服开发的公益产品——"蚂蚁森林"也是通过日常点滴行为汇聚成公益大行动。2016年蚂蚁森林上线，鼓励公众选择低碳生活方式。支付宝用户如果采取绿色的生活方式，比如选择步行、地铁出行、在线缴纳水电煤气费、网上缴交通罚单、网络挂号、网络购票等行为，就会减少相应的碳排放量，从而获得相应的绿色能量，绿色能量可以用来在支付宝里养一棵虚拟的树。当你在手机里养成一棵虚拟树时，"蚂蚁森林"会联合公益组织在现实世界里种下一棵真正的梭梭树，并会不定期地组织蚂蚁森林的用户，去看自己种下的树林，并把过程真实地展现在所有用户面前。截至2018年5月，蚂蚁森林用户超过3.5亿人，累计种植和养护真树5552万棵，守护3.9万亩保护地①，分别位于内蒙古阿拉善、鄂尔多斯、巴彦淖尔和甘肃武威等地区，成功开辟出一片片绿洲。

---

① 资料和数据来源：阿里巴巴集团，《2017—2018阿里巴巴集团社会责任报告》。

总之，通过深度参与，阿里巴巴集团向公众普及和宣传了环保意识，让更多的公众了解和关心乡村教育的现状、肯定了乡村教师和校长的社会贡献，宣扬了"全民阅读"的理念，使公众对公益活动的参与感、获得感与成就感得以大大提升，进而有助于培养公众的公益习惯，并带动更多的朋友参与公益。

三 中国注册志愿者最多的志愿服务平台：志愿汇[①]

（一）"志愿汇"的发展历程及简介

"志愿汇"2015年4月正式启动，是杭州市团委研发的浙江省首个线上智慧公益平台，由志愿服务管理系统、公益积分系统、志愿者社交系统组成。2015年6月，支付宝手机端"公益"板块开通，实现"支付宝—'志愿汇'—市民卡"3个系统的有效连接，构建了互联网、掌上和云端等多终端应用的服务体系，实现了志愿者之间线上互联、线下互动。

2015年8月，团中央和国家发改委决定以"志愿中国"信息系统为先导工程，收集青年行为大数据，开展青年信用体系建设工作。2016年9月，共青团中央、国家发改委和中国人民银行在北京举办《关于实施优秀青年志愿者守信联合激励加快推进青年信用体系建设的行动计划》，会后"志愿汇"脱颖而出[②]，被团中央确定为"志愿中国"的基础底板，作为志愿服务系统向全团推广。2016年11月，"志愿中国"信息系统2.0版本正式迭代上线，其微信城市服务在全国上线，"志愿汇"App成为其移动端应用，并先后派遣人员常驻各省市，运维推广"志愿中国"信息系统。2017年6月，经过一年多的发展，"志愿汇"App下载量位列志愿工具服务类产品全国第一。截至2017年9月，"志愿中国"信息系统注册志愿者突破6000万，其

---

① 资料来源：本部分数据和资料均由志愿汇官方提供，数据提供日期为2018年8月下旬，后面不一一注明。
② 近年来中国内地涌现出不少有影响力的志愿者服务系统，提供志愿服务需求和志愿者之间的对接。影响力较大的有北京的"志愿云"和广东的"i志愿"，其他各个省份不同部门也有各自独立的志愿者服务系统。

开展的"童趣美井，共筑文明""益呼百应，一起行"等活动受到社会的热烈反响（见图1）。

图1 "志愿中国"的主页①

现在，"志愿中国"由"共青团中央青年志愿者工作部"和"中国青年志愿者协会"主办，是我国现阶段发展最完善的全团青年志愿服务信息系统之一，是青年信用体系建设的先导工程，是青年志愿者信用信息系统核心组成部分。"志愿汇"是"志愿中国"的手机App版。由于移动手机的普及和广泛运用，现今手机客户端的使用量占全部使用量的绝大部分。因此，本文将以"志愿汇"表示"志愿中国"信息系统（见图2）。

"志愿汇"运用科学化手段采集时数，结合围栏技术、IM服务，提供志愿者注册、志愿服务组织入驻、参与志愿服务、记录志愿服务时长、为志愿者提供保险、志愿者信用激励等服务。"志愿汇"现已入驻微信城市服务、支付宝城市服务，初步形成一个完整的智慧公益生态系统。

（二）"志愿汇"的公众参与

截至2017年12月31日23点59分29秒，"志愿汇"的志愿者注册数量达6300余万人，志愿服务队伍有40余万支，发布招募信息14余万条，已

---

① 截图时间为2018年12月23日。

图 2　"志愿汇"的主页①

开展志愿服务 25 余万项，志愿总时长 3000 余万小时（历史总时长累计为 8 余亿小时）。"志愿汇"作为志愿服务的供需对接平台，为志愿服务的供给和需求提供了精准对接，为我国志愿服务的发展和青年信用体系工程的建设做出了突出贡献。

"志愿汇"目前月活跃人数 200 万人左右，每天组织活动 1 万次左右，志愿者分布于全国各个城市，其中大多分布于杭州、北京、上海、广州，志愿者中学生群体占 30%～40%，退休人员占 30% 左右，是志愿者群体的主力军，志愿组织主体大多为社区、高校、企业以及政府团体。"志愿汇"自成立经过短短两年的时间便发展到注册人数达 6300 余万人的规模，成为国内志愿者注册人数最多的平台。

就浙江省公众的志愿服务而言，据"志愿汇"的统计，2018 年 1 月 1 日至 9 月 30 日，"志愿汇"上来自浙江省的注册志愿者累计达 1337.5 万人，比 2017 年 12 月 31 日增长 15.2%，参与志愿服务人次 204 万，累计开展志

---

① 截图时间为 2018 年 12 月 23 日。

愿服务活动7.6万个。各地市"志愿汇"的注册志愿者人数最多的是温州市和宁波市，分别为245万人和238万人；"志愿汇"的志愿服务渗透率①最高的浙江省城市为舟山市和衢州市，分别为8.06%和3.42%；2018年"志愿汇"上浙江省各地市人均志愿服务时长②最高的是嘉兴市和金华市，分别为39.1小时和24.8小时。最受志愿者青睐的志愿服务活动为社区服务、文化服务、生态建设等类型，城市仍是志愿服务最活跃的地域。"志愿汇"平台以志愿服务时长为依据，以信用评价为支撑，为注册志愿者提供了诸如优惠通信服务、志愿服务保险、积分落户便利等激励政策，极大地调动了全省志愿者参与志愿服务的热情。

（三）"志愿汇"公益平台的特点与启示

1. "汇信息"：打造枢纽平台，让志愿服务触手可及

过去公益组织寻找志愿者，志愿者寻求志愿服务机会只能依托各自的社会网络来实现，存在着获取志愿供需信息难、志愿供需匹配效率低，匹配质量差，匹配成功的公益组织和志愿者之间互相缺乏充分了解的问题。即有意提供志愿服务的志愿者往往无法及时获取到各类志愿服务需求机构发布的志愿者征求信息，而急需志愿服务的机构也很难在短时间内征集到足够的志愿者。"志愿汇"平台的出现，极大地提高了志愿者和志愿服务需求方的匹配质量和效率。

"志愿汇"为志愿服务的供给和需求方都提供了快捷的进入渠道，只需简单注册，志愿者们就可以获取到全国范围内的最新的志愿服务信息，志愿者根据自身条件，兴趣爱好等可以在平台上迅速找到适合自己的志愿服务。志愿服务的需求机构注册后可以在"志愿汇"上发布志愿者征集信息，利用志愿者数据库，可以在非常短的时间内，召集到大批高素质的志愿者，大大降低了过去招募志愿者所需的时间和成本。

2. 促建志愿者和社会组织的信用体系

传统志愿服务提供过程中不可避免存在志愿者中途退出、志愿服务质

---

① 志愿服务渗透率=志愿服务人数/当地常住人口数。
② 人均志愿服务时长=全年总志愿服务时长/参与志愿服务人数。

量低下、志愿服务信息造假和社会组织发布虚假志愿者征集信息等诸多问题。"志愿汇"App通过刷卡、人脸识别等打卡计时技术,来确保志愿者志愿服务的真实性,并防止志愿者盗刷志愿时长。

"志愿汇"还提供志愿服务双方互相评价的功能,既能反映志愿者提供志愿服务的质量,为志愿者的信用体系的建立提供参考数据,又能及时反映和监督社会组织的活动质量,避免不法组织发布虚假志愿活动信息,保证了志愿服务活动的真实性和安全性。

3. 为用户参与志愿服务提供全方位的服务和保障

"志愿汇"提供公益课堂,为志愿者提供志愿服务的培训,让志愿者更了解和学习志愿活动,也使志愿服务效率更高。

过去,参与志愿服务的志愿者往往缺少相应的保障。当参与志愿服务的志愿者发生了意外后,很难得到相应的补偿。团浙江省委与中国平安合作,为志愿者提供"志愿者保险",让志愿者免除后顾之忧。

"志愿汇"自创办起始就开发了志愿者社交系统,后联合"珍爱网"推出"青诚恋"平台。"青诚恋"是全国首家基于6000万青年志愿者诚信认证体系的公益婚恋平台,"志愿汇"拥有青年志愿者的个人信息及其信用记录大数据,"青诚恋"的注册用户可以看到彼此的信用等级和参加的志愿服务等信息,可以为彼此提供个人更多信用和兴趣等方面的信息,提高匹配的成功率。"青诚恋"的线下活动广受青年志愿者的欢迎,已成为解决大龄青年的婚恋问题的重要平台。

"志愿汇"注册的志愿者可以根据志愿服务时长领取公益币,这些公益币可以在旅游景点使用,也可以在益币商城来换取相应的福利。

最后,"志愿汇"一直致力于社会青年信用体系的建设。许多地方政府把志愿者志愿服务时长作为青年信用的一项重要衡量指标,并出台了若干反哺志愿者的措施:同等水平下对五星级志愿者高考优先录取、积分落户、公务员考试加分等。

4. 用互联网的思维做公益平台

"志愿汇"的发展依托于互联网,因此它也要遵守互联网的生存法则。在日常运营中,"志愿汇"非常重视其商业模式和可持续发展的问题,不断更新让产品更好用,增加流量和用户的黏性。比如,"志愿汇"一直致力于刻画志愿者的人物肖像，以为志愿者更精准地推送符合其时间、地点和行动规律的志愿服务机会或其他信息。"青诚恋"和大量线下的志愿者联谊活动也增加了活跃用户的数量和用户的黏性。"志愿汇"还与KEEP合作公益捐步的活动，和滴滴合作、发行志愿者电话卡、为企业项目做项目监管，未来还将进一步和金融机构合作开发志愿者信用卡和互助领域的志愿者保险，以不断提高平台自我造血的能力。

5. 利用行政力量和资源，实现平台规范化发展

尽管"志愿汇"是由清华紫光全资控股的企业，但是"志愿汇"是团中央主办和推广的志愿者服务平台，不同于普通的互联网商业企业。"志愿汇"由团中央和各级团委发起，肩负为社会公众服务的责任，以及弘扬社会主义核心价值观的使命。与"轻松筹"之类的公益商业平台相比，"志愿汇"对于平台本身的规范化发展的要求更高。尽管采取了打卡计时，人脸识别等技术，还是有可能会遇到志愿者和机构合谋的问题。若遇到盗刷志愿服务时长的举报，"志愿汇"会借助各地团委系统的行政力量，审理并公布处理结果。对于社会组织提交审核后，除了平台直接审核之外，还会委托当地的团委审核机构和活动。"志愿汇"还成立公益观察团，倡导自律、自我监督，让志愿者去监督志愿者和组织。

6. "志愿汇"的启示

"志愿汇"是具有一定政府背景的互联网公益平台。在运营过程中要兼具商业性和公益性。"志愿汇"强调平台对社会的正向引导作用。这是其他商业的互联网公益平台所欠缺的。"志愿汇"的发展得益于其政府背景及其调用行政资源的能力，这对平台起步阶段是非常关键的。但是，平台不能过度利用行政权力和资源来导流，在日常运营中必须划清公益活动和行政命令之间的边界，否则容易对平台的声誉造成不利影响。比如，志愿服务贵在志愿，避免动用行政权力将志愿变成了强制。作为一个互联网平台，推广的手段宜尽量用商业的手段，而不是用行政的手段，以免对后期的活跃用户数量产生负面的影响。

"志愿汇"坚持不懈地对产品的不断更新和完善，提升平台的技术能力，高效精准对接志愿服务，举办丰富多彩的线上线下活动，获得了越来越多志愿者和组织用户对平台的肯定和偏爱。这对于其他公益平台也有启发。互联网只是完成公益活动的一种技术工具，是为了更好地实现公益活动的核心——人与人之间的交流与关怀、情感的互动，心的联结。面对面的线下活动仍是最重要的。

"志愿汇"正式被团中央向全国推广的时间不过短短2年，其发展非常迅速，目前仍在快速发展中，说明志愿者与其服务需求的对接有着庞大的社会需求。不过，据笔者观察，目前注册的志愿者分布多集中于杭州、北京、上海等大城市，数量众多的中小城市注册人数还偏少，农村地区更是少之又少，而农村和中小城市志愿服务的需求未来将会有大幅度的增长，如何有效地增加中小城市和农村地区的志愿服务供给将是公益组织和平台下一步将要解决的问题。满足了社会需求的平台必将是有生命力的平台。

"志愿汇"解决志愿者盗刷信用时长问题的技术和办法，对于国内其他志愿者服务信息系统和商业互联网公司创立的互助平台也有借鉴意义。例如，轻松筹和水滴筹也存在不实求助等类似的诚信问题。"志愿汇"不仅通过更先进的人脸识别打卡技术进行线上监督，同时通过线下组织和志愿者进行监管和审核，来确保公益活动的真实性，有助于创建健康的公益生态系统。

四 传统基金会试水互联网公益平台——亲青筹

（一）"亲青筹"平台的简介

"亲青筹"是浙江省青少年发展基金会与共青团浙江省委和浙江省青年企业家协会在2016年共同发起成立的爱心众筹平台，其平台主页见图3。浙江省青少年发展基金会成立于1991年，成立伊始，主要实施"希望工程"项目让家庭贫困的青少年完成义务教育，后来进一步开展职业教育助学项目，帮助家庭贫困的、在接受完义务教育后无一技之长的青少年继续接受职业教育，从而提高其就业竞争力。2008年后，基金会依托浙江省政府建立的"低收入农村数据库"进行调研，开展了助困、助贫、助医等项目来帮助青少年群体。

图3 "亲青筹"平台的主页①

2016年,浙江省青少年发展基金会积极响应共青团主办的"青年之声"建设要求,建立"亲青筹"平台,通过"互联网+公益"的方式,广泛动员和凝聚社会各界力量,为在教育、医疗等方面遇到困难的浙江省青少年提供精准的服务和帮助。"亲青筹"现已成为浙江省"青年之声"的四大品牌之一。

目前,"亲青筹"平台的项目主要由助医项目、助学项目、助困项目和其他公益项目组成,助医项目主要向家庭经济困难的身患急淋白血病、先天性心脏病等疾病的青少年和遭遇交通事故、烧烫伤等意外伤害的青少年提供帮助。根据患病青少年或监护人提出的求助申请,对救助范围内的患病青少年,通过社会组织、所在当地团委和定点治疗医院进行必要的核实和申报。助学项目主要是针对那些因家庭贫困而无法继续接受教育的儿童和青少年群体,通过在平台上发起项目的方式来筹得他们所需学费和生活费。助困项目主要向义务教育阶段家庭经济困难的中小学生提供帮助。其他公益项目里囊括了除助医、助学、助困以外的项目,主要是能促进青少年成长成才的各类公益、文化艺术、青年创业创新、生态养殖、环保等项目或活动等。

---

① 截图时间为2018年12月23日。

（二）"亲青筹"的公众参与

"亲青筹"平台自 2016 年 5 月 26 日上线至 2018 年 12 月 23 日发布了 670 个项目，已累计获得了公众超过 30 万人次、2444.3 万元的捐款，加上来自支付宝公益和腾讯乐捐的捐赠 2692.8 万元和 154.3 万元，共计获得了 5802.1 万元的捐赠①。考虑到管理成本和项目真实性的审核等原因，目前"亲青筹"平台发布的帮扶项目仅限于浙江省内（见图 4）。

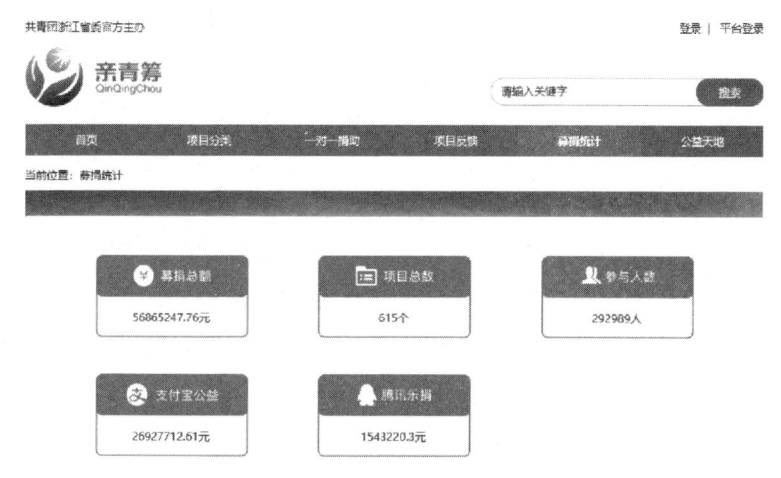

图 4　"亲青筹"平台

平台主要包含"亲青筹"门户网站和"亲青筹"微信公众号，平台和微信公众号之间已实现用户数据和捐款数据的自动对接和数据共享。

平台的捐助方式多样，既可以针对单个项目进行多次捐助，也可以通过项目详情页的"邀请朋友一起捐"生成分享页面，将想要帮助的项目推广给微信朋友，呼吁朋友一起为该项目助力；此外平台还开发了批量捐赠，捐款人可以自行选择多个想要捐赠的项目类型和具体项目，也可以选择单个项目捐赠，实现一次操作就可以完成为多个项目捐款，减少了捐赠多个项目时的捐款程序，极大地方便了捐赠人行善。

---

① 筹款数据来自"亲青筹"爱心众筹平台首页和募捐统计。

（三）"亲青筹"公益平台的特点和启示

1. 反馈充分及时，打造透明度

亲青筹平台信息反馈机制完善，分别有捐赠信息反馈、项目捐赠记录、项目实施反馈和资助进展反馈。当捐款人为项目捐款时，微信公众号会及时反馈捐赠信息；"亲青筹"平台通过网页端实现项目捐赠记录功能，平台在网页端的项目反馈栏目中进行项目反馈的实时汇总与公示，通过该栏目能够一目了然地看到基金会收到的善款的所有拨款明细，包括每个反馈发布的时间、发布反馈的项目名称、反馈内容和打款凭证等。项目实施的反馈是通过微信端进行的：项目募资完成后，亲青筹平台会给所有支持该项目的捐款人推送反馈信息，包括转账凭证、收款方的收款证明等。因此，捐款人既能在亲青筹平台的网页端上看到基金会的打款明细，又能在微信端收到来自支持项目的信息反馈。最后，在项目实施中，发起项目的团组织会通过平台及时反馈受助人的情况，实现资助进展反馈功能。总之，因为"亲青筹"依托于传统的慈善组织浙江省青少年发展基金会，在保障公益项目募捐和实施过程的信息透明方面，做得非常出色。

2. 利用团组织优势保证项目真实性

亲青筹平台充分利用各级团组织的优势，确保发布的项目的真实性。浙江省青少年发展基金会先发动各级团组织在平台上逐级一一注册，当有求助人申报项目时，根据申请人填写的信息，系统会自动给申请人提供可发起求助的团组织名单进行选择，随后被选择的团组织会联系求助人进行信息核查，包括求助人是否如实填写自己的家庭和个人情况、求助人是否确实需要社会扶助以及需求的资金数目等。核查后以相应的团组织在平台上发起求助。不仅如此，各级团组织也能向基金会推荐项目，为组织所在地的需要帮扶的儿童、青少年发起求助。因此，该平台上，项目发起均为各级团组织及其负责人，项目主页还会公布发起该项目的团组织的电话，依靠团组织的优势，公众完全无须担心该平台上项目的真实性问题。

3. 妥善使用每一笔善款

浙江省青少年发展基金会作为共青团浙江省委主管的省级公募基金会，接受政府严格的审计、监督和定期核查，每一笔捐赠和资金使用情况都有完备的凭证和手续，因此"亲青筹"平台收到的筹款在基金会账户里十分安全透明，捐款人对"亲青筹"平台发起的项目信任度高。

4. 通过各级团组织进行项目推广

当项目在"亲青筹"平台上发起时，发起的团组织会进行组织层面的动员和推广，若存在困难，可向平台反馈，平台会通过团省委发动各地、各级团组织来一起动员、转发、推广，充分发挥团组织的组织优势，提高大众参与，确保受助人的帮扶需求得到解决。

浙江省各级团组织和"亲青筹"紧密的合作关系提高了平台的可信任程度和知名度，同时通过各级团组织对项目的推广、宣传，带动更多人参与公益慈善事业；而各级团组织也能够通过平台为青少年的扶助活动筹集所需资金，将社会慈善资源与团委的组织优势相结合，更好地为青少年群体提供精准帮扶；不仅如此，通过"亲青筹"平台，团组织还能完善联系青年、青少年的沟通机制，发挥团组织的救助功能。

5. 开展"一对一帮扶"项目

浙江省青少年发展基金会在"亲青筹"平台上发起了5个一对一帮扶项目，分别为"浙江省大学生助学计划""省青企协苍南五凤爱心行""希望工程初中学生结对""希望工程小学生结对""希望工程高中学生结对"项目。帮扶对象是因家庭经济困难而无法顺利完学业的小学生、初中生、高中生和大学生。捐款人可以在平台上选择心仪的一对一捐助项目，而后根据系统提供的待受助人简略信息来选择想要结对的对象，结对成功后，平台才会将结对对象的详细信息推送给捐款人，而不是把所有受助人的个人信息都放在互联网上。但与其他项目区别在于，结对帮扶需要按照资助标准一次性捐足受助学生完成学业的款项。通过平台进行的一对一结对，既保证了捐款人的自主性，又保护了受助青少年的隐私并保障了其个人信息安全。

6. 积极联合其他机构，开展公益活动，扩大大众参与面

2018年3月15日，浙江省青少年发展基金会联合共青团浙江省委、浙江省少工委在"亲青筹"平台上发起了题为"捐出一元压岁钱 快乐公益我助力"的公益项目，号召全省少先队员通过捐赠自己的一元压岁钱来参与公益活动，通过这种方式进一步培养少年、儿童的公益意识，启蒙他们"向善"，传播人人公益的理念，扩大公益活动的大众参与面。

"亲青筹"平台还联合高校进行高校公益推广活动,为大家普及公益知识,推广平台项目,让更多人了解公益、关注公益、发动更多的人参与公益活动。

7. 提高捐款人的参与感、仪式感与获得感

捐款人在"亲青筹"捐款成功后,平台的微信端会自动生成电子捐款证书,平台提供两种精美的证书模板以供捐款人自行选择,捐款人可以将其证书分享到朋友圈或其他平台,也可以打印出来作为纪念或证明材料。

不仅如此,"亲青筹"还有专门栏目进行捐赠排名公示和统计,实时统计捐赠的日、月、年排名,作为对捐款人的另一种表彰和激励。此外,捐款人还能通过项目详情页的"邀请朋友一起捐"功能发起筹款号召,发起人可以自行编写文案和设定筹款金额,而后在自己的社交网络上宣传,最终发起人可以在微信端的项目捐款记录的一起捐记录中看到自己的号召成果。这些细致贴心的设计都提高了捐赠者的捐赠满足感和成就感。

8. 调动社会各界的力量解决求助人的帮扶需求

在项目的推广方面,"亲青筹"除了联系各级团组织帮助推广宣传项目,还会通过微信公众号向所有关注者推送项目信息,联系媒体进行推广宣传,从而最大限度地调动社会各界力量,发动更多群众参与项目。不仅如此,"亲青筹"的工作人员还会根据受助人的实际情况和需求迫切程度编写润色项目文案,提高项目呈现质量,增进大众对项目的了解,增强捐赠的意愿;项目款项的拨付方面,"亲青筹"进行"直通车"式拨款,直接将筹得的款项拨付给申报人,并在拨款后会邀请团组织上门回访,监督资金使用情况和确定受助人是否还需要其他方面的援助。

五 新兴民间基金会的互联网公益平台——"善园"

(一)"善园"的简介

"善园"是由宁波市善园公益基金会主办和运营的互联网公益众筹平台。"善园"的(www.17xs.org)网站于2015年11月18日正式上线。宁波市善园公益基金会于2015年3月获准设立,属浙江省内首家民间发起的公募基金会，也是《慈善法》实施以来，宁波市首家被认定为具有公开募捐资格的民间慈善组织。

"善园"网站秉持着"善善与共，天下大同"理念，实施扶贫济困、赈灾救助、慈善救助、公益援助、交流与合作，致力于让公益更高效，更简单，更有趣，更时尚。善园网平台运用互联网应用技术和移动互联技术，以 PC 端+移动端为载体，面向全国募集资金和帮助急难人群，实现"急难救助"和"公益众筹"两大业务，将"救急难"需求和公益慈善资源进行有效匹配，从而更好地帮助急难人群。"善园"平台的主页见图5。

图 5 "善园"的主页

（二）"善园"的公众参与情况

据"善园"网站主页显示的统计数据，截至 2018 年 12 月 23 日，该平台累计已发布了 1012 个公益项目，发动 85.8 万人次行善，累计募得捐赠 2550.7 万元，使 7682 位具有急难救助需求的人得到帮助①。

"善园"平台上的项目多样，具体按领域划分可分为以下几种：医疗救

---

① 筹款数据来自"善园"网平台当日在首页公布的数据。

助、教育救助、贫困救助、灾害救助、特殊群体救助、公益众筹和商品众筹。其中,医疗救助领域的项目数量最多,其次是贫困救助和教育救助。此外每个项目领域下还会进一步细分,比如医疗救助项目具体细分为:意外受伤、罕见病、白血病、早产儿、恶性肿瘤、自闭症等具体病种,方便捐款人精准定位想要行善的项目。

就捐款方式而言,"善园"提供多元化的捐款方式,满足捐款人的不同行善需要。具体分为:个人捐、月捐、企业助善区、一起捐4种方式。个人捐即个人针对单个项目一次捐款;月捐是个人每月定额捐赠10元或100元至指定领域,由平台自动匹配项目,并及时反馈;企业助善区是企业通过微信、微博等移动互联网平台邀请网友在平台注册,而后企业将善款发放给网友,以网友名义进行捐款,企业和注册网友数据双向统计;一起捐是个人为心仪项目号召更多人加入捐款,并生成"一起捐"影响力排行。而善款可通过微信、支付宝、银行汇款、"善园"实地捐款等多种方式进行捐赠。

(三)"善园"公益平台的特点及启示

对于求助者,平台也尽力使其求助行为更加方便快捷。在发起项目时,若项目发起人对操作程序不熟悉,可以选择客服代为发布或邀请善管家进行发布,从而节省发布项目所需时间,更快地为受助人向社会寻求帮助;同时平台每一步填写都有详细的说明,要求项目发起人提供受助人或直系亲属签字确认的知情同意书,从而确保求助项目的真实性,保障受助人的权益;此外若有急难者直接向基金会求助,善园基金会也会在"善园"平台上为急难者发布项目筹集善款。

善园基金会还依托"善园"网平台积极与其他单位合作,共同推出公益活动和公益项目。比如"善园"网和宁波鄞州眼科医院、派传媒、共青团鄞州区委、宁波电台新闻综合广播联合推出了白内障复明行动,为60岁以上白内障老人免费实施复明手术,目前已进行到第二期,累计募集了一百多万资金[①],不仅帮助了患病老人,同时还通过各个渠道的宣传,扩大了

---

① 数据来自"善园"平台。

大众参与面，吸引更多人参与公益活动。

1. 公开承诺每笔资金都保障透明、可追溯、可问责

平台对于善款的透明性和安全性的重视程度较高，首先，每个项目收到的善款都进入善园基金会账户，在达到项目求助所需的捐款金额或达到项目截止时间后，该项目所筹得的资金由基金会工作人员打款到实施项目所在机构的账户，例如医院、学校等，以保障善款的安全和不被滥用；其次，每笔资金的拨付时间和对应金额都会通过系统对捐款人实时反馈，并在项目详情的执行进度里提供基金会的打款凭证和受助人的善款接收证明，保障资金的透明公开，同时也有专门的栏目公示善款去向，包括汇款时间、受助人姓名、收款方信息、收款账号、项目名称、金额和凭证；最后，平台提前与受助人签署了合同，确保一旦出现受助人救治无效去世或受助人出院等情况，余款会转捐给其他项目，从而保障资金仅被用于救助急难人群；此外，若因特殊原因导致项目无法继续，平台会将善款用于与该项目相同或相似的慈善项目中，并及时通知捐款人变更的项目信息以及项目的进展。

2．线上线下核实求助项目，确保项目的真实性

平台特别注重发布项目的真实性，尤其是通过与合作方和"善管家"团队进行合作来核实的机制在很大程度上保障项目真实可靠。平台在项目审核和材料方面有较为严格和完善的机制：首先，针对不同类型的项目，平台要求提供不同类型的证明材料以便更好地进行审核和保障项目的真实性，比如大病救助类型项目要求发起人备齐医院开具的病人病情说明书等；其次，对于发起人而言，无论是以个人身份发起还是以单位名义发起，都必须进行实名认证，从而确保发起人信息的真实性。同时，发起人还必须找到一个证明人，填写证明人的单位、职务和联系方式，其中大病救助类型的项目，证明人资料必须填写医院和主治医生，其他类型项目的证明人可以是学校或政府单位等具有一定公信力的单位机构；最后，证明资料填写完毕并提交后，平台会请合作方或善管家团队上门核查受助人是否如实填写提交的资料和证明，以及受助人的家庭情况和个人情况是否属实，平台也会联系相应单位确定受助人的情况和所需费用以保障捐款人的善举和善心不被滥用和辜负。此外，若有人举报项目存在欺诈行为等，平台也会积极采取措施查证，一旦发现，平台会撤销、终止项目，所筹得的资金也会转捐到相同或类似的项目中去，并及时反馈给捐款人。

3. 建立应急专项基金项目

由于每个项目筹款期较长，而部分求助者在发起项目时就已花光家庭储蓄，处于急需扶助的境况，因此，善园基金会为了缓解急难者的燃眉之急，在善园网平台上发起设立了应急专项基金项目，用于医疗救助、教育救助、贫困救助、灾害救助、特殊群体救助5个方向的紧急求助项目的资金预支。在其他商业组织的公益众筹平台上发起的个人求助，求助人只能依靠自己的社交网络来获得帮助。但是对于最需要帮助的弱势群体，个人的社交网络比较小，公益众筹可以获得的捐赠也比较少。"善园"的这种做法不仅可缓解求助人在项目筹款期时的急难需求，切实地为急难人群考虑其实际困难，而且可以使那些没有强大社交网络的最弱势的群体尽快得到帮助。慈善组织的公益众筹平台应该与商业组织的公益众筹平台理应有不同的追求。

4. 建立"善管家"的第三方监督制度

"善园"建立了善管家制度。善园基金会会为每个捐助申请项目匹配就近的善管家，而善管家的职责主要是审核被匹配的项目的真实性，并为项目故事润色，从而提高项目呈现质量，更加生动形象地让浏览者了解到受助者的急难需求，从而提高受助者得到及时帮助的可能性。此外，每个捐助项目的实施过程，善管家将对整个项目进行督导并实时反馈，以确保项目真实有效，让每一笔善款的使用都可追溯、可问责。

善管家的资格申请面向大众，所有注册有捐款人账号的用户均有机会申请成为善管家团队成员；但要想加入能够为项目真实性背书，具有社会公信力的善管家团队也需要一定的资质条件，因此平台会优先考虑给爱心企业员工、平台活跃用户（捐款次数超过 3 次，且累计金额超过 5000 元）[①]、大病救助、结对助学等相关公益领域资深志愿者等。

善管家制度使每个项目从真实性到筹款人的具体情况和善款使用明细等都能够被有效监管，最大限度地保障了捐款人的善心和善举不被滥用，同时积极的反馈项目实施进度给捐款人，让捐款人看到自己的善举成果，也能进一步激发捐款人的捐款热情，同时也扩大了大众参与的热情。

---

① 平台活跃用户标准来自善园网平台。

5. 对接"救急难"需求和企业的公益慈善资源

善园基金会积极鼓励爱心企业在"善园"平台注册机构账号,进行实名认证并申请"善管家"资格,从而爱心企业可以向平台推荐求助项目,提高爱心企业美誉度;此外企业还可以根据平台多种捐款方式中的企业助善区进行捐款,给注册的网友发放行善红包,在行善的同时扩大企业影响力;不仅如此,企业还可以与善园基金会合作成立挂名基金会,将企业公益慈善资源投入想要帮助的项目领域中去。在善园网平台上,企业可以通过多种方式承担社会责任,同时提高企业在社会的影响力和塑造良好的企业形象。

6. 利用基金会的媒体和企业资源核实与推广项目

善园基金会与浙江省多个媒体、企业合作,例如交通广播电台、永派传媒以及宁波本地的主要媒体,邀请他们共同参与项目核实,还通过合作方的多种媒体渠道进行项目的宣传和推广,将有急难需求的项目尽快让更多公众所了解,从而提高公众捐赠的热情和项目成功的概率。

7. 全方位改善捐赠体验

"善园"平台还为捐款人提供全方位服务,最大限度地使捐款者的行善行为更加轻松、精准。首先是客服支持服务。"善园"平台的在线客服即时回复解答捐款相关问题,促成捐款行为。其次是智能项目推荐。"善园"平台的后台系统会根据全平台捐赠数据进行数据分析整合,通过邮件、微信等多种渠道,为捐款人推送符合其捐赠偏爱的项目。最后平台会为捐款人生成影响力地图与相应成果报告。这可以让捐款人非常直观地了解到自己的捐款行为和捐款成果,提高捐款人的心理满足感,激发捐款人捐款热情。此外不论捐款数额多寡,均可以申请捐赠的电子证书,作为捐赠的纪念。此外平台还专门设立了行善排行榜和捐赠记录,实时公示近30天捐赠金额和捐款明细,让人可以一目了然的知晓平台所收到的善款来源和数目。

六 浙江公众参与互联网公益的行为规律——以"善园"为例

为了详细分析浙江省公众参与互联网公益的特征和规律,笔者2018年9月底请专业人士写了爬虫程序,抓取了"善园"平台上的项目信息和捐赠信息。整理出"善园"平台上已完成的项目761个,总计获得213647笔捐赠,最高的一笔捐赠为638159.3元。下面对抓取的个体层面的详细捐赠数据进行统计分析,展示浙江公众参与互联网公益的行为特点。

(一)公众喜欢小额整数的捐赠

通过对捐赠的数据分析,笔者发现捐赠人喜欢捐赠的数值有以下特征,整数或者较小的金额。公众最喜欢捐赠的金额是20元,捐赠频次最多,占全部捐赠次数的24.77%;其次公众最喜欢的金额为10元,占全部捐赠次数的16.93%;接下来是50元和100元,分别占全部捐赠次数的11.51%和11.12%。上述四个金额的捐赠次数占全部捐赠次数的64.35%。也即互联网公益众筹中,公众的捐赠绝大多数为小于100元的小额捐赠。这样的结果也符合众筹捐赠的规律(见表1)。

表1 "善园"平台上捐赠人最喜欢捐赠的金额

单位:次

金额	20	10	50	100	0	1	5	2	0.1
频次	52910	36167	24590	23818	18013	8619	8101	4901	3682
金额	0.01	3	200	0.2	500	30	0.02	0.5	6
频次	2914	2913	2652	2548	2456	1627	1224	1104	1077

资料来源:"善园"平台上公布的2018年10月之前完成的项目。

(二)小额捐赠多在上午11点,大额捐赠多在工作时间

从捐赠的时间选择上看,晚上12点至上午7点的捐赠频次较低,晚饭前后捐赠的频次最高(见图6)。对于超过1000元的大额捐赠,则在上午9点至下午5点为高峰(见图7)。对于小于10元的小额捐赠,在上午11点和晚上7~8点钟则最多,尤其是上午11点的最为多,是其他时段的好几倍。中午11~12点钟是忙碌一上午休闲放松的时刻,小额捐赠大约是刷微博和看朋友圈时的随手捐赠的结果。大额捐赠则更可能是捐赠人深思熟虑的结果,会郑重谨慎得多。

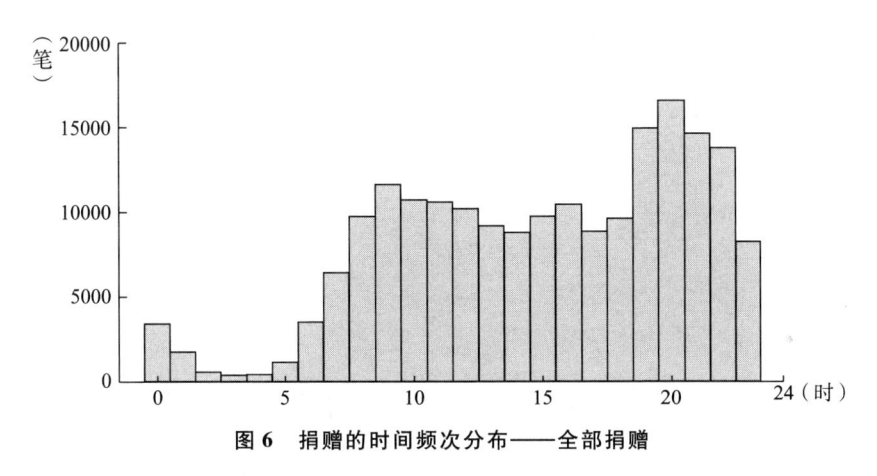

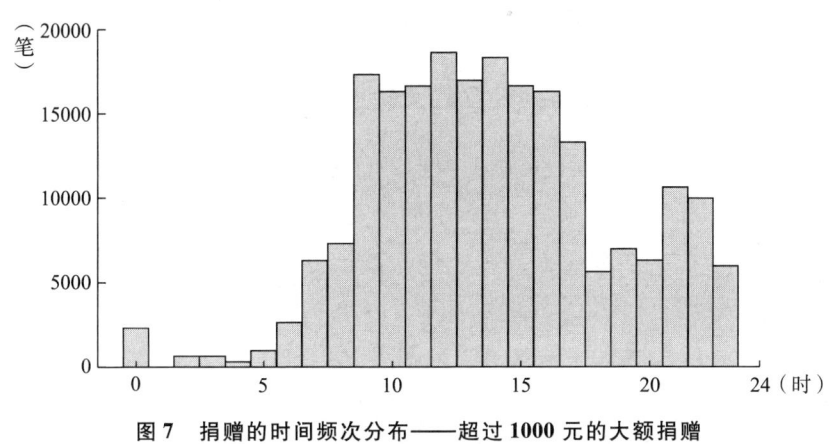

图 6　捐赠的时间频次分布——全部捐赠

图 7　捐赠的时间频次分布——超过 1000 元的大额捐赠

（三）捐赠以小额捐赠为主

从图 8 可知，不少捐赠人的捐赠金额为 0 元，经分析这些捐赠分别来自腾讯公益和支付宝公益，集中在四个项目，"第五次全国寻找'在风中'抗战老兵行动""9WORLD 大棋局 - 搜集民间散落的棋艺，引入校园传承""中风老兵邱华炎急待您的帮助""20 元为残疾人贫困户捐一盏灯"，来自腾讯公益的捐赠全部为 0 元，可能是腾讯公益是汇集在一起转账所致。来自支付宝公益的捐赠笔数为 18051 笔，平均捐赠金额为 128.6 元，合计捐赠 1290405 元。排除来自支付宝公益和腾讯公益的捐赠记录，小于或等于 100 元的小额捐赠供给 187514 笔，平均金额 28.74 元。这也再次说明，互联网捐赠以小额捐赠为主。

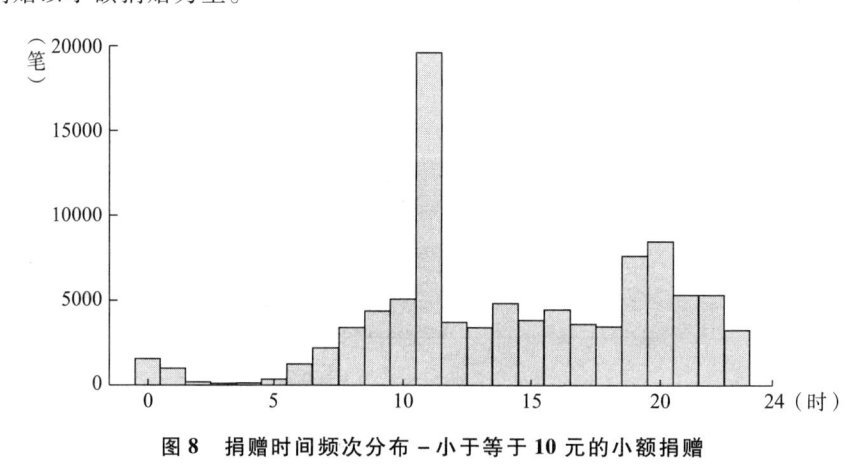

图8 捐赠时间频次分布－小于等于10元的小额捐赠

（四）医疗求助易得到公众的支持

笔者聘请了助研对项目的求助内容进行分类整理。在已经完成的700多个项目中，有80个助学项目、105个助老项目、383个助医项目、118个助贫项目、16个改善学校条件项目、152个公益项目。其中个人求助项目有555个，个人项目中379个是医疗求助，84个涉及老人求助。

对项目支持人数和项目筹集总金额等分析后，发现涉及医疗求助的项目更可能获得更多的人支持，筹到更多的钱。医疗求助项目平均筹集到20435元，非医疗平均筹集到16218元。一方面说明捐赠者对于医疗求助更加慷慨，也说明医疗求助动员了更多的人行善。但是，医疗求助项目平均只完成筹款目标的28.9%，非医疗则完成筹款目标的51.96%。这是因为医疗项目的平均目标金额高达71666元，而非医疗项目的平均募款金额为49187元。绝大部分医疗求助为个人求助，仅有4个项目为公益医疗项目，分别为："关爱脑瘫孤儿——救助汝州市金庚医院收养的脑瘫患者""'一米阳光·温暖童心'"特殊青少年关爱""为身患疾病的3位公交司机筹款""陪您祛除眼中雾霾：白内障复明行动"。公益医疗项目筹款目标平均完成率高达62.75%，平均筹款金额近40万元，远远高于个人医疗求助获得的平均捐赠额16459元。但是，两类项目获得的平均捐赠次数相差无几，分别获得333次和320次捐赠。这也说明个人求助项目筹款，虽然公众慷慨解囊，但是大多为小于 50 元的小额捐赠，所以筹集的金额不高。鉴于个人医疗求助项目的募款目标达成度较低，个人医疗求助不能仅仅依赖互联网众筹。

（五）助老助学项目公众参与的热情高

公众对于助老项目也有较高的捐赠热情，筹款目标的平均完成率高达 75%，这与助老项目的筹款目标金额较低有关，平均筹款目标金额为 40000 元。公众对于助学的捐赠热情更高，筹款目标的平均完成率高达 80%，平均筹到了 10956 元，平均目标金额为 24066 元。

（六）公益组织为个人求助效果不佳

148 个受益人为不特定某个人的公益项目，平均获得 267 人次捐赠，获得平均 18408 元捐赠。4 个公益组织发起的受益人为个人的项目，平均筹款金额仅为 340 元，平均仅获得 24 次捐赠，平均目标金额为 3457 元。从这几个个案来看，公益组织为个人求助项目筹款的效果不是很好。

（七）公众参与的本地效应

公众对于受益人为本省的捐赠更加慷慨。220 个受益人为浙江本省居民的项目平均获得了 483 次捐赠，获得捐赠的金额平均为 31810 元，平均目标完成度到 53%。541 个受益人为非本省居民的项目平均获得 207 次捐赠，获得的平均捐赠总额为 12863 元，平均完成筹款目标 35%。本省居民的项目获得了更多人的帮助，捐赠的平均金额和外省居民的差不多，分别为 66 元和 62 元。这说明，公众对于本省居民求助的捐赠并没有更慷慨，捐赠人次更多很可能是因为本省居民拥有更多社会关系网络所致。

由于善园注册地为宁波，笔者再考察了对受益人为宁波和非宁波的项目，发现公众对于宁波本地人的捐赠更加积极、慷慨，即更愿意帮助宁波本地人。110 个宁波项目平均获得了 642 次捐赠，获得捐赠的金额平均为 46046 元，平均目标完成度为 37%。651 个非宁波项目平均获得了 226 次捐赠，获得捐赠的金额平均为 13659 元，平均目标完成度为 40%。宁波项目获得的平均捐赠金额达 70 多元，高于外省和本省非宁波项目的平均捐赠金额60元，和省外的平均金额比较接近。这表明公众对于本市居民求助的响应显著有别于其他求助。即便是互联网捐赠，物理的距离也影响心理距离，从而影响了公众的捐赠决策。

七 小结与启示

当今，互联网渗透每个人的日常生活，改变了每个人的行为习惯，也改变了商业和公益的生态。公益组织也必须跟上时代的发展。只有积极"触网"，积极根据大众新形成的互联网习惯，运用互联网思维来设计公益产品，改造传统的公益组织，将公益实践与互联网深入融合，公益组织才能在激烈的行业竞争中保留或获得一席之地。

近年来，浙江省公益组织在公益＋互联网方面的探索值得总结和推广。本文通过介绍几个典型案例平台，希冀窥一斑而知全豹。浙江省互联网公益的实践具有公众广泛参与的特点，捐赠具有小额化、海量化、高频化和本地化等特征，志愿服务具有渗透率高，志愿服务活动多，志愿服务时长长等特点。与互联网企业主导的互联网公益平台相比，浙江省的传统和民间公益组织开发的互联网公益平台具有成立时间较晚、发展规模较小的特征，但是其发展具有鲜明的特征，比如发展速度稳健，项目透明度和真实性高、重视提升参与公众的体验等特征。这些特征使浙江省的互联网公益平台在确保公益项目的公信力的前提下，其影响力正稳步从区域走向全国。

互联网＋公益的浙江实践，已经超越了仅仅利用互联网发布募捐的信息，获得公众的捐赠，而是在公益项目的各个环节，诸如项目策划与设计、发布与推广、实施及评估等环节，都积极对运用互联网技术将公益事业不断往前推进。比如，"志愿汇"的"一库、三平台、多终端"的智慧志愿服务系统，不仅仅局限于志愿服务供需的匹配，更致力于建立全国青年志愿服务的数据库，探索建立青年信用体系建设，并为志愿者提供全方位的服务。再如，"善园"平台发动互联网上热心公益的捐赠者来做"善管家"，审核项目的真实性，为项目故事润色，督导和实时反馈项目的实施等，都将互联网技术与公益活动的各个环节深度融合。

在互联网公益实践中，需要划清公益和商业的界限。公益事业也需要运用商业的思维和手段去推广，但是应避免给公众造成"商业机构利用公益进行商业扩张和牟利"的印象。不论是官方还是民间社会组织或商业组织发起的互联网公益平台，都应避免将公益活动作为组织营销和扩张的手段。

在项目真实性和公信力方面，浙江省传统和民间的基金会在互联网公益实践中优势明显，其动员各种社会资源确保项目真实性和推广项目的宝贵经验值得借鉴。不过，传统的基金会或公益组织在推广平台时，应当避免过多运用行政力量，以避免让用户产生"强制"参与的心理，影响了后期用户的使用积极性。

互联网公益事业积聚起亿万公众的点滴爱心，非常不易。但是互联网公益也承载着亿万公众的信任与责任，稍有不慎就会造成负面舆情。互联网公益应谨言慎行，避免让公众感受到献出真心却收获了伤心。因此，打造项目透明度、确保项目真实性、实时监督和反馈项目的进展、保护受助人的个人隐私和提高捐赠者的捐赠体验等均有助于夯实互联网公益平台的信誉和公信力基础，有利于互联网公益平台的稳健发展。浙江省的互联网公益平台在这些方面都做出了有益而卓有成效的探索，形成了浙江省公益平台的特色和优势。

浙江省互联网公益的实践非常丰富，但是对于这些实践的总结和研究还非常少。互联网平台应该以更开放的心态，提升对公益领域科学研究的认识，加强各个领域的研究者的合作，对互联网公益中的经验进行总结，对互联网上参与者的行为规律进行深入的研究，以进一步改进互联网公益平台的服务，实现互联网公益事业更快、更好、更健康地发展。

案　例　篇

Cases

　　编者按：案例篇选择了具有代表性的公益慈善领域的机构，介绍其在转型社会背景下的不同实践模式。在主体方面，有基金会、慈善组织、志愿者组织和跨界参与群体。在实践探索模式上有官办慈善转型，用5年时间实现32年发展的浙江省妇女儿童基金会，展现了官办慈善的新活力。有民间机构通过慈善品牌项目和规范性的流程不断累积公信力，在制度创新下取得公募资格，带领区域其他公益慈善组织共同发展的杭州市微笑明天慈善基金会。在"慈善+"的跨界氛围下，从传播者、观察者、报道者逐步成为实践者、引领者、创新者，形成独树一帜的媒体行动公益模式的都市快报《快公益》团队。有以志愿者团队为基础，激发慈善的社会参与，积极投身城乡社区服务与治理的创新探索的滴水公益。有着"一座图书馆改变一座城"的美好愿景，通过阅读推广及文化活动推行社区营造，链接居民，增加社区凝聚力，让互助大爱的慈善文化浸润于群众百姓的生活当中的有为图书馆。这些介绍虽然不能全面反映浙江省慈善组织、项目的全貌，但可见一斑，使读者通过这些鲜活的案例对浙江省的慈善事业有更多的了解。

创新与整合，唤醒沉睡的基金会

——浙江省妇女儿童基金会

浙江慈善事业发展报告编写小组

浙江省妇女儿童基金会（以下简称"基金会"）始创于1981年，历经多次更名，于2006年更替为现用名。现基金会全职工作人员32人，拥有了一批成熟、有影响力的公益项目。基金会也成为省内乃至全国有影响力的公益基金会之一，荣获"中国妇女慈善奖之贡献奖""全国维护妇女儿童权益先进集体""浙江省慈善奖——慈善项目奖、慈善工作奖""母亲邮包"项目"优秀组织奖""PAC公益项目突出贡献奖"等荣誉。

那么，这家全国成立最早的基金会是如何取得这些成就的呢？2013年是关键的一年，在这一年，基金会秘书处转型，进入专职化运作阶段，加强专业团队建设，为基金会发展提供了基础。细数这5年历程，基金会总结出五个核心关键词：创新、转型、整合、统筹、人才。下文将逐一展开进行探讨。

一 创新先导，老牌基金会展现新活力

作为老牌基金会，又面临转型的需求，于是，基金会提出了创新的指导思想。在这一指导思想的引领下，基金会十分注重理念、项目、平台多方面的创新发展，为工作提供方向指引，为项目注入了新的活力。

1. 理念创新

思想是行动的先导，项目设计的理念将决定项目发展的方向，基金会在多年工作实践中形成了三大理念创新。

（1）"资源链接"到"资源整合"。作为一个公募基金会，对于资源的整合利用十分重要。传统的项目设计往往建立在短期、单向的资源链接上，即"能够取得什么资源就用什么资源，有多少资源就做多少事情。"这对于项目发展的延续性和可持续性是一大阻碍。基金会在项目的开展过程中，通过长期的项目积累，并与合作伙伴共同受益，努力了搭建多元、长效的资源体系，做到项目资源的整合，赋予项目生命力，促进其可持续发展。

（2）98.3%对1.7%。有数据显示浙江省的贫困人口占全省人口的1.7%，要对他们进行帮扶，仅依靠少数公益从业者或专业人员的力量明显不足，能够做到的微乎其微。所以我们认为，公益事业应该更加着眼于思考如何撬动其他98.3%大众的力量，来帮扶少数处于弱势的1.7%，那是可以支持我们工作广泛深入开展的强大力量。

（3）"四维模型"。所谓"四维模型"，是在项目设计之初用于综合性考量的模型，包含四个维度：温度、高度、广度、深度。其中，温度指的是公益初心，任何项目的出发点都在于实现公众的利益，帮助需要帮助的人，这点不能被任何利益相关、项目设计或其他因素所左右，也是公益项目不同于其他的根本所在。高度指的是政策高度与理论高度，项目设计要紧跟国家、政府相应政策，把握时代脉络，并且有配套理论支撑，有据可循。高度将为项目的设计提供依据和方向指引，在一定程度上决定项目的走向与未来。广度指的是项目的参与度、覆盖面、受益面。这要求项目能够有可参与性、可复制性，让多方力量参与其中，互利共赢，良性发展。也需要让项目执行标准明确，便于推广，且能让目标群体广泛受益。深度指的是专业化程度，公益的专业化是大势所趋。更加专业的助人活动不仅让项目更好地帮助受助者，更有获得感，也能够让项目执行方专业素养得到提升、项目管理水平得到锻炼，让项目本身具有不可替代性，为项目平添影响力。通过四维模型的综合性考量，能够确保项目的设计达到一定的完整度，为项目的实际执行、持续运营、迭代升级奠定了良好的基础。

2. 项目创新

传统公益项目设计多停留在单方面的给予、接济，沿着短、平、快的思路，认为最实际、直接的救助方式就是最好的公益方式，这大大限制了项目自身的发展，使公益项目缺乏内涵、难以存续。作为对原有理念的改变，基金会在项目设计中做出了以下两点尝试。

（1）项目成体系。项目的发展不可能一蹴而就，需要在实践中不断地总结经验，在原有的项目基础上迭代升级，甚至另立项目互相补充。让单一的项目内容丰富多元，或是多个项目互相补充，在儿童、妇女两大板块，形成包括"焕新乐园""亲情家书""圆梦助学""益启成长"的儿童关爱项目体系和包括"两癌"筛查、"女性健康万里行""康乃馨女性健康关爱公益保险"的女性健康项目体系。对帮扶对象进行立体多元的帮扶，大大提升了项目的成效。

（2）借鉴商业模式。通过借鉴已经较为成熟的商业模式，与企业合作，为公益项目开拓新思路，探索新模式，让公益内涵焕发新活力。例如基金会"康乃馨女性健康关爱公益保险"项目，通过独特的项目设计，将"大病保险"引入公益项目。作为一款公益保险，相较市场上主流的商业大病保险，有明显较优的性价比。普通女性购买一份公益险，会有爱心企业捐赠一定比例的公益金，优先用于低保家庭妇女的健康救助及女性关怀。项目在提升妇女健康意识的同时，也为女性提供实实在在的健康保障。

3. 平台创新

基金会作为省级组织，努力将自己打造为平台枢纽。在自己开展项目的同时，还与项目相关各地方政府部门、社会组织、爱心企业、学校、媒体等保持较好的合作关系。现有为贫困女大学生提供就业的"'木兰计划'公益企业联盟"、集合全省就业困难贫困女大学生的"'木兰计划'贫困女大学生就业联盟"、整合区内早教机构教育资源的"益启成长公益教育联盟"、联合省内妇科专家力量的"女性健康万里行医院联盟"在整合资源的同时，对于企业、学校等，积极做好公益倡导，更新人们的公益理念，让"人人公益"的理念深入人心。

在"焕新乐园"项目立足浙江、走向全国的过程中，搭建联系省内外各地项目合作社会组织的"'焕新乐园'项目合作平台"。基金会对于地方社会组织不遗余力地提供支持，培育赋能，让更多优秀的社会组织发展壮大，造福一方，也为慈善事业的发展做出自己的贡献。

除此之外基金会还积极推动行业进步，参与社会治理，在基金会"圆梦助学"项目启动的同时，向浙江省慈善联合总会发出倡议，并得到回应，牵头成立"助学专业委员会",联合省内优秀助学力量,共谋大计。着力于打通助学项目信息共享渠道,避免重复救助,倡导"品质助学",拓展助学新形式。

二 定位转型,平台锻造整体专业能力

要将基金会发展壮大,需要突破旧有格局,推进自身职能根本性转变,运用新思维、新模式。作为省级组织,基金会立足自身,打造枢纽型平台,以基金会品牌项目"焕新乐园"为例,在传统救助项目基础上,增添更多的项目设计,丰富项目内涵,以促成广泛受益,共赢互惠的新局面。

1. 项目设计与推广

基金会注重项目的自身积累和打造推广,"焕新乐园"项目执行两年来,不断充实项目自身的内涵,形成了一套操作性强的项目标准。在此基础上,基金会还手把手指导社会组织开展项目。在执行过程中,基金会严抠细节,注重落实,确实解决问题,积累了较好的口碑,在宣传推广中也赢得了较大影响力。这使"焕新乐园"项目成为政府部门关注度高、社会组织获得感强、捐赠群体辨识度高的公益项目。截至2017年底,据项目第三方评估,有超过90%的受助儿童对于项目提供帮助十分肯定,97.9%的社会组织认为通过项目执行自身能力得到了提升,同时,该项目在浙江省各地宣传报道达1389次。此外,该项目经浙江省妇联、浙江省民政厅推荐,作为浙江省优秀公益项目代表角逐2018年度"中华慈善奖"。

2. 社会组织孵化

"焕新乐园"项目能在全省铺开,并且走向全国,离不开基金会和社会组织的良好关系,而这也离不开基金会在社会组织孵化培养上下的苦功。为提升社会组织的项目管理、执行能力,确保项目实际执行效果,基金会会定期组织一系列社会组织能力工作坊,邀请项目顾问和领域专家作为讲师,邀请全省的项目合作伙伴通过来杭实地听课或是网上直播授课的方式参与学习,提升包括社会工作实务、财务、法务等能力。截至2017年底,"焕新乐园"项目联合省内110家优秀社会组织,组织开展各种培训交流和特色团体活动1264次,累计进行儿童陪伴服务8138次,志愿服务35928人

次,各地社会组织自行筹集资金达 865446.45 元。

3. 公益项目管理督导

基金会十分重视服务的专业性问题。项目负责人与项目督导定期赴各项目开展地市实地调研,了解帮扶对象实际情况,考察项目开展情况,总结有待改进的情况,并在调研过程中组织答疑,与社会组织面对面交流项目经验,解答执行中的疑惑,做好公益项目管理督导,进一步提升社会组织的专业能力,更好地开展服务。

三 资源整合,为1.7%撬动98.3%

资源是项目的基础,而资源整合则是项目管理的关键。如何拓宽资源获取渠道,更好地运用资源,保持项目的可持续化运作,是一个好项目负责人必须思考的问题。对此,基金会根据自身工作实践总结了以下几点经验:

1. 合作伙伴资源

项目合作伙伴是项目十分珍贵的资源,基金会的项目合作伙伴包括各地政府部门、社会组织、爱心企业、学校等。他们的存在为基金会项目在浙江省广泛开展,提供了很好的基础。这一成果的取得,与基金会巩固发展项目合作伙伴关系密不可分。在政府部门方面,基金会用效果说话,通过项目开展解决社会问题,参与社会治理,也让基金会项目成为一些政府领导印象深刻的好项目。在社会组织方面,基金会发挥自己枢纽平台的作用,做了一系列孵化培养的工作。在爱心企业方面,除了接受捐赠外,基金会积极地做了许多公益倡导,鼓励企业员工参与志愿活动,阿里巴巴、蚂蚁金服、中银浙江分行等企业员工都曾参加基金会的活动。让他们知道公益不仅仅是捐钱捐物,更在于持续的参与和关注。

2. 政府社会服务资源

公益项目涉及社会问题、公众利益,与政府的社会服务功能有互相补充,近来社会组织参加社会治理蔚然成风,政府与社会组织的合作日渐增多。为取得这项资源,基金会的许多项目在设计上与政府的相关政策高度贴合,关注"精准扶贫""国民健康"等社会热点问题,寻求解决方案,因此也获得了民政、妇联、教育等有关部门在政策、财政、项目指导等多方面提供的支持。其中"焕新乐园"项目瞄准"精准扶贫"问题，持续发力，积累的许多成功经验，获得政府相关部门的肯定。2018年项目在省内推广过程中，获得省民政厅"福彩公益金"的配资，为温州、丽水、衢州三地的1000户家庭开展项目服务。

3. 专项基金资源

管好用好专项基金是基金会开展工作的一大手段，基金会现有专项基金共10支，大多是与社会组织、政府部门、爱心企业合作发起。其中，基金会和爱心企业联合发起的"关怀家基金"，作为基金会转型后成立的第一支专项基金，从尝试多种公益模式创新项目"圆梦100"，到专注低保家庭儿童关爱的项目"关怀家"，专项基金开展的项目也随着基金会工作的深入得到了发展，始终非常活跃。

4. 捐赠人资源

基金会十分重视捐赠人的参与感，除了正常的信息披露以外，还会定期通过微信群、信件、公募平台、官网、公众号、微博等各种渠道手段向捐赠人发布项目进展，让他们知晓项目的最新动态，分享项目成果，让他们知晓在他们的支持下我们做了一些什么、哪些人受益，以此维系扩大公益捐赠人群体。

5. 众筹平台资源

在公益资金筹集中，基金会积极接纳新思维，充分运用网络众筹平台，先后入驻淘宝网、蚂蚁金服、腾讯公益等各大网络筹款平台，并配备专职人员，对于网络筹款平台、信息发布渠道进行运营管理。

四 需求统筹，多元搭建项目体系

受助群体所面临的困境往往是多样的，而单一的救助活动难以满足他们的受助需求，所以需要多措并举，让单一的项目内容丰富多元，或是多个项目互相补充，形成项目体系。在这一方面，基金会主要关注两类需求：

1. 儿童关爱需求

儿童成长问题的重要性早已不言而喻。针对这一问题，我们在实践中根据儿童实际需求创设了不同公益项目，包括：帮扶低保家庭儿童成长的"焕新乐园"、扶助寒门学子继续学习深造的"圆梦助学"、针对农村留守儿童亲情缺失问题开展情感关爱的"亲情家书"、帮助社区儿童开展家庭和安全教育的"益启成长"。通过这些项目，我们形成了面向不同困境中儿童帮扶需求的儿童成长关爱项目体系，帮助儿童健康的成长。

2. 妇女健康需求

妇女健康问题始终是基金会十分重视的一个方面。早年间，我们在丽水农村走访，发现农村妇女普遍对于自己的健康问题认识不足，其中突出体现在"两癌"病发率居高不下这点上。为探索解决"两癌"问题的方法，提升女性健康水平，基金会经过不断改进升级形成了妇女发展服务项目体系，其中包括：定期组织困难妇女进行免费检查的"两癌"筛查项目、联合医院妇科专家开办女性健康讲座的"女性健康万里行"项目以及与企业合作引入"大病保险"为女性提供健康保障的"康乃馨女性健康关爱公益保险"项目。我们希望通过这种方式，为妇女提供多元化的健康关爱，将妇女健康保障的网络织密织牢。

五 凝聚人才，形成组织发展核心驱动力

人才是组织发展最宝贵的财富之一，公益理念需要人来贯彻，项目思维需要人来论证，项目设计需要人来落实，所以，人才的多少可以在一定程度上反映出一个组织的发展程度。基金会现有全职人员32人，其中硕士研究生6名，本科毕业生20名，中级社工师3名，助理社工师8名，形成了一个年轻、专业、富有热情的团队。为了吸引人才，我们做了以下几项努力：

1. 优化环境，引进人才

提供良好的工作环境和薪资待遇可以说是引进人才的首要条件。基金会于2017年12月乔迁至杭州滨江600余平方米的新办公室内，为员工提供了宽敞明亮的办公区、温馨舒适的休息区，不仅为员工提供了良好的工作环境，也为造访基金会的领导、来宾留下了良好的印象。不仅如此，基金会还设立了完善的五级薪资奖励机制，提供同行业内较好的待遇，让员工

能够无后顾之忧，全身心地投入工作。

2. 学习交流，培养人才

基金会每季度都会组织交流学习活动，有共读一本专业书籍的读书交流会，有邀请基金会顾问老师讲解法律、财务相关知识的短期培训，有温馨有爱的集体生日会等，让员工在工作之余，有机会充电放松，提升自己。

3. 赋权增压，磨砺人才

基金会十分注重人才的历练，让每个员工都能有发挥和成长的舞台。从活动策划到会议主持，只要有条件每个人都可以站到台前，充分地展现自我。

六　结语

"唤醒沉睡的状态"是浙江省妇女儿童基金会2013年接起的历史任务。这支独立化运作的队伍在邱哲秘书长的带领下，用5年时间超越了32年，一步步创新整合，不断摸索出属于自己的专业化行动路径。如今，这支队伍已经走出省内，把"焕新乐园"等项目推广到了全国，成为公益慈善组织参与精准扶贫的全国品牌项目。

一座图书馆，改变一座城

——"有为图书馆"

浙江慈善事业发展报告编写小组

一 前言

有为图书馆是浙江省首家民间公益图书馆，成立于2012年6月17日。有为图书馆的宗旨是通过阅读推广及文化活动，提升本地精神文化水平，开阔本地视野。用公益链接居民，推行社区营造，增加社区凝聚力，弘扬互助大爱的价值观，以公益图书馆为载体为小镇引入多元文化资源，推动社区自教育组织营造，激发社区人终身成长理念实践。

在刚成立时，有为图书馆只局限于三门县文化路的一个老厂房内。后来，在三门县政府及相关部门的支持下，有为图书馆于2017年1月搬迁到珠游溪畔文创一号内新馆。环境优雅，风景宜人。两层楼落地玻璃，装修简洁明丽。通过近6年的探索和努力，有为已经成为三门县内特色的文创品牌，也成为一个在阅读领域颇具知名度的浙江公益组织。

作为一座图书馆，有为除了在提供正常的借阅服务以外，还提供各种阅读推广类和文化活动类活动。在图书馆里以故事会、电台、绘本剧、工作坊等形式推动阅读；在图书馆外，有为积极与三门县的数所学校推动"一人一书"项目。文化活动作为有为另一条业务主线，与阅读推广工作相辅相成：从2012年至今，累计开展举办了1000多场活动，影响近4万多人次，涵盖了从儿童到成人不同年龄阶段的受益人群，有效丰富了本地的精神文化生活，从而改变了三门县城的阅读氛围。

二 具体来看，有为图书馆的经验可以归结为以下三点

（一）一位青年人的梦想，无数人来参与

浙江省三门县，县城区人口8万人，是全国众多典型三四线城市中的平凡一员。和一二线大城市相比，文化资源匮乏，市民的视野明显偏窄。

有为图书馆的创始人章瑾，是一名从三门县走出的优秀青年。从小成绩优异的她，留学回来后在香港就职。促使她下决心回家乡县城建一座图书馆的，源于她在成长过程中的个人经历和观察社会得到的感受：当年在大城市求学的章瑾，曾体会过一个县城青年的局限和尴尬。于是她希望更多台州三门的孩子，能在家门口拥有一个和外面世界的连接点。在章瑾看来，改变一个城市的气质，阅读就是最好的办法。她决定通过建图书馆，把一线城市的资源和信息带到县城里。虽然这个想法实施起来困难不少，但也让人期待。一通电话，6位热心公益的三门籍商人一拍即合，决定一起办个民间公益图书馆。章瑾母亲也成为最早一批志愿者，更是把家里的年租金12.8万元的仓库以每年一元的租金"租给"了她。开馆后，很快就吸引20余位本地热心的人作为志愿者来参与图书馆公益事业中。

图书馆落地后，创始人们一直设想着建设一支有思想的年轻团队去负责运作。于是，他们找到了现任馆长何雪娇，组建执行团队，她们多是同样喜欢阅读、喜欢孩子、喜欢周游世界的人。几年发展下来，有为已形成一个有爱高效的团队。理事会、员工、执行团队为核心，国内外大学生志愿者、成人义工、小义工参与其中，各司其职。

自开馆以来，有为图书馆始终坚持建符合本地具体情况、适应本地良性公益发展的图书馆，通过8名全职员工撬动1000余位志愿者，参与有为图书馆各项日常活动组织与运作。在这些志愿者中，有500多名初中生组成的有为社团；有60多名教师、母亲组成的绘本团队，采编组、故事组、剧本组分工明确，分摊了绘本馆全年的项目；有专业老师组成的种子教师组，负责中小学生在有为梦想空间的素养课教学；有做乡村阅读推广的团队；

还有一个由百余名妈妈组成的女人俱乐部。她们定期举办活动，从健康运动、情感心理、亲子教育等方面学习、分享，共同承诺用20年修习，让自己成长为独立自由有爱的新女性，且志愿服务团队人数还在不断增加中。

即使在传统春节期间，有为图书馆也能通过开放"一日馆长"计划，组织志愿者负责整馆一日的运行，在春节有为员工放假期间，整馆运行良好。目前，有为图书馆发展出来的逾千人的志愿者，成为图书馆发展的最大支撑力量。

另一方面，图书馆建设起来了，运营需要成本。从有为的资金筹集过程来看，也体现了一座县城所具有的热情和潜力。2018年9月7日-9月9日，在腾讯基金会发起的9·9公益日活动中，68小时内有10442人次参与有为图书馆的项目捐赠，共获得超过53万元的捐赠收入。

与2017年相比，2018年的9·9公益日又增添了许多创意和不同："阅读在山海之间，有为与文明共行"。2018年9月7日，三门公交站台播放着小城公益。9月8日，有为爱心义演义卖会在小剧场举行，共有14家爱心团体为观众献上精彩演出，在义卖现场，共有11个爱心摊位，货品精彩多样，从二手书籍到南山上的绿植。上百家三门本地的爱心商家参与了本次9·9公益日中来，他们号召顾客亲友募捐，在店内向顾客展示公益捐款。

2014~2017年，三门县居民和外地爱心人士持续在9·9公益日三天筹资劝募，为有为募得维持运营的善款。其中，半数以上来自本地居民的参与。2014~2017年，有为图书馆共接受了221万元的民间捐赠与96万元政府捐赠，民间与政府捐赠占比分别为70%、30%。从最开始三门人不相信不理解"公益"，到现在认可有为做的事情，并愿意通过捐赠的方式为自己的服务"买单"，有为在一片"公益"的陌土上耕耘着自己的影响。

从志愿者参与到资金捐赠，不仅能清晰看到有为图书馆与传统图书馆的区别所在，而且还能深刻感受到它为三门当地带来的影响和改变。这些影响又反过来，成为支持有为图书馆不断拓展的力量。常说公益的一大价值是构建社会资本，促进社会参与，它不应只是某几个人的事情。有为图书馆在一个公益氛围和文化基础相对落后的社会环境中走出了一条特别但又合乎情理的道路，为那些同样在三四线城市的社会场域开展项目的机构提供了富有启发的参考。

三 以阅读为抓手，乐高式组建项目体系

社区阅读推广项目

从创立之初，有为图书馆就有明确的目标方向，旨在通过阅读，连接一二线城市，提升本地精神文化，为青少年成长打开一扇思想和知识的窗户。因此一开始就瞄准本地的青少年和儿童群体，以社区阅读的形式提供服务，其中绘本作为阅读的重要载体，在有为更是发挥了巨大的作用。

图书馆根据孩子不同年龄阶段的发展特点，将绘本分为三个年龄段：0—3岁、3—6岁、6岁以上，按年龄阶段提供不同的绘本故事内容，给孩子及家长更多选择。

2017年1月，有为搬进新馆，绘本阅览区从原来20平方米的小区域更换成现在的海啊绘本馆。在有了更好的场地之后，有为图书馆除了提供基础且核心的绘本书籍外，会定期组织开展绘本阅读推广活动，每周末定期举行的丁丁故事会，从2012年义工"丁丁"老师1个人给孩子们讲故事到现在共有60多位义工一起参与，变成了图书馆重要的阅读推广工作，很多小朋友从两三岁听到五六岁，而通过绘本养成的阅读习惯则一直伴随着孩子们。有感于绘本不仅可以读，还可以演。所以图书馆每年还组织家长和孩子们一起参加绘本表演，在活动过程中体验绘本和戏剧结合的快乐。此外，还搭配由爸爸妈妈担任主播的故事电台、邀请外界优秀阅读推广人举办工作坊等，以给孩子和父母提供更好的阅读资源。随着时间推移，有为还尝试邀请有爱心和责任感的家庭在不同社区发起社区绘本阅读项目，定期为居民提供绘本借阅服务、故事会和其他阅读活动，希望借此将儿童阅读推广到各个社区。

社会阅读推广项目

除了关心社区阅读推广外，为了更大限度发挥公益资源的优势，培养阅读的氛围有为图书馆构建了一个学生群体（城市学校、乡村学校）——企业——普通公众的社会阅读推广机制。在学校层面，有为图书馆三年来持续在三门县多所学校里推动"一人一书"项目。这也就是有为图书馆发起的一项面向学生们的社会阅读推广计划。在企业层面，有为图书馆还与

三门县海游镇多个企业、组织合作，开展图书站活动，为员工及其子弟定期更换书单，助力企业、组织内部创办读书会、工作坊等学习平台。在普通公众层面，有为图书馆搞起了"漂流书"活动，读者不用借书证，也不用押金，就可以在各个漂流点免费领取漂流书，阅读，书写笔记。读完后，读者再把这本书放回漂流点，让更多人分享的诚信阅读活动。

1. 城乡学校阅读推广项目——"一人一书"

针对三门县中小学生喜爱阅读却没有合适书籍阅读的现状，2014年开始，有为启动"一人一书"项目为每位学生提供一人一本不一样的书籍，由学生发掘书中的精彩并向班级同学进行推荐，从而形成良好的班级阅读氛围和同学交流氛围。

在该项目中，有为图书馆会为班级每位同学提供涵盖不同类型的书单及书，同学们从书单中自由选择成为其中一本的管理员，方便自己阅读，也方便分享给其他同学阅读。这样就形成了一个"书—书、书—人、人—人"的阅读交流平台，便于营造班级良好的阅读氛围，有为图书馆会定期回收同学们的阅读书单进行统计、分析，为语文教师开展后学的教学、阅读推荐提供建议及参考。

2018年上半年，"一人一书"项目共与城乡的15所中小学、79个班级，3112名学生合作，共计借阅书籍23726册。

2. 乡村学校阅读推广项目——"乡村读书角"

有为图书馆在一批乡村学校设置图书角，配合设置书籍书架、培训教师。2016年，有为图书馆在坝头小学试点了一学期，有为馆员与义工教师每周都去给孩子们上阅读课。2017年，有为图书馆选取两个乡村小学作为乡村阅读推广的重点。这个项目由两名专职员工带领若干义工一起推进乡村小学的阅读。目前，该项目取得了丰硕的成果，在推广乡村学校阅读方面发挥了良好的作用。

3. 企业阅读推广——"企业书箱"

有为图书馆在本地部分企业配备企业书籍书架，与三门县海游镇多个企业、组织合作，例如在海啊集团、三变集团、志愿者之家、新场小区开展图书站活动，为员工及其子弟定期更换书单，助力企业、组织内部创办读书会、工作坊等学习平台。

4. 社会阅读推广——"漂流书"

除上述方面，有为图书馆还大力推广面向普通公众的阅读计划。这也就是"漂流书"活动。参加该活动的读者不用借书证，也不用押金，没有借阅期限，就可以在各个漂流点免费领取漂流书，阅读，书写笔记，然后再把这本书放回漂流点，让更多人分享的诚信阅读活动。

除上述活动以外，有为图书馆还与一些社区组织合作，包括有为女人俱乐部、TMC演讲俱乐部、小义工社团等，组织开展了一些与阅读相关的活动，比如人物密码、凝字成诗、科幻奇幻、反转微小说、故事架构、开头、文章赏析等主题的文学组活动。

作为图书馆，有为藏书量只有2万多册，数量不多，但是发展了丰富的项目活动体系。因为有为不是传统的图书馆，它的目标是推广阅读，是帮助本地青少年培育独立思想、开阔视野，是缩小与一二线城市间的差距。按照发起人的观点，像三门一样的小城，需要的并不是简单给予图书。更需要培养阅读习惯的氛围、激发学习的兴趣、培养更大的视野。因此，它所设置的这些项目体系，从影响儿童到家长、学校，从社区阅读扩大到社会阅读，无一不是在朝着设立的目标努力。

四 连接内外，一个逐渐显露的小城文化地标

除了阅读推广的项目，有为图书馆的文化活动也很有特色。2012年至今，有为图书馆累计开展举办了1000多场活动，有近4万多人次参加。目前，有为图书馆的主要活动有冬夏令营、博雅乡村、真人图书馆、环球N天、观影会等。

1. 冬夏令营

每年假期，有为图书馆都会为社区中学生带来2期夏令营（一期初中营，一期高中营）和1期初中生冬令营。冬夏令营旨在7-15天为营员们提供有趣味、充满互动性与启发性的通识教育课程。冬夏令营的主题活动包括："人，认识你自己""社区探索""口述史"。

作为社区营造的践行者，有为图书馆在几年内积累了一定的社群运营经验，链接了各行各业的伙伴，这些都为冬夏令营的开展提供了优渥的土

壤。这样自发组织、设计的模式向中学生与志愿者提供了充分反思与讨论的空间。

除了主题课程以外，冬夏令营还包括丰富多彩的团建游戏、每日 TED 演讲、真人图书馆、清晨诗会与社区探索等活动，丰富中学生学习的形式。截至目前，有为中学生冬夏令营已经开展 22 期，影响含营员与志愿者共约 1230 人次。

2. 博雅乡村（又称大学预备营）

大学预备营是有为图书馆为本地高三毕业生提供的为期六周的全英文外教创新课程。该项目与美国圣劳伦斯大学合作，致力于开阔青少年视野，从国际宏观的角度探讨世界性话题，培养学员独立思考和批判性思维的能力。

2018 年 6 月 12 日—7 月 18 日，有为图书馆组织了一期活动。来自美国圣劳伦斯大学的志愿者 IVY Raines 和中国留学生彦霏围绕《联合国千年发展目标》，对亚洲、欧洲、中东、非洲和美洲等地区的文化经济等进行深度探索。在课程中，有为图书馆运用研讨小组、具体案例分析、平等课堂、国际关系等良性互动与探寻的方式，着重关注无贫穷、零饥饿、健康与福祉、优质教育、性别平等、粮食安全、经济增长、和平与正义等议题，在学生中引发了激烈的讨论。

3. 社区素养课程

素养课程是有为图书馆与上海真爱梦想基金会长期合作的项目。素养课程与传统课程不同，它强调以问题导引团队探究，以游戏达成体验学习。有为图书馆认为，老师不只是知识的传授者，而是积极的提问者和鼓励者；学生不需要记住名词概念，而应在思维的碰撞和活动的体验中感悟成长。基于"问题比答案更重要，方法比知识更重要，过程比结果更重要"三个理论基础设计的一系列培养学生全民素养的课程。

2018 年 7 月 26 日~30 日，来自哥伦比亚大学教育学院和美国佐治亚大学的两位真爱梦想课程研究院讲师带来主题为"思考与戏剧表达"的五天课程，从思考与选择、戏剧教育两个大方面切入，为孩子培养想象力、创造力与综合思辨能力。

4. 其他活动

有为图书馆除了为本地社区提供服务外，还积极为其他社区服务输出方法与策略。2018年5月12日~13日，有为图书馆素养课程的两位种子教师，到天台县社区梦想中心，也是台州的第二家社区梦想中心，组织了活动。2017年夏、2018年冬，10多位志愿者老师将该门课程设计为冬夏令营，并在有为图书馆组织开展活动，为三门当地60余位孩子带来特别的课程体验。

有为图书馆，不仅在地图和视觉上成为一个特别的符号，更是在小城里发挥着多项功能：

它是一个学习和文化中心：三门本地的居民，来到这里阅读，收获知识；学生们在小剧场里听讲座，做活动，逐渐丰富对世界的认知；近50位教师义工可以在这里迸发更多新的教学理念，产生好的教育办法；梦想教师可以为社区孩子1－9年级的学生提供素养教育课程，这里也是社区课程研发中心，和上海真爱梦想基金会合作，把多年的有为社区活动加上真爱的素养课程，研发出一套适合在社区开展的素养课程。

它是一个社区交流中心：近200名义工在图书馆内可以商讨他们的活动，更好地加入社区阅读空间共建的活动中来；有为员工和来自国内外许多关注教育、阅读和公益的同行，通过这里产生联系与合作；有为也成了一批学子和返乡青年的精神家园，是暑假寒假学子们返乡建设家乡，从事阅读推广活动的基地。

同时它还是一个社区公共平台，不是由一个人在经营，而是社区人士、读者、义工、捐赠者共同搭建的一个可以获取、可以付出，共享资源的一个公共平台，一小城公共生活的新开端。

五 有为的成就

成立6年来，有为图书馆取得了很多成绩，也获得了很多荣誉。

在成绩方面，目前，馆内共有藏书约21000册，办卡读者超过3000人，占主城区人口约3.75%，办卡读者年人均阅读11册书籍。这远超全国2.5本阅读量，并等同于中等发达国家读者的年人均阅读量。从2012年至今，有为图书馆约有1000位义工参与工作。陆续组建的团队有：500多位注册的小义工，60位绘本义工教师及梦想种子教师团队，220多位来自全国各地的大学生志愿者，100位女人俱乐部成员，30多位执行义工团队。

在荣誉方面，2016年，有为志愿团队获得了"感动台州"提名，馆长何雪娇获得了"浙江好人"称号。全国人大财政经济委副主任、原省长吕祖善在实地考察有为图书馆后，有感于志愿者的无私付出，称赞他们是"有为真有为，希望更有为"。

有为的愿景是培养终身学习者，终身学习概念是由联合国教科文组织1965年开始正式提倡，已成为更新传统教育观念、重新认识和定位国家教育体制和国家教育政策的国际教育思潮，在全世界广泛传播与推广。

这也是有为存在的一个重要因素，三门当地的体制化教育已经无法满足很多孩子的需求，而且家长，老师，三门青年的成长，一直都处于教育体系之外。所以终身学习不但是一种理念，更是一种强烈需求，不同的人在不同的阶段需要通过学习来解决自身的问题。终身学习着重从学习者的主体角度，强调个人在一生中能持续地学习，以实现个人在一生中各个时期各个阶段的各种学习需求的满足，是学习权和发展权的实现。终身学习更能体现以学习者为主体的特色。所以终身教育体系应该理解为：正规教育、非正规教育和非正式教育的整合、协调和互动。体制教育只是属于终身教育的一小部分。

人在不断学习着，但是人也总是在不同的社群中，不同的社群生活的领域，就构成一个社区。结合有为的口号"一座图书馆，改变一座城"与愿景，可以得出有为的社区概念，是广义的，以图书馆为中心往外辐射的范围。而不是单单指物理上的概念，它的影响力有多大，形成的社群有多广，它所构建的社区就有多大。目前，有为聚焦于提升小镇生活的文化活力，为小镇不同群体提供相应的学习内容。

当然，有为图书馆并没有就此止步。有为相信，随着图书馆不断做大，未来会有更多人加入阅读的队伍，也将为推动青少年阅读贡献力量。

公募权的"突围"和转型之路
——微笑明天基金会

浙江慈善事业发展报告编写小组

一 引言

在《慈善法》出台以前,社会组织较少拥有公募权。但公募资金对于很多社会组织而言又有相当的吸引力。所以,自 2010 年开始,有一些社会组织开始寻求申请成为公募组织。2011 年,深圳壹基金慈善基金会成为全国首家成功转型的基金会。随后,海南成美慈善基金会、北京新阳光基金会也都获得了公募资格。

2017 年,随着《慈善法》的出台,公募权渐渐放开,地方性的机构也有了转型的机会。2017 年,微笑明天慈善基金会(以下简称"微笑明天")成为浙江省第一家非政府主办的公募基金会。那是什么力量在支撑该机构呢?这其中又面临怎样挑战?它又是如何积极应对的?

二 转型的基础

微笑明天是一家有着 27 年历史的慈善组织。而它之所以能够成功获得公募资格,是因为它在这 27 年里做了充分的准备。

(一)优质的品牌项目

"微笑明天公益行动"项目是一项针对儿童医疗救助的项目,受助群体绝大多数都是偏远少数民族贫困地区家庭，他们没有能力承担手术费用，当地也没有高水平的医疗设施和医护人员。如何搭建资源对接，并保证医疗救助的专业性、规范性，是一项艰巨的挑战。微笑明天针对这一挑战，建立了一套医疗活动管理、善款管理、志愿者认证、医护资源对接、患者筛选的标准化管理流程。

1. 医疗活动方面

微笑义诊模式。义诊前6个月—1年，微笑明天工作人员前往活动地点考察意愿，确定义诊时间，签订合作协议。医院联合当地政府，残联，计生协等部门开始招募患者。义诊前三个月，一方面微笑明天与医院进行准备工作，协调场地、人员、药品、耗品、化验、住院、手术流程、安保、后勤工作等；另一方面，开始组建国内外志愿者队伍，包括整形外科、麻醉、儿科、护理、医学影像拍摄、小儿心理辅导、病案记录、翻译等。一次义诊，项目人员都要打数百个电话进行确认。义诊前1周，微笑明天工作人员到达义诊医院，落实各项准备工作。27年来，他们的足迹遍布全国，甚至为柬埔寨、越南、老挝、缅甸、不丹、印度等国开展微笑义诊。义诊周，第一天带领志愿者熟悉医院场地、队员自我介绍、队员会议。第二天，为前来参加筛选的患者进行全面体检，包括整形、麻醉、儿科、生命体征、化验抽血、喂养护理指导等，确定手术名单。义诊第三天到第六天，集中为患者提供免费修复手术。术后一周，集中复查与拆线。术后一个月，术后电话随访，提供义诊信息咨询等工作。

诊疗中心模式。微笑明天与医院合作，委托医院唇腭裂相关科室进行全年免费手术，患者可以前往定点医院接受手术。定点医院的医疗团队必须经过微笑明天医疗委员会的认证，并接受微笑明天的实地监测和术后评估。目前已在河南南阳、郑州，江西南昌、杭州的定点诊疗中心都在正常运作中。

2. 志愿者管理方面

最早的志愿者招募是依靠互相介绍，口口相传，后来在官网设有医疗和非医疗志愿者的报名通道。微笑明天设立医疗认证委员会，负责认证合作医院和医疗志愿者的资质，确保医疗志愿者可以达到微笑明天的医疗标准要求。微笑明天的医疗志愿者包括整形外科医生、麻醉医生、儿科医生、病房护士、监护室护士、手术室护士。非医疗志愿者包括设备工程师、病案记录、医学影像拍摄、翻译、小儿心理辅导、故事收集等。精细化的项目管理和活动安排,让即使非专业的志愿者,也能参与其中。27年来,在医患关系日益紧张的社会环境下,这里没有医患纠纷,没有晋升科研论文压力,医生真正成为这些孩子们的白衣天使。微笑明天则当了27年的捕梦网。

（二）良好的社会参与

在中国,大约每600名儿童中就有1名出生时患有唇裂、腭裂或两者皆有,他们通常被称为"兔唇宝宝"。其中许多家庭没有能力负担治疗的费用,因此,很多孩子一生都将面临心理和社交的困难。幸运的是,一小时的手术便可以改变这一切。"一次微笑改变一生"成为微笑明天发起人吴伟的信仰。从1991年起,微笑志愿者们以杭州为起点,发起了一个专门救助唇腭裂及其他面部畸形的医疗救助项目。27年来,他们将慈善做到了全国20多个省市自治区,乃至走出国门,帮助了海内外4万多个贫困唇腭裂孩子重拾微笑。在一张张绽放的笑脸背后,是27年来微笑明天积累的大量社会慈善资源和高黏度公众参与热情。有志愿者称"微笑是一个来了就不想走的活动",有的志愿者参与"微笑明天"整整27年。微笑明天在中国与近200家公立医院参与项目救助合作,累计参与的志愿者超过5万人次,参与捐赠的公众278万人次,项目累计募集善款2亿多元。

（三）广泛的社会捐赠

微笑明天的公众链接之路走得并不是一帆风顺。因为缺少公募资质,微笑明天以往的筹款模式只能通过筹办慈善晚宴和登门劝募。简单直接的方式,其实要付出很多心血,背后是数不清的电话、厚厚的资料和穿针引线的朋友。很多时候还要面临白费功夫的境况。但是这种方式,针对的是精英人群,同时成本也会占到筹集善款的两三成。

如何让公众低成本捐赠,一直是微笑明天的挑战。互联网科技带来的人人可参与的场景,让这一切成为可能。2015年7月,一起"上海一男婴因兔唇被爷爷毒杀"的新闻引起很大社会反响。"微笑明天"发起了线上筹款，短短两天就筹到了100多万元。以前慈善是小众的事情，通过科技赋能，人人都能做慈善。互联网让筹款方式物理反应，转变为分子裂变的化学反应。现在，微笑明天通过淘宝"公益宝贝"、蚂蚁金服公益、腾讯公益等线上平台获得的捐赠，占了总捐赠额的40%。在筹款量剧增的背后，是对于善心善行的价值理念的传播。互联网筹款方式减轻了筹款压力，也让团队更多精力投入项目管理、执行和透明度建设上，更多关注慈善项目的设计和未来的发展愿景。

三　转型与发展

微笑明天渐渐意识到，紧紧埋头苦干，默默耕耘一个项目，会陷入发展瓶颈。在追求"共享共融"的当下，他们需要突破天花板，链接资源，把慈善的价值理念传递给更多人。多年的资源积累的公众信任基础，规范化、专业性的项目管理加之互联网慈善带来人人可参与的新场景，微笑明天觉得"一次微笑可以改变更多人的一生"。在地方性公募基金会登记权限放开制度春风吹动下，微笑明天决定转型，以善心融化更多人的善行，营造整个社会善念。

2017年8月，微笑明天获得公募资格后，开启了联合劝募之路。在转型初期，微笑明天缺少对其他类型NGO项目的管理经验，通过不断的学习和增加项目管理人员，逐渐探索联合劝募的合作管理模式。同时，微笑明天意识到借助媒体的力量打造公益品牌的重要性。他们与新浪浙江、都市快报、新华网等媒体的合作，推动了机构的进一步发展。截至目前，微笑明天联合了28家机构共发起了30个项目，年筹款额是2016年的2.2倍。

经过这一转型，微笑明天抓住了不少新的机会。

第一，上线大平台，开展公众捐款。微笑明天自有项目"兔唇宝宝的微笑"作为"95个小确幸"之一，参与阿里95慈善周线上主会场，更邀请明星作为活动的"微笑大使"，并上线了相关线上传播周边产品，便于网友应用和参与转发。有趣的玩法也引发了明星粉丝的参与热潮，粉丝们纷纷自发为"兔唇宝宝的微笑"献出爱心。

9月5日中华慈善日当天，"兔唇宝宝的微笑"项目登录新浪新闻App

开屏页，新浪浙江 WAP 焦点图、App 信息流、新浪浙江慈善频道。都市快报快公益、杭州潮人等公众号也向关注者推送了微笑明天和兔唇宝宝的暖心故事。与此同时，微笑明天在 9 月慈善周的系列宣传主题海报在杭州地铁 2 号线、4 号线各大站点、武林小广场 LED 大屏铺开。微笑明天和兔唇宝宝的暖心故事作为腾讯大浙网年度"暖城故事"之一，登上了钱江新城暖心跑道，公交车身。微笑明天项目总监单励原声讲述暖城故事，上线企鹅 FM。通过线上线下全方位联动，活动累计曝光量高达 8000 万！

第二，携手其他慈善组织，共同成长。自 2017 年微笑明天转型公募基金会之后，拥有公募资格的微笑明天在资源获取的途径和方式上更加开放多元。他们也觉得应该肩负更多的责任。携手本土慈善组织共同成长，打造区域可持续发展的慈善生态，做一个平台型的、枢纽型的基金会是微笑明天下一个挑战目标。他们观察到省内也有许多好项目，好机构。但它们中的很大一部分常常会面临发展过程中的最大瓶颈——善款来源不足。于是，2018 年 9·9 慈善日，微笑明天联合永康阳光爱心义工协会、温州市天爱慈善协会等多家省内机构，共同迎接慈善周。为了提升各机构的互联网筹款能力，微笑明天为各位伙伴机构开展多场线上线下培训活动，部署战略规划，提供最新渠道和信息，并针对每家机构各自的特点，进行一对一指导，解决它们发展过程中碰到的痛点。经过精心的准备，9·9 慈善日期间，各机构充分发挥了能动性，根据自身特点，使用各种方式调动了捐款者的积极性，让更多的群众参与慈善慈善事业。

永康阳光爱心义工协会"阳光陪伴·爱的抱抱"项目发起了同名线下活动：协会资深志愿者在当地电影院向陌生人索取拥抱，从无人问津到越来越多人鼓起勇气完成了"爱的抱抱"。让更多人切实感受到了该项目"打破人与人之间的隔阂，传递关怀"的愿景。温州市天爱慈善协会"为了 400 万份光明"项目也受到了 40 余名温州企业家的关注和支持，相关慈善海报出现在了电子大屏、出租车上等各个角落，成为温州街头一道暖心的风景。还有千人毅行、24 小时接力跑等线下活动，吸引大量捐赠人、志愿者进行参与，永康多家本土媒体跟进报道，线上视频图片直播，炎炎夏日也无法阻挡慈善的热情。

人人参与的快乐公益

——杭州滴水公益服务中心

徐 珣[*]

一 杭州滴水的发展历程

杭州滴水公益服务中心（以下简称"杭州滴水"）在最开始是一个助学平台。2006年，魏钧（大北）、周伟（花亦缺）、何萍（盛开的云）等几位义工联手创办了义工志愿服务平台。该平台会核实贫困学生的真实情况，发布到网络平台，使孩子们获得来自杭州、广州、温州、甚至海外马来西亚人士的关注，通过结对助学的形式，使孩子们快乐成长。在最初的助学平台成果基础上，杭州滴水经历了志愿服务、组织拓展和项目化发展三个阶段的发展历程。

第一个阶段，义工志愿服务平台建设（2006年至2012年）。早期的滴水公益是一个松散的平台组织。2006年，在安吉的一个茶馆里，几个公益人志趣相投，决定创办助学公益平台。2007年，滴水公益论坛正式成立。以网络平台为汇聚点，早期滴水公益参与者以义工身份开展助困助学为主的公益志愿服务。同时，最早一批滴水公益的志愿者，以论坛为媒介，通过信息交流、公益讨论和相互支持，不断拓展了滴水公益的志愿服务的范围，如2007年组织了为白血病患者募捐的大型慈善晚会，2008年大北、王

---

[*] 徐珣，浙江工商大学公共管理学院副教授、法学博士，主要研究领域：理论研究，关注宪法、民主与公共行政理论；实证研究领域聚焦地方政府与治理、城市社区治理研究等。

旭东等义工深入汶川地震灾区做救助服务，2009年为贵州关岭布依族苗族自治县募集冬衣活动等。义工志愿服务平台通过服务范围的拓展，积累了组织后续发展的志愿者人脉和专业化服务发展的经验基础。

第二个阶段，社会组织业务拓展（2013年至2015年）。2013年12月24日，杭州滴水在杭州市民政局正式注册为民办非企业单位，正式以社会组织的形式开展慈善服务。正式组织化发展模式使杭州滴水的志愿服务的开展更具有凝聚力，也带来了更多的专业化管理的要求。自2013年至2015年，杭州滴水完成了从松散型志愿服务平台向正式的社会组织服务的规范化转型。会长周伟（花亦缺）在2014年辞去了自己的工作职务，成为杭州滴水的专职义工，在江干区人民政府的支持下，杭州滴水在九堡街道社区活动中心有了独立的办公场地，社会组织专职人员发展近20人，并在助学支教、心理热线等领域有了成熟而专业的服务经验，2015年获得了杭州市民政局认定的5A级社会组织评估等级。

第三个阶段，面向社会治理的项目化发展（2016年至今）。经过三年的组织规范化发展的经验积累，2016年始，杭州滴水开始步入面向社会治理的公益服务项目化发展探索的路径。从2016年开始杭州滴水正式承接政府公益创投项目，当年承接有杭州市社会组织公益创投项目两项：垃圾分类持续宣传项目和心理咨询热线服务项目。2016年以来，杭州滴水承接有杭州市、江干区、淳安县、建德县等地，面向城乡社区服务与治理的政府公益创投服务项目。2018年，杭州滴水探索并承接共青团浙江省团委和浙江省青少年发展基金会，每年资金平均在50万元左右。政府项目承接过程提升了杭州滴水面向社会需求和治理设计和管理项目的能力，同时也拓展了杭州滴水项目执行和实施的落地空间，将自身已有的义工志愿者资源和特色项目，链接到城乡社区服务的领域，使组织成为面向基层社会治理，扎根城乡社区，做实做强专业性服务的实务功能型社会组织。面向社会治理的项目化发展，也给杭州滴水带来了很多的社会荣誉，包括2016年彩虹盒子项目被杭州市民政局确认为杭州市社会组织品牌项目；2017年浙江省志愿工作委员会和共青团浙江省委"心灵海豚湾公益热线"项目大赛获银奖；2018年杭州市民政局授予杭州滴水会长花亦缺（周伟）杭州市社会组织领军人才荣誉；等等。

二 人人参与的快乐公益

杭州滴水围绕"让更多的人参与快乐公益"的组织使命,以义工团队为基础,激发公益的社会参与,并走向一种公益慈善组织面向城乡社区治理的参与式公益转型的路径。在激发公益的社会参与方面,杭州滴水做了以下几项努力。

第一,打造快乐的义工团队。让公益成为一件快乐的事,先要让组织的义工团队体验公益的快乐。敦厚的公益人格培养也需要从公益团队的日常快乐中养成。为此,杭州滴水在组织义工团队建设过程中,力求发现寄托志趣和快乐的形式,同时也使之与公益服务项目建立稳定的支持关系。义工部探索有很多形式的活动,包括:晨读经典、不定期大型义工交流活动、定期组织献血、励行活动、瑜伽课程等,提升义工兴趣技能,培养义工毅力,提升素养,增进友谊,既期待义工个人公益志趣得以实现,同时也为义工参与各类项目打下基础。义工快乐的源泉还在于义工身份的获得、义工服务的认可与荣誉授予的制度化:成为杭州滴水的义工,必须参与5次项目活动和1次义工培训课程;成为正式义工1年以上,才可以担任义工群的管理员;根据义工的日常公益参与的贡献,每年评选"十佳义工""星级义工""最佳义工家庭",激发义工基于公益的荣誉感和获得感。

第二,激发公益的社会参与。公益不能只是服务,而是要激发参与,汇聚众人之力,助人而自助,是公益快乐之本,持续发展的力量之源。杭州滴水正是基于这样的公益原理,使自己的每一个项目汇聚的是社会参与,济困助人之时,也给公益的参与者带来快乐。这些项目包括:彩虹盒子,汇集社会爱心,为贫困山区儿童定制严重缺失又迫切需要的学习、生活用品;彩虹学堂,致力于解决贫困地区的教育质量落后、师资匮乏,提高学生心理素质等问题,将专业、规范的教育理念送到贫困地区;爱的后备厢,通过向社会征集爱心车辆组成后备厢义卖区,向社会征集爱心拍品,通过现场义拍、义卖等形式筹集善款,服务山区的贫困学生;海豚心理热线,凝聚大批来自高校和其他机构的心理咨询的专业志愿者,面向社会公众提供心理卫生公益性道德教育、紧急救助、心理援助和疏导服务;笔心计划,通过派驻住校社工，心理咨询老师志愿结对的方式，为留守儿童提供心理辅导、咨询讲座和通信交流等服务，培育他们健康独立的人格；2014年12月组建成立"海豚救援队"，面向社会进行减防灾知识宣导及演练，提供大型灾害紧急救援及灾后安置。所有这些项目，都有很好的社会影响，同时也激发了广泛的社会参与，以2017年为例，杭州滴水开展各种项目活动共542场，参与义工10581人次。全年筹集善款4464800.65元，接收物资8825件，约1517092.5元，用于支持上述各个项目的服务活动的开展。

第三，与城乡社区治理相衔接。慈善法颁行以来，扎根城乡社区的公益服务成为一种慈善实践的重要方向。以此为背景，杭州滴水开始侧重于城乡社区服务的项目开发，成立社工部及其下属的社区服务与农村项目部，负责面向城乡社区公益服务的设计、申请与执行。在这一过程中，我们向政府积极申请以激发公众参与为核心导向的面向城乡社区治理的公益创投项目。2016年以来，杭州滴水平均每年至少承接2个以上政府购买的城乡社区服务的公益创投项目。这些项目的核心是引导、鼓励和陪伴居民共同参与社区服务。以角落计划环保项目为例，致力与政府部门、企业、学校等合作，推动垃圾分类理念落实，以公众倡导活动引导社会各界参与城市废弃物环保行动，探索垃圾治理模式。该项目2017年获得了江干区政府以"绿宝藏"垃圾分类观察项目为立项名称的公益服务购买。项目执行过程中，面向中小学生招募垃圾分类观察员，对全区120个小区的垃圾分类实践，进行客观的第三方评估，发现问题，提出整改方案，该项目被评为2017年度江干区"志愿服务单项奖"。

此外，杭州滴水还重视将特色服务项目与城乡社区服务相联结。在获得政府公益创投项目扎根社区服务的同时，杭州滴水积极探索特色项目向村庄与社区服务的对接。如2017年承接的杭州市政府下姜村驻村服务项目中，爱的后备厢项目成为联结乡村与社区服务的一个平台：下姜村民的竹篾产品、特色农产，可以通过后备厢项目的实施得以推广销售。将特色公益项目向城乡社区服务对接，既拓展公益项目实践形态，也满足社区服务公益创新的需要。

最后，杭州滴水致力于激发社会公众捐出小额善款。公益可以是一种生活方式，关键是要能够创制积极有效的公益参与模式。杭州滴水多年来探索了特定受众以特定的公益参与模式汇聚公益善款的实践，试图改善社区人的生活方式，将公益理念渗透到人们的日常生活。如一点一滴乐善小铺，鼓励分享和循环再利用闲置物品，组织公众参与爱心义卖，使人们在公益参与中收获爱心奉献的快乐；魅力城社区推广垃圾分类，组织可回收垃圾售卖和闲置物品义卖，善款捐赠到垃圾分类项目；组织"爱的后备厢"和"爱的饥会"等公益参与的活动，鼓励爱心捐赠；爱心储蓄罐项目则面向社区和学校，鼓励青少年每日积攒零花钱，捐助公益慈善事务，培育青少年的公益理念与健康的公益人格。

三 结语

自 2006 成立至今，杭州滴水已走过 10 多个春秋；历经寒暑变幻，不变的是滴水人的公益初心：用爱心改变世界。杭州滴水一路成长的历程，也正是中国公益慈善迅速发展，公益服务与社会治理迅速推进与转型的过程。杭州滴水从滴水公益论坛的松散平台型组织，到正式注册的民办非企业单位的社会组织，再到积极投身于城乡社区服务与治理的创新探索，这一发展历程在一定的程度上可以显见中国公益慈善逐渐走向规范与深刻的社会改善的路径。美好生活社会形态的未来前景会有多种可能，但不可或缺的一定是人们对公益的信仰和对慈善事业的热心参与。因此，汇聚人人参与的快乐公益，作为杭州滴水义工的实践智慧，可贵在 10 余年的探索与坚持，也可贵在代表中国慈善公益事业发展的一个可能的探索未来的方式。

跨界融合创新的媒体公益行动
——《都市快报》"快公益"

浙江慈善事业发展报告编写小组

一 前言

对社会关键问题、社会动员规律的全方位观察、对各界社会资源强大的整合能力,让媒体做公益有着很多天然的优势。随着中国公益事业的蓬勃发展,近年来媒体投身做公益的现象已经屡见不鲜。从报道转型而来的媒体人做公益如崔永元,到开辟公益版块的新浪公益、新华公益、腾讯公益……媒体做公益渐成潮流,但并非一种简单现象。

在杭州,有一支媒体背景的团队,不同于媒体做公益以观察者、报道者、传播者等常规形式参与公益,而是成为公益的亲身实践者、引领者和创新者。这支跨界而来的媒体团队,在与公益与社会资源融合的过程中,不断发现新的生长点,形成了独树一帜的媒体行动公益实践模式。

二 "快公益"的缘起

很多人对《都市快报》这份报纸情有独钟,是因为它不仅对新闻大事件有宏观深度的把握,更对老百姓生活中的小事深切关心,服务读者。

《都市快报》副总编辑姜贤正说:"新闻并不只是国家大事,很多老百姓生活中发生的小事也可以成为新闻。新闻的视角可以平视,可以细微地观察生活中的点滴,并用仰视的心态去踏实地服务每一个读者。'生活因温暖而美好'

是《都市快报》一直以来的办报理念,也是其深受老百姓喜爱和欢迎的原因。"

而谈到公益,《都市快报》"快公益"创始人姜贤正认为,所谓的公益,就是事关公众利益。它是一个广义的概念,在生态文明的场域,保护自然、保护生态,都是公益;在社会文明的领地,帮助他人,懂得关怀就是公益。在某种程度上说,媒体和公益是殊途同归的。事关公众利益的凡人善举都可以成为报道的素材,将正能量传递给他人,本身就是公益。

作为媒体人,在接触了大量慈善公益领域的新闻和事迹之后,《都市快报》编委会认识到媒体和公益是一对肝胆相照的"好朋友",他们具有天然的亲近感和连接性。可以说,公益离开了媒体传播就不能发展好公益,而媒体也能从公益中生发出新的发展思路,公益能让媒体和失联的客户和读者重新发生联系。

而让他们深入思考的是,媒体对公益的贡献和价值到底在哪里?如果仅仅停留在"启迪人心"的传播上是远远不够的,那媒体能否更深入地介入公益的项目中,媒体人能不能也加入公益实践中去?

于是,《都市快报》在2014年勇于跨出了媒体做公益的第一步,建立了专门的团队,推出了全新的版面《快公益》。快,是《都市快报》的"快";快,是及时行善,不拖不等不靠;快,是快快乐乐从事公益慈善事业。作为全国最大的传媒类公益平台,"快公益"开启了以传播公益理念为目的,资助帮扶为途径的"公益新闻专业化"的实践,并秉承着《都市快报》一贯以来"生活因温暖而美好"的初心,用实际行动去激发每个人内心的善意,用一个个有效而具体的项目促成善行,结成造福社会的善果,用善心、善行、善果去传播正能量。

在这一理念的引领下,《都市快报》通过纸媒、App、微信微博等渠道搭建了全媒体矩阵传播平台。纸媒板块,在《都市快报》A叠设"快公益"专版,每周一、二、三、四见报。通过专题策划、深度挖掘、讲述故事、人物专访等形式打造快公益专版,解决读者的需求,把政府、老百姓关注的问题报道出来。截至2016年底,都市快报共推出"快公益"版约500个,刊发了300多万字的相关报道。在微信渠道,快公益每日推送各类鲜活的人物、故事、行动、资讯,现粉丝量15000余,已成为浙江公众和公益从业者了解业内信息。Xx时间,快公益联合新浪浙江启动"公益频道",成为推动企业、媒体、社会组织互动链接的平台。全媒体式的传播体系让浙江公益走出浙江,传播覆盖面达17省1直辖市。

三 "快公益"的发展路径

公益新闻专业化是一个媒体团队迈入专业公益的基础,快公益团队不止步于此,而是亲身投入公益项目的实践当中。在这个过程中,"快公益"团队充分利用敏锐的观察能力、组织策划能力和宣传推广能力,连接出资方和受助方,形成了"媒体发现问题→倡导发起公益→公益项目试点→推动解决问题→媒体跟进问题解决情况"的公益产业链闭环。在这一基础上,我们做了几个方面的探索。

(一)项目化运作的初尝试

2001年启动的利群阳光助学项目是《都市快报》有计划有规模做公益项目的转折点。项目起源于杭州卷烟厂(现浙江中烟工业有限公司)举办歌德大厦开工启动仪式。当时的负责人找到《都市快报》团队,想要用这笔钱做点有意义的事情。《都市快报》在社会新闻的采写过程中发现,有很多考不上大学,却没钱念书的孩子,而上了大学将会改变这些孩子的一生。媒体人看到苦难就会想办法去改进,于是《都市快报》立刻行动起来,发起了利群阳光助学项目,并及时报道了这个项目的进展情况。第一届阳光助学行动,在社会人士的参与下,解决了400个左右大学生的入学问题。第二年、第三年,熟稔社会动员机制的《都市快报》团队,与《齐鲁晚报》《南方都市报》合作,以每年增加1到2个省的速度发展。经过16个年头,项目已经遍布全国17个省,解决了将近30000个孩子的上学问题。而这些项目成果背后,是百万、千万的公众关注和参与。

(二)社会需求与科学公益相结合

在用实际行动践行公益项目的过程中,"快公益"团队也深刻地体会到媒体人要做专业的公益实属不易。2011年在执行"免费午餐"公益项目时,发现业内不仅没有媒体做公益的先例可以效仿,也缺乏扎实的理论基础做支撑。凭着一腔热情和坚定的决心,他们选择迎难而上,排除万难,不断打磨革新,走出了一条靠谱的路子。这个项目让"快公益"了解到,公益项目的最终目标是找到一个社会问题的根源,并且根据这个社会问题提出一整套系统性解决方案,在解决社会问题的过程中要有完整的项目流程和风险控制,而且必须考虑到项目涉及的各个环节,同时考虑到相关利益方的需求。

2017年初,《都市快报》联合杭州慈善总会、浙江工商大学公共管理学院对浙江省乡村儿童美育开启了一次系统性的社会调查,了解美育对于乡村孩子视野和认知的提升作用。围绕科学的社会调查,设计推出了"花儿计划"乡村美育公益课堂,培养孩子的审美观念,推动美育领域的精英下乡。在这个项目中,"快公益"团队把对社会问题的观察分析与公益项目的设计更紧密地结合在一起。

(三)以成果为导向的社会资源链接

"快公益"发起的"长腿叔叔"项目是一个解决农村留守儿童问题的公益项目。"快公益"抓住城市中产人士喜欢跑步健身的特点,在全球招募100名具有较好的运动能力,具有较强的个人综合能力,还有较强公益心的人士,他们经过一定的"考核程序"后成为项目中的"长腿叔叔"。"快公益"把这100名"长腿叔叔"和100名农村留守儿童以及他们的家长进行结对。为了提升运动型项目的品质,"快公益"还邀请了运动器械的商家参与项目,提供资金和物资方面的赞助。

另外,"长腿叔叔"在项目持续性上也做了设计,志愿者们需要定期探访留守儿童,并通过自己的能力帮助留守儿童实现和父母团聚的愿望。例如,"长腿叔叔"可以资助留守儿童的父母回乡创业,也可以资助留守儿童的父母改善在城市的居住条件,或者让留守儿童和父母有条件在一起生活,从根本上解决农村留守儿童的问题。

四 "快公益"的创新突破

打造资源、观念开放互通的公益环境,是"快公益"认为媒体团队做公益最大的价值。亲力亲为、反复摸索成长起来的"快公益"团队，看到了国内公益慈善井喷式的发展需求，但与此同时大多数公益组织还未成长起来的现状。只有公益组织联合起来共同成长，缩小社会需求与公益组织专业能力之间的差距，提升社会需求与社会资源之间的链接效率，打造"公益+"的可持续生态系统，才能使公益实现更大的价值。在这一理念的引领下，"快公益"选择与真正解决社会问题、提供创新解决方法和模式，但资源上有限制的组织进行合作，充分发挥媒体的倡导、链接作用。具体而言，"快公益"从以下几个方面进行了探索。

第一，打通地域界限。2015年，"快公益"团队组织了温暖行走·公益研习营，探访台湾公益组织（基金会）及台湾社会企业，实地参访学习，培养浙江公益人士专业能力。2018年，更是开启中国社会组织筹资培训班、华东企业社会责任高峰论坛等各类高质量的能力建设类大型活动，通过"走出去""引进来"开拓浙江公益慈善组织的视野、提升学习资源的质量。

第二，打造交流空间。想要打造区域公益慈善生态系统，朋辈之间的交流、学习和公益慈善理念向公众的倡导都十分关键。2017年，《都市快报》推出南宋序集·公益分享会，把公益传播与公众教育相结合，已推出了26期高质量分享会。现在，这座位于"南宋御街"的文化场地已成为公益人思想交流、公众了解公益的城市公共空间。

第三，打破常规思考。2018年，"快公益"推出"公益反思录"专栏，让职业公益人思考总结自己对公益的探索和认识，目前已经推出9篇深度反思录。在这里，见证一支支专业的公益团队，将小小的公益冲动，转化为10倍、100倍乃至无限大的正能量。

接下来，"快公益"团队还有一个小目标想要达成：他们要走遍世界上公益先行的国家和地区，去拜访优秀成熟的公益基金会、社会企业、公益组织等，和那里的公益灵魂人物面对面，看他们如何解决社会问题，如何有创意地做公益，如何从公益中发掘美好的力量，如何将"公益+"融入各个领域，并将它们带到国内来，为社会提供更专业更创新的公益产品。

五 结语

从策划执行第一个公益项目开始,"快公益"团队不断学习、探索和实践,在短短三年时间里迅速成长,现在已经成为提供专业化公益服务的响亮品牌。2016年,《都市快报》"快公益"团队获得浙江省公益慈善领域政府最高奖"浙江慈善奖"及第四届"最美杭州人"称号,记者冯志刚荣获第十三届"最美杭州人——杭州十大杰出青年"荣誉称号。

"快公益"团队始终不忘"生活因温暖而美好"的初心,他们把公益的门槛降得很低很低,脚步又迈得很远很远。把公益的工作做得很小很小,辐射的能量又聚集得很暖很暖。他们是慈善公益事业的实践者、创新者和引领者,将慈善的点点滴滴,化作温暖的雨露甘霖。

附录一 浙江省"十大慈善项目"名单

(按项目拼音排序)

1. 爱心书包漂流项目(义乌市爱心公社公益协会)

项目简介:爱心书包漂流项目始于2006年,项目已由最初资助近3000套书包,扩展到如今每年的2.5万多套,13年来累计发放书包15万多套。目前爱心公益活动已惠及贵州、四川、云南、青海、甘肃、陕西、广西、内蒙古、湖南、湖北、河南、河北、宁夏、西藏、江西、黑龙江、新疆等诸多省(自治区),以及本省山区学校和本地民工子弟

贫困家庭学生。项目目前资金规模:65万元,历年累计支出:800万元。

2. 焕新乐园项目(浙江省妇女儿童基金会)

项目简介:焕新乐园项目始于2016年,联合浙江省11个地级市64个县级行政区的110家优秀社会组织,发动超过10000名志愿者,从走访的3827户低保户家庭中,确定1000户有6至16周岁儿童的家庭,进行起居环境的改善,并安排志愿者结对跟进陪伴一年,帮助儿童养成良好的卫生生活习惯,引导家庭追求健康向上的生活。项目通过对儿童、家庭、社区的系统介入,全面提升家庭的综合发展能力,有缓解低保家庭贫困代际传递。在项目执行过程中,通过举办各类培训交流活动,极大地促进了全省110家社会组织能力的提升,成为"社会力量参与社会救助"的公益平台,形成全社会人人参与公益、践行社会责任的公益生态圈。"焕新乐园"项目逐步成为促进低保家庭增强"造血"功能、提升综合发展能力的有效途径和帮扶机制。项目目前资金规模:2800万元,历年累计支出:1102万元。

3. 美欣达慈善超市项目(湖州市慈善总会)

项目简介:美欣达慈善超市项目始于2014年,拥有自主产权经营用房535平方米,其中营业面积276.5平方米。自开业运营以来,累计营业额

832万元，毛利150余万元，接收捐赠物资11.2万件，价值578万元，发放援助物资5万余件，价值396万元，优惠会员卡制度覆盖中心城区低保家庭1000余户，优惠让利销售广受市民欢迎，累计优惠金14万元，7万人（次）受惠，成为湖州现代慈善创新发展的一张名片。美欣达慈善超市的核心特点是：一是坚持慈善属性。二是独立法人地位明确。项目目前资金规模：1380万元，历年累计支出：648万元。

4. "千户万灯"残疾人（贫困户）室内照明线路改造公益项目（慈溪市钱海军志愿服务中心）

项目简介："千户万灯"残疾人（贫困户）室内照明线路改造项目始于2015年，是由慈溪市钱海军志愿服务中心与慈溪市慈善总会、慈溪市残疾人联合会共同发起的一项免费为在慈残疾人、贫困户家庭进行室内照明线路改造的公益项目，目的是为了给这些特需群体提供一个安全稳定的用电环境。截至2018年1月，累计完成改造1008户，投入35028工时。2017—2018年，连续两年获得中央财政立项支持。该项目曾被宁波市政府残疾人工作委员会评为"宁波市最具影响力助残项目"，被宁波市社会组织促进会评为"百强示范项目"，被宁波市志愿服务工作委员会评为"2016年度宁波市最佳志愿服务项目"等。项目目前资金规模：55万元，历年累计支出：171万元。

5. 圣奥老年之家项目（浙江圣奥慈善基金会）

项目简介：圣奥老年之家项目始于2013年，是由浙江圣奥慈善基金会为改善老年人的活动场所和环境，丰富老年人物质、文化生活发起的慈善项目。2013年在浙江省慈善总会设立5000万元留本冠名基金，专项用于助老、惠老行动，拟在全省范围内建设和修缮100所圣奥老年之家。项目主要为全省范围内欠发达地区的山村、海岛、偏远地区的老年活动中心进行房屋修缮或者配备空调、电扇、电视机、棋牌桌等娱乐健康器材和生活设施，每个活动中心捐赠金额10万元至50万元不等。目前已在全省15个县（市、区）建成28个圣奥老年之家，近期将签订捐建协议6家。项目目前资金规模：1250万元，历年累计支出：630万元。

6. 水晶宝宝救助项目（温州医科大学附属第二医院、育英儿童医院）

项目简介：水晶宝宝项目始于2011年，是由温州医科大学附属第二医院、育英儿童医院联合九三学社温州市委会、温州市慈善总会、温州商报共同发起的救助早产婴儿和重大疾病新生儿的公益项目，主要为贫困早产儿提供暖箱、呼吸机、药品等抢救医疗用品，同时提供跟踪服务。项目启动八年以来，已通过公益活动共募集善款100万元，救助水晶宝宝71名，共计77.8万元。同时医院将每年的6月和11月设立为"水晶宝宝"救助月，开设家长学校，每周四定期向家长传授育儿知识和操作指导，目前受惠家长已达5000余人，开设省内首家早产儿之家，致力于水晶宝宝出院后的随访，目前受益家庭已达600多家。项目目前资金规模：100万元，历年累计支出：77.8万元。

7. "微善聚爱"急难救助项目（绍兴市慈善总会）

项目简介："微善聚爱"急难救助项目始于2013年，项目以建立运作小额慈善冠名基金为基础，切实开展慈善急难救助，项目立足绍兴全市，面向全国，项目基金以"捐赠门槛低、项目运作灵活、救助成效明显、信息透明度高"等优势吸引广大爱心个人、小单位和小团体加入其中，为普通民众参与慈善搭起服务桥梁，同时也为慈善救助的开展注入新的活力。截至目前，绍兴市慈善总会已建立小额基金125个，募集基金超过1300万元，开展急难救助6000余人次，参与群众超过10万人次，基金救助项目涵盖助学、助医、助困、助残、助老、赈灾及社会公益事业等多个方面。项目目前资金规模：1342.1万元，历年累计支出：643.29万元。

8. 微笑公益项目（浙江省微笑明天慈善基金会）

项目简介：微笑公益项目始于1991年，项目致力于为贫困家庭的唇腭裂及头面部畸形的患儿提供免费救助治疗，每年在国内组织开展10余场医疗活动，免费实施手术治疗1000余例。截至2017年底，基金会共成功开展微笑公益项目253次，教学活动6次，共完成筛选4.5万余例，手术近3.1万例，医疗及非医疗志愿者共计1万人次参与了该项目。项目目前资金规模：951万元，历年累计支出：25000万元。

9. "一次也不用跑"慈善医疗衔接救助项目（温岭市慈善总会）

项目简介："一次也不用跑"慈善医疗衔接救助项目始于2004年，针对困难患者看不起病的实际情况，温岭市慈善总会推出慈善医疗衔接救助项目，至2018年6月底累计支出3354万元，为全市4.5万多困难患者伸出了援助之手,该项目获台州市第二届慈善奖。项目从2017年2月至12月底受益8000多人次,救助资金480万元,让困难群众一次也不用跑,就能直接享受慈善援助,彰显了慈善精神,节省了困难群众的办事时间和往返费用,也极大地提升了群众满意度,该项目在全省慈善系统尚属首次。项目目前资金规模:4000万元,历年累计支出:3354万元。

10. "造血型"慈善扶贫基地项目(宁波市慈善总会)

项目简介:"造血型"慈善扶贫基地项目始于2012年,是宁波市慈善总会在"双百帮扶"基础上推出的新型造血扶贫模式,采取"基地—项目—农户"的运作模式,推动慈善救助从"输血型"向"造血型"转变,走出了一条慈善精准扶贫的新路子。截至2018年4月,市慈善总会共建立慈善扶贫基地19家,帮扶贫困农户619户,累计投入扶助资金843万元;全市共建立慈善扶贫基地62家,实现10个区县(市)全覆盖,累计帮扶贫困农户1473户,共计投入资金2234万元。总体脱贫率达到45%。项目目前资金规模:5000万元,历年累计支出:2234万元。

附录二　浙江省"十大慈善之星"名单

（按姓氏笔画排序）

1. 宋玲华（退休）

主要事迹：从 2004 年开始，花费 4000 多小时，制作环保袋 19000 余个，分送给群众，宣传环保，为环保事业贡献力量。10 多年来，累计慈善公益捐资 20 多万元，是瓯海区工薪阶层中捐资最多的个人。平时利用自己的文艺特长，宣传慈善事业。传播慈善理念，并借此类公益活动开展慈善募捐活动，她本人在其中就捐资 1 万多元，有力地促进了慈善募捐工作的开展。

2. 张思荣（退休）

主要事迹：1932 年出生的他是一名党员，曾任职于农业银行温岭支行。居住在 20 世纪 80 年代的老房子里，生性俭朴，生活简单，房间几乎没有什么现代化的设施，有的只是一些年代久远的家具，除每月支出保姆费用和 1000 元左右的生活费外，余下的工资基本上都做了捐赠，从 2013 年起至今，耄耋之年的他每季度向温岭市慈善总会捐赠 1 万元，累计达 20 万元，定向资助家庭困难的护理专业大学生。

3. 陈伟兴（上海晟地集团有限公司总裁）

主要事迹：现任上海晟地集团有限公司董事长兼总裁，舟山市十大慈善名人之一。作为热心慈善事业的成功民营企业家，陈伟兴先生在企业经营中坚持求真务实、励精创业的企业家精神，在事业全力进取不断发展的同时，热心于社会公益事业，回报社会。他对财富和社会责任有独特的理解和价值取向，扶危救困，捐资兴学，回报桑梓哺育，他出资成立多个慈善、教育基金，把爱心撒向社会。作为定海白泉皋泄人，多年来情系家乡，积极投身慈善事业，个人或者通过下属子公司浙江雍城置地有限公司、舟山市港城置地有限公司和总部上海晟地集团有限公司助困、助学、助残、助医等领域累计捐赠资金已达到7930多万元。

4. 茅理翔（宁波方太厨具有限公司名誉董事长）

主要事迹：方太集团创始人，集创业者、学者、教授和慈善家于一身。他身在企业、心系社会，数十年来一如既往地坚持做好敬老、助学、扶贫、救灾等慈善事业，早在1997年他就向慈溪团市委捐资50万元设立慈溪市青年清洁活动基金，就此拉开慈善之路，截至目前累计捐赠1.6亿元，曾三次荣登福布斯中国慈善榜。在他的指导下，方太集团专门成立了方太慈善分会，长期坚持送图书、送温暖等助学活动，他还是中华传统文化的践行者和布道者，将"孝悌忠信"的为人理念推及由人。

5. 胡锦生（浙江司太立制药股份有限公司董事长）

主要事迹：现任浙江司太立制药股份有限公司董事长、仙居县工商联主席、仙居县总商会会长、仙居县医药行业协会会长。拥有多年的医药、化工行业经验。多年来，他热衷于慈善事业，大力弘扬慈孝文化，坚持善行、善心、善举与企业发展同行，把慈爱触角延伸到社会的方方面面。设立了4500万元的慈善冠名基金。

6. 钱峰雷（浙江恒峰国际控股有限公司董事长）

主要事迹：作为浙江恒峰国际控股有限公司董事长，积极投身公益活动和事业，用实践行动践行企业社会责任，积极参与抗震救灾、抗洪抢险、病患康复、自然保护、教育等各类慈善公益活动，为中国慈善事业做出应有贡献，并多次入围福布斯慈善榜。钱峰雷个人及公司对慈善公益事业捐资累计达3200万元。

7. 徐传化（传化集团有限公司创始人）

主要事迹：作为传化集团创始人，他始终认为企业不仅仅是赚钱的工具，更是推动人类社会进步的重要载体，所以在推进企业"小家"发展的时候，从不忘回报社会"大家"。传化的企业文化一直强调发展和环境、社会的和谐关系，并通过资金上的积极投入和文艺宣传等多种途径，在企业内外积极弘扬慈善文化，营造慈善文化。企业发展30余年来，传化在社会公益事业上的投入已达15712.31万元。

8. 储吉旺（宁波如意股份有限公司董事长）

主要事迹：宁波如意股份有限公司董事长，全国优秀退伍军人，浙江省人大代表，是一位集企业家、作家、慈善家于一身的传奇人物。他创业33年来，向公益事业和困难群众捐款达1.3亿元，占如意公司总资产的1/4。捐助方向涵盖教育、医疗、消防、赈灾、济困、助学、助医、助残、文化、旅游等多方面，范围从本县辐射到全国各地及国外。

9. 释光泉（杭州灵隐寺方丈）

主要事迹：光泉法师是杭州市佛教协会会长、杭州灵隐寺方丈。作为一名佛教僧人和国家公民，多年来他一直秉承乐善好施、服务社会的人间佛教精神，率先垂范，带领杭州佛教界四众弟子，勇于担当社会责任，积极投身公益慈善事业，为倡导和培养全社会的慈善意识，营造积德行善的社会氛围，凝聚和传递社会爱心，培育和普及大众慈善文化，做出了一个佛教徒应有的贡献，取得了良好的社会效应和广泛好评。截至2017年年底，杭州云林公益基金会累计公益慈善支出1215.1万元。

10. 虞炳泉（浙江红鹰集团股份有限公司董事长）

主要事迹：他是一位优秀企业家，更是一位心怀社会、不忘本源的慈善家，多年来，他和他的企业累计捐赠1200多万元，其中个人建立基金捐赠100多万元，涓涓善流，带着暖意，滋润着人们的心田。他在带领企业创业致富的过程中始终本着"得诸社会、还诸社会"的理念，怀着一颗仁慈之心，尽企业和本人所能回报社会，为社会和谐稳定添砖加瓦。多年来，他广泛开展扶贫济困、捐资助学、支持新农村建设等慈善活动。

附录三 浙江省"十大杰出义工"名单

(按姓氏笔画排序)

1. 方华娟(开化县商企义工服务中心主任)

简要事迹:2016年3月,方华娟发起成立"蚂蚁小分队",慰问农村孤寡老人,自掏腰包给老人赠送生活用品和衣物,经媒体宣传报道后,加入"蚂蚁小分队"的爱心人士越来越多,开化本地的商企老板占了多数。2017年5月注册成立开化县商企义工服务中心,先后开展抗洪救灾、大型赛事、五水共治、关爱老人等公益活动300多场次。中心5月被评为衢州市好人团队,她被评为衢州市最美河小二。

2. 朱其坤(退休)

简要事迹:朱其坤曾是一名癌症患者,凭着顽强的毅力最终渡过难关,立志要做抗癌义工,把余热献给抗癌事业。从2013年到2018年5月,他全方位参加义工活动,累计服务1685次,服务时间3513小时,被誉为"桐乡市道德模范"。他从事教育40年,退休后参加关工委、科协科普、老年电大讲师团,跑遍全市所有乡镇、社区(村)中小学校,讲课900多场,听众17万多人次,现身说法学雷锋,讲平凡人的道德故事。他先后获得浙江慈善优秀义工奖、嘉兴最美志愿者、嘉兴市优秀党员志愿者等荣誉。

3. 孙兰香(温州市红日亭负责人)

简要事迹:从"爱心茶"到"爱心粥",孙兰香带领红日亭引领了温州免费伏茶、免费热粥的善举爱潮。为了更贴近人们的生活,红日亭的义工们又增加了二月二芥菜饭、清明饼、端午节粽子、冬至汤圆、腊八粥等。2012年开始,每个星期天准备面条、粉干、年糕等不同主食调换口味,受到居民的欢迎。如今,红日亭已经成为温州的慈善地标和精神高地,2018年4月还开拍温州首部公益电影《红日亭》,孙兰香是主角之一。2017年3

月,红日亭被中共中央宣传部评为全国学雷锋活动示范点,她先后获得最美浙江人、温州慈善奖、最美温州女性·公益达人等荣誉。

4. 杜时杭(东阳市义务工作者协会会长)

简要事迹:杜时杭于2009年加入义工队伍,利用业余时间参加公益活动。他连续七年组织开展"百万寒衣送温暖"活动,先后为江西、贵州、甘肃等11个省份捐赠衣物300余万件,价值6600万元。策划推出"一碗爱心粥"公益项目,带领义工长期为市民免费奉粥。在市人民医院、巍山医院常年开展爱心导医活动,每年累计服务5700小时,参与人数1700余人次。多年来,他组织和带领义工志愿者深入社区、学校、企事业单位先后开展安老扶孤、阳光助学、扶贫捐助、社区服务等各项社会公益活动1500多场次。获得浙江省禁毒工作先进个人、金华志愿服务先进工作者等荣誉,入选金华市首批市级社区工作领军人才。

5. 张雪亚(象山县慈善总会义工分会会长)

简要事迹:张雪亚于2007年加入象山志愿者(义工)队伍,2014—2018年,她累计义工服务时间超11000小时。2010—2013年,她带领绿丝带义工大队组织活动70余次,影响和发展义工会员几百人;2014年开始每年开展百余次活动。2014年担任象山县慈善总会义工分会会长,先后组建8支义工大队。每年定期开展敬老、助残、助困、助医等活动。她专门负责"重症儿童及长期住院病童关爱项目",每年为该基金筹集50多万元资金;在该项目基础上成立的"天使康复项目",2016年共发放救助款238000元,小额补助160000元,微心愿礼物60000元,开展活动150场……当年个人累计义工服务时间超过2000小时,成为象山公认的"全职义工"。2017年的"天使儿童之家"以及敬老、助残、助医等公益项目,她投入了大量精力和心血,给重症、困境和留守儿童们送去实实在在的关爱。先后获得第二届浙江慈善优秀义工、宁波市优秀慈善义工等荣誉。

6. 郑世明(宁波市海曙区古林舒明地板厂厂长)

简要事迹:1997年郑世明第一次参与献血,从此与无偿献血结下深厚缘分。此后不论寒暑,不顾忙闲,献血成为他的头等大事。2006年,他成立献血义工队"红色力量",目前已有800多名注册义工,爱心足迹遍布宁波、杭州、温州、江苏、上海等地,全队献血总量已超800万毫升。而他个人累计献血 21 万毫升，7 次获得"全国无偿献血奉献金奖"。除了无偿献血，"红色力量"队员还积极参与助学、助老、扶贫等慈善活动。他先后获得中华慈善突出贡献奖、浙江慈善奖、浙江五星级义工、宁波市十大慈善之星等荣誉。

7. 郑雪君（温州晚报雪君工作室负责人）

简要事迹：郑雪君是温州市慈善大使，25 年行善路。2003 年，温州晚报成立"雪君工作室"，她正式开启慈善义工之路。2008 年 8 月成立雪君工作室慈善义工团，前往泰顺、文成等 11 个县（市区）139 个社区（乡村）为 15000 多名患者进行义诊。2013 年又成立雪君工作室志愿者联盟，百支志愿者队伍，3 万多人轮流为百姓免费修理电器、理发、送早餐等。她的"送水到云南""包机赈灾到玉树""雅安建温州慈善楼"曾轰动全国。连续摆了 15 年迎春慈善宴，从本地做慈善到走出国门做慈善。多年来，雪君工作室公益道德讲堂已经举办 211 场，打造了温州慈善一条街，策划"不让一名贫困生失学"结对助学活动，帮助 16000 多名贫困生解决学费问题。她先后获得 2003 年全国五一劳动奖章、2005 年全国劳模、2016 年浙江好人等荣誉。

8. 柳晓川（湖州市慈善总会义工部部长）

简要事迹：柳晓川是一名退伍军人，是湖州本土最有代表性、在当地最有影响力的草根公益组织——爱飞扬公益创始人。十多年来，他倾心竭力投入慈善公益活动，致力于爱飞扬团队建设，助推了湖州本地民间公益力量的进步发展。自受聘为湖州市慈善总会义工部部长（兼）以来，他主动提高站位，紧扣慈善工作，牵头举办"慈善嘉年华"活动，协助推进"慈爱湖州"网公益众筹工作，组织义工服务美欣达慈善超市，发动义工开展款物募捐活动等。他先后获得全省首批五星级义工、湖州市慈善模范奖、湖州市最佳慈善工作者等荣誉。

9. 袁丽敏（台州市天台县慈善总会义工分会副会长）

简要事迹：袁丽敏于 2008 年加入天台县慈善总会义工分会并担任副会长、义工艺术团团长。十多年来，她一直致力于天台义工艺术团的发展，艺术团没有固定资金来源，她自掏腰包购买文艺资料、演出服装和化妆品。艺术团从最初的 10 多人发展到现在的 100 多人，服务天台县文艺下乡、敬老活动等，共在天台城乡举办演出325场，观众40多万人次，义工服务时间总计12万多小时。她先后获得全省首批五星级义工，台州市首届最美义工，台州市首届十佳杰出义工等荣誉。

10. 徐凤华（台州市黄岩区慈善义工协会会长）

简要事迹：徐凤华于1992年参加中国希望工程，连续资助遂昌、仙居、黄岩以及四川平武等地贫困学生至今；2008年携家人向汶川地震灾区捐款3600元，同时邀网友共同资助灾区贫困学生。他发起创建黄岩慈善义工队伍，带起一支4800多名义工的公益队伍，并实现了日常管理规范化和公益活动常态化。10年来，他心系弱势群体，救助陷入困境的人，关爱留守儿童与老人、残疾人，仅2017年就组织公益活动1008次，受益群众5.9万人，有记录的个人服务时间达1.3万余小时。他先后获得全国"最美家庭"，全省首批五星级义工，台州市十佳杰出慈善义工等荣誉。

附录四　大事记（1994—2018年）

1994年9月，省民政厅批复，同意成立具有法人资格的浙江省慈善总会，法定代表人为李晓晋。

1996年，绍兴市禹陵乡慈善会成立，成为省内第一个乡级慈善组织。

1999年1月，宁波市慈善总会开始筹备宁波颐乐园（综合性养老机构），此为浙江最早创建的慈善实体项目。

2001年2月，由万象集团倡议设立的浙江省慈善总会"万向慈善基金"——"四个一百工程"正式启动，这是全省最早创立的企业"留本冠名基金"项目。

2001年4月10日，省慈善总会第一届理事会第二次会议通过关于设立"慈善爱心奖"的决议（试行），此为省内最早设立的省级慈善奖项。

2002年2月10日，省慈善总会与今日早报合作，首次创新开展"慈善年夜饭"活动，并逐步推向全省，形成省到村的五级联动模式。

2002年9月28日，省慈善总会与中信实行杭州分行联合举行"中信慈善卡"首发仪式。该卡是两家单位合作创发的全国第一张具有慈善性质和科学理财功能的慈善银行卡。

2003年11月，浙江省民政厅针对慈善事业发展中存在的矛盾和问题，就慈善组织制度化、规范化建设出台《关于进一步加强慈善组织规范化建设的意见》。

2004年7月，浙江省第十届人大常委会第十二次会议修订《浙江省华侨捐赠条例》。条例分为总则、捐赠保护、受赠管理、法律责任和附则共6章27条。该《条例》是改革开放后鼓励华侨捐赠的重要规章，于2004年10月1日起施行。

2006年12月，浙江省民政厅印发《浙江省慈善事业发展指导纲要

(2006—2010年)》。《纲要》共分4个部分：指导思想和主要目标；发展慈善事业的工作原则；发展慈善事业的政策和措施；加强对慈善事业的组织指导。2006年12月，浙江省委办公厅、省人民政府办公印发《关于加快发展慈善事业的通知》。

2006年12月12日，首届慈善大会在省人民在省人民大会堂隆重召开。习近平出席并做重要讲话，范宝俊应邀到会祝贺并讲话。大会对获得"浙江慈善奖"的50名个人、30个机构和20个项目进行表彰。

2007年11月，浙江省第十届人民代表大会常务委员会第三十五次会议通过《浙江省志愿服务条例》。《条例》共7个部分：总则、志愿服务组织、志愿者、志愿服务、保障和激励、法律责任、附则。

2008年6月，浙江省民政厅发布《关于规范慈善会管理有关问题的通知》，就慈善总会社会募捐功能纳入基金会管理、公益救济性捐赠税前扣除资格申请等情况予以说明。

2011年2月，浙江省民政厅在浙江慈善事业取得显著成就，并走在全国前列的基础上，下发《关于加强慈善事业促进工作的通知》。

2012年3月，浙江省民政厅印发《浙江省慈善事业发展指导纲要(2011—2015年)》。《纲要》结合本省实际制定，体现浙江慈善事业"十一五"发展经验，并对"十二五"发展提出具有针对性、前瞻性的指导意见。

2012年3月，由省慈善总会、钱江晚报、浙江电视台科技频道、浙江在线新闻网站联合主办的首届"十大杰出义工"评选活动启动。

2013年4月，浙江省民政厅印发《浙江省阳光慈善建设实施方案》的通知，决定在全省实施阳光慈善建设促进浙江省慈善信息公开，提高慈善透明度和慈善公信力。

2014年11月26日，浙江现代慈善20年新闻采访月活动在浙江日报报业集团启动。

2015年6月，宁波"善园"奠基。两年后，一座美轮美奂、活化的公益慈善博物馆呈现，成为全国首创且功能最为齐全的公益慈善项目。

2015年11月，浙江省人民政府出台《关于加快推进慈善事业发展实施意见》。该《实施意见》成为浙江省首个以省政府名义出台指导、促进慈善事业发展的政策文件。

2016年3月，第十二届全国人民代表大会第四届会议通过《中华人民共和国慈善法》，并于同年9月1日施行。浙江省部署开展《慈善法》实施和首个"中华慈善日"专题宣传活动围绕"以法兴善，助力脱贫"主题进行。

2017年2月，绍兴市中院受理并成功审结一起水污染责任纠纷公益诉讼案件。这是全国首例由生态环境损害赔偿磋商环节转入诉讼程序的环境公益诉讼案件，标志着浙江省环境保护司法体系的进一步完善。

2017年12月，浙江省慈善联合总会成立，将慈善总会与慈善联合总会合二为一，诞生了一个新的慈善联合体，推动浙江慈善事业行业化、专业化、规范化发展。

2018年10月，社会力量举办、国家重点支持的非营利性研究型高校西湖大学在杭州成立，被教育部称为"中国高等教育改革发展史上的一件大事，开创了中国高等教育改革发展之先河"。西湖大学紫金筹措由"西湖教育基金会"完成，有400余名捐赠者向西湖大学捐赠，累计捐款超35亿元人民币。

2018年11月，浙江省出台了《浙江省实施〈慈善法〉实施办法》。这是《中华人民共和国慈善法》颁布实施后，全国省（市、区）制定的首部慈善领域的省级地方性法规。

2018年12月，根据最新统计数据，浙江民政部门已备案的慈善信托资产高达9.33亿元，占全国总量19.98亿元的46.7%，位居全国首位。

图书在版编目(CIP)数据

浙江慈善事业发展报告.2019/杨建华主编. -- 北京:社会科学文献出版社,2019.3
ISBN 978-7-5201-4565-7

Ⅰ.①浙… Ⅱ.①杨… Ⅲ.①慈善事业-发展-研究报告-浙江-2019 Ⅳ.①D632.1

中国版本图书馆 CIP 数据核字(2019)第 054385 号

浙江慈善事业发展报告(2019)

主　编 / 杨建华

出 版 人 / 谢寿光
责任编辑 / 吕霞云　王京美

出　　版 / 社会科学文献出版社·社会政法分社 (010) 59367156
　　　　　 地址:北京市北三环中路甲29号院华龙大厦　邮编:100029
　　　　　 网址:www.ssap.com.cn

发　　行 / 市场营销中心 (010) 59367081　59367083

印　　装 / 三河市龙林印务有限公司

规　　格 / 开　本:787mm×1092mm　1/16
　　　　　 印　张:14.25　字　数:226千字

版　　次 / 2019年3月第1版　2019年3月第1次印刷

书　　号 / ISBN 978-7-5201-4565-7

定　　价 / 85.00元

本书如有印装质量问题,请与读者服务中心 (010-59367028) 联系

▲ 版权所有 翻印必究